मैरे आराध्य तिरुपति बालाजी

गोपाल शर्मा

डायमंड बुक्स

www.diamondbooks.in

प्रकाशक: डायमंड पॉकेट बुक्स (प्रा.) लि.
X-30 ओखला इंडस्ट्रियल एरिया, फेस -II
नई दिल्ली- 110020
फोन: 011-40712200
ई-मेल: wecare@diamondbooks.in
वेबसाइट: www.diamondbooks.in
संस्करण: 2025
मुद्रक : रेप्रो (इंडिया)

Mere Aaradhya Tirupati Balaji
by *Gopal Sharma*

प्रस्तावना

भारत के आंध्र प्रदेश राज्य में स्थित तिरुपति नगर के ऊपर विराजमान तिरुमला की पहाड़ियों पर श्री वेंकटेश्वर, जिन्हें श्रद्धा से बालाजी या गोविंदा कहा जाता है, का भव्य मंदिर आज केवल एक धार्मिक स्थल नहीं, बल्कि करोड़ों आस्थाओं का जीवंत केंद्र बन चुका है। यह ऐसा स्थान है जहाँ आकर न केवल हिंदू धर्मावलंबी, बल्कि हर जाति, भाषा और देश के लोग एक अद्भुत ऊर्जा का अनुभव करते हैं।

यहाँ हर दिन हजारों श्रद्धालु भगवान के दर्शन के लिए उमड़ते हैं, कुछ आभार व्यक्त करने, कुछ मन्नत माँगने और कुछ केवल उनकी एक झलक पाने को—जो कहते हैं कि मन की भाषा समझते हैं। इस मंदिर में आज भी चमत्कार केवल कहानियों में नहीं, लोगों की आँखों में देखे जा सकते हैं।

श्री वेंकटेश्वर के बारे में बहुत कुछ अब भी रहस्य में डूबा है, किंतु उनकी दिव्यता, प्राचीनता और शक्ति की अनुभूति सदियों से लोगों को इस पहाड़ी की ओर खींचती रही है। बहुत कम लोग जानते हैं कि यह तीर्थ स्थल दो हज़ार वर्षों से भी अधिक पुराना है, और यहाँ के मंदिर की परंपराएँ आज भी वैदिक विधि से निभाई जाती हैं—जिसमें हजारों पंडित भाग लेते हैं, और प्रतिदिन कई अनुष्ठान, अर्चनाएँ, और सेवाएँ होती हैं।

इस पुस्तक में हम न केवल वेंकटेश्वर के स्वरूप और चमत्कारों की चर्चा करेंगे, बल्कि तिरुमला की सात पहाड़ियों की पौराणिक पृष्ठभूमि, वहाँ की रहस्यमयी झीलों और झरनों, ब्रह्मोत्सव जैसे विशाल त्योहारों और मंदिर की विश्व की सबसे समृद्ध परंपराओं में से एक—लड्डू प्रसाद की कथा भी साझा करेंगे।

यह पुस्तक लोककथाओं, शास्त्रीय विवरणों और वर्तमान श्रद्धालुओं के अनुभवों को समेटते हुए एक ऐसा पुल बनाती है जो प्राचीन और आधुनिक को जोड़ती है। वेंकटेश्वर विष्णु के अवतार हैं—यह तो हम जानते हैं, पर उनका संबंध श्रीराम, श्रीकृष्ण और कलियुग में मानव रूप में उनकी कृपा की कथाएँ—ये सब आपको इस ग्रंथ में विस्तार से मिलेंगी।

मैं यह बात अत्यंत विनम्रता और श्रद्धा के साथ पाठकों से साझा करना चाहता हूँ कि पिछले दो दशकों से मेरा जीवन तिरुपति के श्री वेंकटेश्वर बालाजी की सेवा में समर्पित रहा

है। इस अवधि में मुझे तिरुपति के ऐतिहासिक और आध्यात्मिक महत्व को अंग्रेज़ी से हिंदी में अनुवाद कर व्यापक पाठक वर्ग तक पहुँचाने का सौभाग्य प्राप्त हुआ।

'द हिन्दू' समाचार पत्र समूह के लिए मैंने 'सप्तगिरि स्वामी' जैसे कॉफ़ी टेबल बुक्स का निर्माण किया है, साथ ही कई पुस्तकों का लेखन और अनुवाद भी किया है, जो भगवान वेंकटेश्वर की महिमा को प्रचारित करने के उद्देश्य से तैयार की गई।

पिछले दस वर्षों से मैं तिरुमला तिरुपति देवस्थानम की हिंदी मासिक पत्रिका 'सप्तगिरि' में नियमित रूप से स्तंभ लेखन करता रहा हूँ—यह सेवा मेरे लिए केवल एक साहित्यिक गतिविधि नहीं, बल्कि ईश्वर-प्रेरित साधना रही है।

यह पुस्तक भी उसी सेवा भाव, भक्ति और श्रद्धा के साथ लिखी गई है। यह मेरी तरफ से प्रभु श्री वेंकटेश्वर के चरणों में एक विनम्र अर्पण है—और उन पाठकों के लिए एक पुल है जो उनकी महिमा को हृदय से जानना और अनुभव करना चाहते हैं।

यह पुस्तक एक ऐसा आध्यात्मिक और सांस्कृतिक दस्तावेज़ है जो न केवल भक्तजन, बल्कि शोधकर्ताओं और आम पाठकों के लिए भी उपयोगी और आनंददायक सिद्ध होगा। इसे पढ़ना एक तीर्थ यात्रा जैसा अनुभव होगा, और इसे अपने घर में रखना—स्वयं बालाजी की कृपा का आह्वान।

ॐ नमो वेंकटेशाय!

गोपाल शर्मा

विषय सूची

प्रकरण-1

सप्त गिरि स्वामी: श्री वेंकटेश्वर

तिरुपति के पवित्र क्षेत्र में, दक्षिणी भारत की मोहक पहाड़ियों के बीच स्थित, एक दिव्य उपस्थिति निवास करती है, जो प्रतिदिन लाखों लोगों के दिलों को मोह लेती है। करुणा, अनुग्रह और दिव्य प्रेम के प्रतीक देवता श्री वेंकटेश्वर की अलौकिक दुनिया में आपका स्वागत है। तीर्थयात्रियों को श्री बालाजी के रहस्यमय दिव्य दर्शन करने के लिए सदा आकर्षित करती है। तिरुमला तिरुपति के आनंद निलयम को यूँ ही वैकुंठ नहीं कहते।

आइए, भक्ति और ज्ञान की यात्रा शुरू करें क्योंकि अब आप श्री वेंकटेश्वर के कालातीत अस्तित्व के समृद्ध ताने-बाने को उजागर करते चलेंगे। गहन-अर्थ गर्भी पौराणिक कथाओं के रहस्य को जानेंगे। उत्सव, अर्चना, पूजा और अनुष्ठान आदि के विधि-विधान को समझेंगे। परिवर्तनकारी चमत्कार जिन्होंने श्री श्रीनिवास को अनगिनत भक्तों का कंठ-हार प्रिय देवता बना दिया है, उनके गुणानुवाद का रसास्वादन करेंगे। मुग्ध होने के लिए तैयार रहें, क्योंकि इन पृष्ठों के भीतर श्री वेंकटेश्वर की दिव्य कृपा आपकी प्रतीक्षा कर रही है। वह कृपा जो भगवान के दिव्य आशीर्वाद की अभिलाषा करने वालों को जीवन में बार-बार यहाँ खींच-खींच लाती है।

आनंद निलयम के गर्भगृह के भीतर, जहां अलौकिक आभा जगमगाती है, श्री वेंकटेश्वर दिव्य कृपा के प्रकाशस्तंभ के रूप में शोभायमान हैं। आनंद-कंद प्रभु उन सभी के लिए प्रेम और करुणा का हाथ बढ़ाते हैं जो उनके चरण कमलों में अनुराग चाहते हैं। उनका इस भूलोक पर अपने भक्तों के हितार्थ आवास विश्वास के दायरे से परे है, लेकिन अपने भक्तों के दिलों में उकेरा हुआ एक शाश्वत सत्य भी है। संसार सागर के उथल-पुथल भरे ज्वार में भगवान वह अटूट संबल हैं, वह मार्गदर्शक उजास हैं जो हमें अंधकार से प्रकाश की ओर ले जाता है। उन्हें निर्निमेष टकटकी लगा कर देखने के स्थान पर दिव्यता के इन अवतार को क्षण भर निहारना ही बहुत है।

श्रीवेङ्कटलसच्छैलवासी दासीकृतामरः।
छायया पातु मां नित्यं श्रीनिवाससुरद्रुमः।।

भगवान श्रीनिवास जिन्हें भक्तगण कल्पवृक्ष के समान फलदायी मानते हैं और जो श्री वेंकटाचल नामक रमणीय पर्वत श्रृंखला पर निवास करते हैं, असंख्य देवतागण जिनके अनुचर हैं, ऐसे महा विष्णु हमें अपनी छत्र-छाया में लेकर सर्वदा हमारी रक्षा करें!

एकोदेव: सर्वभूतेषु गूढ़: देवता के रूप में मूलशक्ति सृष्टि के विविध उपादानों में संपृक्त रहती है। एक ही चेतना सभी में है। यही चेतना या अग्नि अनेक स्फुलिंगों की तरह नाना देवों के रूप में एक ही परमात्मा की विभूतियाँ हैं। सनातन धर्म में देव-परिवार का उद्भव ब्रह्मा से माना जाता है। त्रिदेव में ब्रह्मा प्रथम हैं। भारतीय धारणा के अनुसार ब्रह्मा ही स्रष्टा हैं और वे ही प्रजापति हैं। वे एक हैं और उनकी इच्छा कि मैं बहुत हो जाऊँ (एकोऽहं बहु स्याम्) ही विश्व की समृद्धि का कारण है। हमारे दूसरे देवता विष्णु हैं। सृष्टि की स्थिति में इनकी 'इच्छा' ही प्रधान है। सृष्टि का परिपालन विष्णु अपनी शक्ति लक्ष्मी के सहयोग से करते हैं। विष्णु 'इच्छा' के प्रतीक हैं, लक्ष्मी 'भूति' और 'क्रिया' की। शिव का त्रिदेव में विशिष्ट स्थान है। शिव संहार के प्रतीक हैं। शिव के दो रूप हैं-एक सौम्य और दूसरा उग्र। सौम्य रूप में शिव गुणातीत हैं और 'शिव' हैं। उनका वाहन नंदी 'धर्म' का प्रतीक है। उग्र रूप में शिव भैरव हैं और संहार के प्रतीक हैं।

विष्णु के अवतार भारतीय धर्म और आस्था पर विशेष प्रभाव रखते हैं। भगवान विष्णु त्रिदेवों (तीन महा देवताओं) में से एक हैं। निर्माण की योजना के अनुसार, वे ब्रह्माण्ड के निर्माण के बाद, उसके विघटन तक उसका संरक्षण करते हैं। भगवान विष्णु के दस अवतारों को संयुक्त रूप से'दशावतार' कहा जाता है। भगवान विष्णु के दस अवतार हैं:-

1. *मत्स्य*
2. *कूर्म*
3. *मोहिनी*
4. *वराह*
5. *नरसिंह*
6. *वामन*
7. *परशुराम*
8. *राम*
9. *कृष्ण*

10. कल्कि

दशावतार मनुष्य के विकास की विभिन्न अवस्थाएं ही हैं। विज्ञान द्वारा यह सिद्ध हो चुका है कि सृष्टि का विकास अथवा जीवन का प्रारंभ जल से हुआ। इस कारण प्रथम अवतार मत्स्य एक जलीय जंतु है। क्या श्री वेंकटेश्वर अर्चा रूप में–मूर्ति रूप में–प्रस्तर प्रतिमा के रूप में वैकुंठ वासी भगवान हैं?

शाश्वत आनंद प्रदान करने वाली पहाड़ी वेंकटाचल है। पापों को नष्ट करने वाली वह पहाड़ी वेंकटाद्रि कहलाती है। ऐसी पहाड़ी के स्वामी को वेंकटेश या वेंकटदृश कहा जाता है। अति प्राचीन काल से, निराकार ब्रह्म को उसके सगुण रूप में शिव, शक्ति, विष्णु, सूर्य, स्कंद और गणपति के रूप में पूजा जाता रहा है। इन रूपों में से प्रत्येक के अनुयायी उपनिषदों के उदात्त सत्य की उपेक्षा करते हुए अपने चुने हुए देवता को बाकी से श्रेष्ठ होने का दावा करते हैं। किन्तु वेद, उपनिषद और पुराण एक स्वर से यह घोषणा करते हैं कि परंब्रह्म परमात्मा निराकार है और ये अनेक अचल-सचल-प्रस्तर मूर्तियाँ उसी ब्रह्म के सगुण रूप का प्रतिनिधित्व करती हैं।

वेंकटेश्वरः सब कुछ उन्हीं के नाम में है

वेंकटेश्वर भगवान विष्णु के दशावतारों में से नवें एवम् चौबीस अवतारों में से तेइसवें अवतार माने जाते हैं। उन्हें गोविंदा, श्रीनिवास, बालाजी, वेंकट आदि नामों से भी जाना जाता है। वेंकटेश्वर का अर्थ—'वें' का अर्थ है पाप और 'कट' का अर्थ है दूर करने वाला अर्थात् 'वेंकट' का अर्थ है पापों को दूर करने वाला और 'ईश्वर' का अर्थ है भगवान; इसलिए 'वेंकटेश्वर' का अर्थ है पापों को दूर करने वाले भगवान। कलियुग में भगवान विष्णु तिरुपति में वेंकटेश्वर स्वामी के नाम से अवतरित होकर भक्तों पर कृपा बरसाते हैं। उत्तर भारतीय भगवान वेंकटेश्वर को 'बालाजी' कहते हैं।

वेंकटेश्वर भगवान विष्णु के एक अवतार हैं, जिन्हें उन्होंने देवी लक्ष्मी की खोज के दौरान लिया था। उन्हें वेंकन्ना, वेंकटचलपति, बालाजी, सप्त-गिरि स्वामी (तेलुगु में एडु कोंडाला वडू और तमिल में एझु मलायन), श्रीनिवास, तिरुमल, श्रीपति, वेंकटपति, वेंकटनाथ, श्रीवारू, थिरुवेंगदामुडियन, माल, मणिवन्नन, गोविंदा आदि नामों से भी जाना जाता है।

श्री वेंकटेश्वर के कुछ दूसरे नाम इस प्रकार हैं:-

बालाजी:- यह विशेष रूप से उत्तर भारत में श्री वेंकटेश्वर के लिए आमतौर पर इस्तेमाल किया जाने वाला नाम है। बालाजी नाम का उल्लेख विष्णु सहस्त्र नाम में मिलता

है। इसका अर्थ है शाश्वत बालक। एस आर रामानुजन के अनुसार, छत्रपति शिवाजी महाराज के तिरुमाला आने के बाद ही, महाराष्ट्र के लोगों ने तिरुपति मंदिर में और उसके बाद अन्य उत्तर भारतीयों ने आना शुरू किया। अभिव्यक्ति 'बालाजी' में निश्चित रूप से महाराष्ट्रीयन जड़ें हैं जैसे रामजी, शिवाजी, आदि (वेंगदम के भगवान)। कुछ विद्वान आज भी यह मानते हैं कि सप्त-गिरि पर्वत पर बिना किसी परिवार देवता के विद्यमान यह एकमात्र देव-प्रतिमा भरे-पूरे गालों और छोटे मुंह के कोनों पर एक छोटे से निशान के साथ, एक पर्वत देवी दुर्गा या बाला हो सकती है। 'तोलकाप्पियम' के लेखक जब तमिल देश की सीमाओं का वर्णन उत्तर में वेंगडम और दक्षिण में केप कोमोरिन से करते हैं, तो जाहिर तौर पर यह सुझाव दे रहे होते हैं कि इन दो सीमाओं की रक्षा दो कुमारियों द्वारा की जाती है।

श्रीनिवासः- यह नाम दो संस्कृत शब्दों से बना है, "श्री" जिसका अर्थ है धन या समृद्धि, और "निवास" जिसका अर्थ है निवास या निवास करना। श्रीनिवास नाम का अर्थ एक साथ है, जो समृद्धि में रहता है।

- **गोविंदाः-** इस नाम का अर्थ है जो गायों को प्रसन्न करता है या जो गायों का रक्षक है।
- **वेंकटचलपतिः-** यह नाम उस पहाड़ी से लिया गया है जिस पर श्री वेंकटेश्वर मंदिर स्थित है। वेंकटचलपति का अर्थ है वेंकट नामक अचल के भगवान। जिस प्रकार "वेंकटेश्वर" संज्ञा स्वयं दो संस्कृत शब्दों का एक संयोजन है, उसी प्रकार "वेंकट" जो आंध्र प्रदेश में एक पहाड़ी का नाम है जहां श्री वेंकटेश्वर मंदिर स्थित है, और 'पति' का अर्थ है स्वामी या पालनहार।
- **तिरुमला वेंकटेश्वरः-** यह नाम श्री वेंकटेश्वर को तिरुमाला मंदिर के पीठासीन देवता के रूप में संदर्भित करता है।

वेंकटेश्वर भगवान के सभी नामों में सबसे लोकप्रिय नाम है और इसे उन लोगों के लिए कुछ स्पष्टीकरण और समझ की आवश्यकता है जो भारत के दक्षिण में नहीं रहते हैं। डीके हरि और डीके हेमा हरि के शब्दों में यह भी उन पहलुओं में से एक है जो तिरुमला को युगों से लोगों के जीवन से जोड़ता है। "जिस तरह मोहम्मद दुनिया के मुसलमानों के बीच अपने बच्चे का नाम रखने के लिए सबसे लोकप्रिय पसंद है, यह नाम वेंकट, श्रीनिवास, गोविंदा, और बालाजी के नाम के रूप में या उपसर्ग और प्रत्यय के रूप में है जो हिंदू, विशेष रूप से दक्षिण भारत के हिंदुओं में एक नाम के लिए लोकप्रिय हैं। यह दिव्यता के साथ एक गहरे, पारिवारिक जुड़ाव की बात करता है जो युगों से सभ्यता के माध्यम से चल रहा है।"

संस्कृत में वेंटक का अर्थ है 'पापों का नाश करने वाला।' संस्कृत भाषा में 'वेंकटेश्वर'

का शाब्दिक अर्थ है, 'ऐसे प्रभु जो सभी पापों का नाश करते हैं।' वराह पुराण के अनुसार भगवान विष्णु इस धरती पर 'अर्चावतार' के रूप में प्रकट हुए जिससे वे इस कलिकाल में नश्वर मनुजों को अपने कृपा कटाक्ष से निहाल कर सकें। भारतीय दर्शन में कहा गया है कि युगों से परा, व्यूह, विभव, और अंतर्यामी इन चार रूपों में भगवान विष्णु का अस्तित्व रहा है। किन्तु सामान्य जन को अर्चावतार अर्थात मूर्ति रूप में ही भगवान के स्वरूप का ज्ञान हो सकता है।

वेंकट का एक अन्य अर्थ 'सांसारिक धन का दाता' है। वेंकटम शब्द का सबसे पहला संदर्भ तमिल व्याकरण पाठ 'थोलकाप्पियम' में पाया जाता है जो लगभग 200 ईसा पूर्व लिखा गया था। यहाँ शब्द का अर्थ 'जलता हुआ ऋण' है- 'वेन' का अर्थ है 'जलना' और 'कदन' का अर्थ है 'ऋण'। यह अर्थ उस ऋण से संबंधित है जो वेंकटेश्वर ने कुबेर से लिया था। वेंकटेश्वर का अर्थ है सर्वोच्च भगवान जो अपने भक्तों को अनंत आनंद प्रदान करते हैं।

वेंकटेश नाम दक्षिण भारत में एक लोकप्रिय और आम नाम है, खासकर आंध्र प्रदेश, तेलंगाना, तमिलनाडु और कर्नाटक राज्यों में। दक्षिण भारत में लोगों के वेंकटेश के साथ नाम जुड़े होने के कई कारण हैं। सबसे पहले, भगवान वेंकटेश्वर को एक बहुत शक्तिशाली और परोपकारी देवता माना जाता है, जिनके बारे में माना जाता है कि वे अपने भक्तों को समृद्धि, खुशी और उनकी इच्छाओं की पूर्ति का आशीर्वाद देते हैं। इसलिए, कई माता-पिता अपने बच्चों का नाम देवता के नाम पर रखना चुनते हैं ताकि उनका आशीर्वाद और सुरक्षा मिल सके। दूसरे, वेंकटेश नाम भक्ति और आध्यात्मिकता के विचार से भी जुड़ा है। भगवान वेंकटेश्वर की भारत भर में लाखों लोगों द्वारा पूजा की जाती है, और उनके भक्त अपनी गहन भक्ति और विश्वास के लिए जाने जाते हैं। इसलिए, देवता के नाम पर एक बच्चे का नामकरण करने को छोटी उम्र से ही उनमें इन मूल्यों को स्थापित करने के एक तरीके के रूप में देखा जाता है। वेंकटेश नाम का दक्षिण भारत में एक समृद्ध सांस्कृतिक और ऐतिहासिक महत्व है। तिरुमला मंदिर, जहां भगवान वेंकटेश्वर की पूजा की जाती है, भारत में सबसे अधिक देखे जाने वाले तीर्थ स्थलों में से एक है, और देवता इस क्षेत्र में एक महत्वपूर्ण सांस्कृतिक और धार्मिक प्रतीक हैं। इसलिए, वेंकटेश नाम इस सांस्कृतिक और धार्मिक विरासत का सम्मान करने और इसे आने वाली पीढ़ियों को देने का एक तरीका है।

सात पहाड़ियों के भगवान (सप्त-गिरि स्वामी) श्रीनिवास को तमिल लोग तिरुवेंगदा मुदायन के नाम से जानते हैं। महान अलवारों द्वारा कई तरह से उनकी स्तुति और पूजा की गई है। अलवर तमिलनाडु के रहस्यवादी थे जिन्होंने भक्ति के पंथ में एक नया मानक स्थापित किया है। कोई भी महान लोकप्रियता देख सकता है कि तिरुवेंगदम और

तिरुवेंगदम के भगवान ने अलवरों के शुरुआती दौर में आनंद लिया। उनमें से पहले चार, वे सभी टोंडिमंडलम (मद्रास के आसपास का क्षेत्र-चिंगलेपुट) से आए थे, जिन्होंने इस महान पहाड़ी की महानता और इसके प्रमुख देवता के बारे में कई छंद गाए हैं। यहां तक कि सिलप्पादिकारम जैसे शुरुआती तमिल क्लासिक्स ने भी तिरुवेंगदम और उसके भगवान की महानता का जश्न मनाया है।

पाठकों को यह बताना ठीक होगा कि तमिल भाषा में वेंकटम् शब्द संस्कृत शब्द वेंकटम् के लिए प्रयोग किया जाता है। यहां एक और तमिल शब्द का जिक्र करना जरूरी है। यह थिरु है। संस्कृत में यह श्री का स्थानापन्न है। यह ध्यान दिया जाना चाहिए कि तमिल भाषा की कृतियों में भगवान को थिरु वेंगडा मुदैयावर के रूप में संदर्भित किया गया है।

तमिल भाषा और साहित्य में श्री वेंकटेश के लिए श्रीनिवासन, तिरुवेंकटमुदाइयन, पेरिया पेरुमल, मूल अचल मूर्ति आदि अनेक नाम मिलते हैं। ये सब नाम मूल विग्रह के हैं। मलईकुनीयनिनर-पेरुमल, मलईककिनीयनिनर–पेरुमल, मलई पेरुमल, मलयप्पा स्वामी, उत्सव मूर्ति आदि नाम भगवान की सचल मूर्ति के हैं। वेंकटट्टउराइवर–उग्र श्रीनिवास मूर्ति/स्वामी कुछ अन्य नाम है। अलमेलमंगई–नचचियार, श्री पद्मावतीदेवी, लक्ष्मी देवी आदि नाम भगवान श्री वेंकटेश्वर की पत्नी के हैं। गोविंदप्पेरुमल, गोविंदराजन, पालिकोंडापेरुमल आदि नाम श्री गोविंदराजन के नाम हैं। कृष्णन भगवान श्री कृष्ण को कहते हैं और रघुनन्दन, पेरिया रघुनन्दन आदि नाम श्री राम के हैं। इसी तरह कैयार-चक्रम, तिरुवजी अलवन आदि नाम सुदर्शन चक्रधारी के हैं। नरसिंहपेरुमल और अलगिय-शिंगर ये दो नाम श्री नरसिंह के हैं। नचचीमर, वराहस्वामी, अच्युत-पेरुमल,अलगिय-पेरुमल,वरदराज-पेरुमल, सेनाई-मुदलीयर और तिरुककोडी अलवन ये क्रमशः प्रभु पत्नी की दिव्य सचल मूर्ति, तिरुमलाई के श्री वराहस्वामी, तिरुचानूर के सुंदरराज स्वामी, तिरुचानूर के श्री वरदराज स्वामी, श्री विश्वकसेन, गरुड-ध्वज–गरुडअलवन हैं। सदिक्कोदुत्ता–नचचियार, अंडाल और श्री गोदा देवी ये नाम भगवान विष्णु की दिव्य पत्नी के हैं।

क्या तिरुमला में श्री वेंकटेश विष्णु, शिव, शक्ति या सुब्रह्मण्य का प्रतिनिधित्व करते हैं? यह प्रश्न कई सदियों से कई विद्वानों और संप्रदायों द्वारा उठाया, उत्तर दिया और लड़ा गया है। श्री वेंकटेश को आदिमूलेश्वर, वैष्णवों द्वारा श्रीनिवास, शैवों द्वारा हरिशंकर और शाक्तों द्वारा श्री बाला त्रिपुरसुंदरी के रूप में पूजा जाता है। इस मूर्ति को शिव, शक्ति, विष्णु और सुब्रह्मण्य से जोड़ने के पर्याप्त कारण हैं। जैन और बौद्ध भी इस अलौकिक देव प्रतिमा अपना संबंध स्थापित करते रहें हैं। मैं उन कारणों की सूची अभी यहाँ नहीं दूंगा कि यह

मूर्ति श्रीमन्नारायण से क्यों जुड़ी हुई है क्योंकि इसका विस्तार पूर्वक विवेचन यथास्थान आगे किया जाएगा।

यद्यपि श्री वेंकटेश्वर भगवान की इस स्वयंभू मूर्ति को विष्णु या कृष्ण के रूप में व्यापक रूप से स्वीकार किया जाता है, पुराणों में उनकी पहचान रहस्य में डूबी हुई है। जबकि ब्रह्माण्ड पुराण इस मूर्ति के विष्णु होने का दावा करता है, स्कंध पुराण ने उसे सुब्रह्मण्य के रूप में देखा है। दोनों पुराणों ने अपना-अपना दावा करने के लिए अलग-अलग पौराणिक कथाओं का प्रयोग किया है। विभिन्न पहचानों का समर्थन करने के लिए अठारह कहानियों (स्थाल पुराणों) को उद्धृत किया गया है। तीसरा दावा है कि देवता एक देवी, देवी माँ हैं। यहां तक कि पूजा के कुछ तरीके जैसे कि पवित्र तेल स्नान करने का दिन भी अलग होता है। यह शुक्रवार को एक देवी की तरह होता है। कभी बिल्व पत्र का उपयोग पूजा में किया जाता है जो केवल शिवजी के लिए किया जाता है। कुछ लोग मूर्ति को जैन तीर्थंकर और बुद्ध की भी मानते थे। देवता के पास त्रिमूर्ति की शक्ति है: ब्रह्मा, विष्णु और शिव, और कुछ संप्रदायों का मानना है कि वेंकटेश्वर में शक्ति और स्कंद की शक्ति भी है। इन अनेक विवादों और मत-मतांतरों की अपनी-अपनी लोकप्रिय दंत कथाएं हैं। वस्तुतः लोकप्रिय नाम बालाजी का अर्थ ही युवा भगवान है जिसे सुब्रमण्यम के रूप में पहचाना जाता है। हालांकि इस विवाद की खासो-आम किसी को परवाह नहीं रही है। बालाजी अभिजात वर्ग और आम जनता दोनों के लिए एक बहुत लोकप्रिय भगवान हैं क्योंकि यह माना जाता है कि वे इस कलियुग में मंदिर में दर्शनार्थियों की सभी इच्छाओं को पूर्ण करते हैं।

विष्णु सहस्त्रनाम का पाठ यदि आपने एक बार भी किया है तो आप चकित हुए बिना न रहे होंगे। प्रभु को उनके भक्त अपनी भावनाओं के वशीभूत होकर अनेक नाम देते ही हैं।

अर्चा रूप दर्शन

पाद दर्शनं पापनाशनं,कटि दर्शनं कामनाशनं,
नाभिदर्शनं नरक नाशनं, कंठ दर्शनं वैकुंठ साधनं,
मुख दर्शनं मुक्ति साधनं, कीरिट दर्शनं पुनर्जन्म नाशनं
सर्वांग दर्शनं सर्व पाप नाशनं।।

तिरुमला में श्री वेंकटेश्वर की स्वयंभू मूर्ति को भगवान विष्णु की सबसे सुंदर और पूजनीय छवियों में से एक माना जाता है। मूर्ति काले पत्थर से बनी है और 9 फीट से अधिक की ऊंचाई पर विद्यमान है। इसे चार भुजाओं वाली आकृति के रूप में दर्शाया गया है, जिसमें ऊपरी दाहिने हाथ में सुदर्शन चक्र और ऊपरी बाएँ हाथ में शंख सुशोभित

है। निचला दाहिना हाथ आशीर्वाद (अभय मुद्रा) प्रदान करने की मुद्रा में है, और निचला बायाँ हाथ जंघा पर टिका हुआ है। मूर्ति के मुखारविंद से शांति, करुणा और दिव्य कृपा का संचार होता है। आँखें बड़ी और अभिव्यंजक हैं, और माथे को तिलक (पवित्र चिह्न) से सजाया जाता है। मूर्ति को विभिन्न आभूषणों से समय-समय पर सज्जित किया जाता है।अनेक आभूषणों जैसे हार, कर्ण फूल और मुकुट आदि न जाने कितने आभूषण हैं, जिनसे भगवान की मूर्ति की सुंदरता में अतिरिक्त अभिवृद्धि होती है। इसके साथ ही गर्भ-गृह के चारों ओर की विस्तृत और जटिल सजावट भी आगंतुकों का मन मोह लेती है। मंदिर की दीवारें और छत सहित परकोटों पर रंगीन भित्ति चित्रों और नक्काशियों से सजावट हिंदू पौराणिक कथाओं के दृश्यों को दर्शाती हैं। मंदिर के अर्चकगण (पुजारी) प्रतिदिन भव्य मूर्ति को पुष्प, पुष्प-मालाओं और अन्य गहनों से सजाते हैं। तिरुमला में श्री वेंकटेश्वर की मूर्ति की सुंदरता न केवल उसके भौतिक रूप में बल्कि उस भक्ति और श्रद्धा में भी निहित है जो हर साल मंदिर आने वाले लाखों लोगों को प्रेरित करती है।

सात पहाड़ियों (तमिल में 'तिरुवेंगदम' और तेलुगु में 'तिरुपति') के भगवान श्रीनिवास को श्रद्धा–भक्ति से उत्तर में बालाजी और दक्षिण में गोविंदा और श्री वेंकटेश्वर कहा जाता है। उपनिषदों में वर्णित भगवान के गुण सत्यत्व, ज्ञानत्व और अनंतत्व हैं। कई अन्य गुणों के साथ, इन्हें पंचरात्र-आगम में ज्ञान, शक्ति, बल, ऐश्वर्य, वीर्य और तेजस के रूप में छह महान गुणों में संघनित किया गया है। भगवान को सदा षडगुण युक्त या छह शानदार गुणों से परिपूर्ण कहा जाता है।

वेसात पहाड़ियों के समूह में निवास करने वाले भगवान हैं। तिरुमला कलियुग के भगवान का पवित्र निवास स्थान है। असंख्य भक्त वर्ष भर उनका आशीर्वाद लेने के लिए तिरुमला पहाड़ियों पर आते हैं। वे परमानंद में नाचते और भगवान के नाम का जाप करते हुए पहाड़ियों पर दर्शनार्थ आ उतरते हैं। उनके लिए भगवान के चरण कमलों का पवित्र दर्शन जीवन भर का अमित अनुभव है। भगवान तो समय समय पर इस धरा–धाम पर भक्तों के दुख दूर करने के लिए आते ही रहे हैं। युग के प्रारंभ में वे वराह रूप में अवतरित हुए। उन्होंने जल मग्न पृथ्वी को एक राक्षस द्वारा शासित पाताल लोक से प्राप्त किया। उस राक्षस का वध किया। और धरती को प्राण दान दिया। प्रभु ने यह विचारा कि वे कुछ समय इस भूमि पर आवास करेंगे। फिर उन्होंने शेषाचल पर निवास किया। यही स्थान तिरुपति कहलाता है। यह पर्वतमाला ऐसी है जैसे कोई नाग कुंडली मारकर बैठ गया हो। ये शेषनाग ही तो हैं। तिरुपति के 'आनंद निलयम' में प्रभु का वास है, आवास है, निवास है और प्रवास है। यहाँ भक्तों को भगवान के दर्शन का अलौकिक आनंद प्राप्त होता है। हम उन

देदीप्यमान भगवान वेंकटेश्वर का दर्शन करते हैं, जिनके माथे पर तिलक है, बाएं कंधे पर 'शंख' दाहिने कंधे पर 'चक्र', 'भूदेवी' (देवी पृथ्वी) और 'श्रीदेवी' (धन की देवी) हृदय में विराजमान, बायां हाथ मुद्रा ग्रहण करने में, दाहिना हाथ दान मुद्रा में, दोनों हाथ 'आदिशेष' (शेष नाग) और 'सोने के सिक्को' (समृद्धि) से सुशोभित हैं।

चतुर्भुज भगवान वेंकटेश्वर की आशीर्वाद हस्त-मुद्रा का रहस्य

हाँ, यह सत्य है कि भगवान वेंकटेश्वर असंख्य दृश्य और अदृश्यअस्त्र-शस्त्रों, आयुधों और आभूषणों से विभूषित हैं। भगवान के वरद हस्त की आकर्षक और असाधारण स्थिति से कौन प्रभावित नहीं होगा-दायां नीचे की ओर संकेत करते हुए, बायां उनके बाएं घुटने से थोड़ा ऊपर, हथेली का पिछला भाग क्षैतिज, अंदर की ओर मुड़ा हुआ!

उनकी चार भुजाएँ हैं, दो नहीं (चतुर्भुज)। जबकि उनकी दो भुजाएँ भक्तों को दिखाई देती हैं, अन्य दो पीठ पर मुट्ठी की स्थिति में मुड़ी हुई हैं। भगवान अपने भक्तों को आश्वासन देते हैं, "यद्यपि मेरी पिछली दो भुजाएँ अब रिक्त हैं, फिर भी मैं उन्हें अपने अस्त्रों का उपयोग करने के लिए तैयार रख रहा हूँ। जिस क्षण मुझे लगता है कि सामान्य रूप से मानवता के लिए और विशेष रूप से मेरे भक्तों के लिए संकट है, मैं उनकी रक्षा के लिए आतुर होकर दौड़ जाता हूँ।"

जो भुजाएँ हम सामने देखते हैं वे भी असामान्य रूप से भली तरह से स्थित हैं। भगवान का दाहिना निचला हाथ उनकी कोहनी पर मुड़ा हुआ है और आराम की स्थिति में है, जबकि उनकी पूरी खुली हथेली उनके पैरों की ओर इशारा कर रही है। इस विशेष स्थिति को वरद हस्त मुद्रा कहा जाता है-वह हाथ जो आशीर्वाद प्रदान करता है। भगवान श्री वेंकटेश्वर का बायां निचला हाथ सीधा नीचे है; कलाई पर मुड़ा हुआ है और अपने बाएं कूल्हे के ठीक नीचे आराम करता हुआ पाया जाता है। ऐसी स्थिति को कत्य विलम्बित हस्त मुद्रा के नाम से जाना जाता है। वे संकेत करते प्रतीत होते हैं, "जब तक मेरे भक्तों का मुझ पर पूर्ण विश्वास है, तब तक मैं इस भवसागर (विश्व के महासागर) के बाढ़ के पानी को उनके कूल्हे के स्तर से आगे नहीं जाने दूंगा।"

कृपा-सिंधु के कृपा-कटाक्ष

आपके समक्ष मैं निरंतर भगवान वेंकटेश्वर का गुणानुवाद क्यों करता चला जा रहा हूँ? बार बार उनके वरद हस्त और कृपा कटाक्ष का वर्णन करने का उद्देश्य यही है कि भगवान का इस स्थान पर वैकुंठ छोड़ कर आना अकारण नहीं है। इसके पीछे एक अचरजभरी कृपा-कहानी है जिसे कहना, सुनना, और सुनकर हृदयंगम करना भक्तों के लिए आवश्यक

है। कई भक्तों ने तो यहाँ आकर भगवान की सेवा में सूक्त, श्लोक और पुस्तकें लिख डालीं। राजा महाराजाओं ने मुक्त हस्त से दान किये और संतों ने पूजा अर्चना को सुव्यवस्थित किया। निकटस्थ किसानों और आम जनों ने तीर्थयात्रियों के लिए प्रसाद और आवास की व्यवस्था की। सब ने कुछ न कुछ अवश्य किया। अपनी हिम्मत से अधिक किया। आज भी करते हैं। हिंदू ही नहीं, मुसलमान भी करते हैं। धनी ही नहीं, निर्धन भी करते हैं।

भगवत स्वरूप वर्णन

मैंने अध्याय की शुरुआत "तीर्थ प्रबंधम" ग्रंथ के एक श्लोक से की है। यह पुस्तक संत शिरोमणि श्री वादिराज तीर्थ द्वारा की गई तीर्थयात्राओं (तिरुमला सहित) का विवरण देने वाला एक यात्रा वृतांत है। श्री वादिराज तीर्थ की जीवनी में एक लेख है जिसमें बताया गया है कि उन्होंने श्री वेंकटेश्वर को 108 शालिग्राम की माला अर्पित की थी। उन्होंने अपने प्रवास के दौरान तिरुपति के भगवान पर और नगर के बारे में कई श्लोकों की रचना की है। श्री वादिराज तीर्थ (1480-1600) एक द्वैत दार्शनिक, आशु कवि, यायावर-तीर्थयात्री और रहस्यवादी भक्त थे। अपने समय के एक बहुज्ञ ज्ञानी-महात्मा थे। उन्होंने धर्मशास्त्र और तत्वमीमांसा पर कई रचनाएँ लिखीं। इसके अतिरिक्त, उन्होंने भगवान वेंकटेश्वर पर कुछ श्लोकों की रचना की। इन्ही श्लोकों की महिमा आज भी भक्तों को भावविभोर करती है। और ये उन अनेक भक्त कवियों में से सिर्फ एक हैं। इस पुस्तक में यथास्थान श्री रामानुज आदि अनेक भक्तों और कृष्ण देव राय जैसे अनेक राजाओं का जिक्र होगा।

वादिराज स्वामीगलू ने पूरी पहाड़ी को शालिग्राम के रूप में देखा क्योंकि शालिग्राम पर पैर रखना अपमान होगा, इसलिए वे वेंकप्पा के दर्शन पाने के लिए अपने घुटनों पर तिरुमला पर चढ़ते गए। अंतत: वे प्रभु के पास पहुंचे। भगवान के दिव्य सौंदर्य ने उन्हें मंत्रमुग्ध कर दिया। वे प्रभु के वरद हस्तों की अनुपम मुद्राओं को देखकर व्याकुल हो उठे। वे ब्रह्मांड के पालक को जन्म और मृत्यु के भयानक सागर (भव सागर) से त्राण दिलाने का वचन देते हुए और सहायता करने का वादा करते हुए सुन रहे थे। जैसे वे कह रहे हों कि जो भी उन्हें हृदय से भजेगा उसे वे इस भव सागर से पार उतर जाने में सहायता करेंगे। वे आशु कवि और भक्त थे। एक क्षण में ही अनुपम कवि वादिराज स्वामी ने प्रभु की स्तुति में निम्नलिखित श्लोक उच्चारित किया।

ये शङ्खचक्रोजज्वलबाहुयुग्मा: स्वान्घ्रिं भजन्ते भवसिन्धुरेषाम्।
कटिप्रमाणस्त्विति वेङ्कटेष:स्फुटीकरोत्यात्मकराम्बुजातै:।।

संत जी समझ गए कि भगवान वेंकटेश अपने कमल जैसे हाथों की मुद्रा से हमेशा यह

स्पष्ट कर रहे हैं कि इस समुद्र रूपी संसार का प्रभाव उन लोगों के लिए केवल कमर तक पहुंचेगा, जो उनके चरणों की पूजा करते हैं। जो उनके चरणों की पूजा करते हैं, जिनके कंधे शंख और चक्र के चिन्हों से सुशोभित हैं।

प्रायोऽन्यत्र गतां श्रियं निजवशां कर्तुं मुहुः कांक्षितं
भक्तानां प्रदिशन् धनं प्रतिदिनं संसाध्य साध्यप्रियः।
तत् तत्रैव पुनः सहस्रगुणितं पश्यन् घनश्यामलः
तेषां वेश्मसु विस्मितो निवसति श्रीवेङ्कटेशोऽनिशम्।।

"भगवान श्री वेंकटेश, जिनका वर्ण नील-मेघ के समान है, जो सभी भक्तों को प्रिय हैं, अपने भक्तों के घरों में स्थित धन को देखकर उनकी इच्छाओं को बार-बार पूरा करते हैं और भक्त के धन को अपने अधिकार में लेने की आशा करते हैं। वस्तुतः देखा जा सकता है कि धन भक्तों के घरों में हजार गुणा बढ़ रहा है और आश्चर्य की बात है कि यह धन स्थायी रूप से उनके घर में वापस आ गया है।"

श्री वादिराज तीर्थ ने इस अनुपमश्लोक की रचना इसमें अर्थों की कई परतों को समाहित करते हुए की है। सरसरी निगाह से देखें तो प्रतीत होगा कि भक्त-कवि हल्के-फुल्के अंदाज में वर्णन कर रहा है कि कैसे श्री वेंकटेश भक्तों से अपने दर्शन की एवज में धन लेते हैं। हालांकि कवि ने यहां कुछ अहम बातों का खुलासा भी किया है। लक्ष्मी सदा भगवान वेंकटेश के साथ रहती हैं। जब भी कोई भक्त अपना धन भगवान को अर्पित करता है, लक्ष्मी उस भक्त से प्रसन्न हो जाती हैं और उसे बदले में बहुत अधिक धन-ऐश्वर्य और संबंधित सुख प्रदान करती हैं। तदुपरांत भगवान वेंकटेश लक्ष्मी के आशीर्वाद को देखकर भक्त को एक बार फिर से आशीर्वाद देने का फैसला करते हैं।

यह तो आप जान ही गए हैं कि इस कथा का मेरा स्रोत वादिराज स्वामी के शब्द हैं जो उनके यात्रा वृतांत में लिखे गए हैं। वे लिखते हैं कि भगवान विष्णु द्वारा अपने सभी भक्तों को आशीर्वाद देने के लिए पृथ्वी पर प्रकट होने के लिए चुने गए आठ पवित्र क्षेत्रों में से एक तिरुपति है। यह क्षेत्र इतना पवित्र और पुण्यक्षेत्र है क्योंकि रामानुजाचार्य, अन्नामचार्य, और व्यासराज जैसे अनेक भक्त कवियों ने इनकी सेवा में वैसे ही पद्य लिखे जैसे तुलसीदास और सूरदास ने हिंदी में लिखे हैं। यहाँ कवियों ने तेलुगु, तमिल और कन्नड में लिखा।

वादिराज जैसी महान आत्माओं को तिरुमला पहाड़ियां शालिग्राम शिला की तरह दिखाई दीं और कई अन्य लोग जब भगवान के दर्शन के लिए पहाड़ियों के पास पहुंचे। कई ऋषियों और कवियों ने भगवान की स्तुति में सैकड़ों गीतों की रचना की। वादिराज ग्यारह

श्लोकों में तिरुमलेश की महिमा गाते हैं जो भगवान वेंकटेश्वर की महिमा के लिए सबसे अनूठी पुष्पांजलि है।

ओ वेंकटेश!
चमकदार वेंकटाचल आपका पवित्र निवास है
आप सभी खगोलीय पिंडों द्वारा पूजे जाते हैं
भगवन आप हमें अपनी
प्यारी और शक्तिशाली छाया दो
पवित्र कल्पवृक्ष समान आप हो वेंकटेश जी।
अपने भक्तों की सदैव रक्षा करें।
आप जैसे स्थिर हैं
तिरुमला पहाड़ियों के शीर्ष पर
अपने प्यारे रूप का विस्तार करना
सभी भक्तों पर दया दृष्टि बरसाना
दूरदराज के क्षेत्रों से ऐसे भक्त जो सहते हैं
पीड़ा, कष्ट और अभिलाषी हैं दर्शन के।
शंख और चक्र मुद्राएं निरख कर
आपके चरण कमलों की श्रद्धापूर्वक वंदना करें जो
उनके दुखों को दूर करो, भगवान!
वेंकटेश प्रभु द्वारा शंख चक्र धारण करके
अपने हस्त युगलों से कृपा बरसाने वाले।
ओ नील मेघ श्याम!
आप सभी देवताओं में सबसे महान हैं,
आप अपने भक्तों से भेंट प्राप्त करते हैं
जो प्रसाद पा आपके द्वारा धनी बन जाते हैं
दिन-ब-दिन धन्यता समृद्धि का आशीर्वाद।
ओ वेंकटेश!
आप अपने वाहन गरुड पर बैठे चलते हैं
श्रीदेवी और भूदेवी के साथ
करते दया अपने भक्तों पर
हम आपके चरण कमलों की वंदना करते हैं।

ओ वेंकटेश!
आप आदिशेष पर विश्राम करें
शेषाचल आपका पवित्र धाम है
जब आप रावण का वध करने के लिए
राम के रूप में पृथ्वी पर प्रकट हुए,
आपने अपने प्यारे भाई के रूप में
अपने साथ रहने के लिए आदिशेष को चुना
लक्ष्मण रूप में
जो स्पष्ट रूप से इंगित करता है
आदिशेष पूर्णतः आपको समर्पित हैं
सूर्य, चंद्रमा और अन्य खगोलीय पिंड
चरा चर सब सेवक हैं आपके
वास्तव में आपकी पूजा होती है
शिव द्वारा, पंचमुखी महेश-द्वारा
विधाता द्वारा, चतुर्भुज ब्रह्मा द्वारा
आप सभी देवताओं में सबसे श्रेष्ठ हैं।

ओ वेंकटेश!
आप में उपस्थित हैं
शेषाचल दो श्रेणियों के बीच
आप देवताओं में सबसे महान हैं
चारों वेद आपकी अनंत महिमा का बखान करते हैं
हम सदा-सर्वदा वंदना करते हैं आपकी।
ओ वेंकटेश!
आप जरूरतमंदों पर अपनी कृपा दृष्टि बनाए रखें
आप कृपालु हैं, दयासागर हैं
आप सभी कष्टों को दूर करते हैं,
और हैं बिल्कुल बेजोड़।

ओ वेंकटेश!
तुम सब पर अपनी कृपा बरसाओ,

आपके पास सभी महान गुण हैं
वेंकटाचल आपका पवित्र निवास स्थान है
हम सब मिलकर आपकी पूजा करते हैं।

इस पुस्तक में मैंने तिरुमला की महिमा और भगवान वेंकटेश्वर की कृपा को अपने विनम्र तरीके से आपके सामने प्रस्तुत करने का प्रयास किया है। सात पहाड़ियों के वैभव के बारे में कई विद्वान पहले ही ग्रंथ लिख चुके हैं। कई संतों और भक्तों ने पहले ही भगवान श्रीनिवास के गुणों की प्रशंसा करते हुए आलंकारिक भाषा प्रयोग करते हुए महाकाव्यों, खंडकाव्यों और फुटकर छंदों में पद्य मालिकाओं के पुष्प हार चढ़ाए हैं। भजनों को रचा ही नहीं राग-रागनियों में निबद्ध करके गाया भी है। तब से लेकर आज तक यह गुणानुवाद गायन अविरल गति से भक्ति सरिता में अवगाहन करने का अवसर सबको प्रदान कर रहा है।

भक्त और विद्वान भगवान वेंकटेश्वर की महिमा के बारे में बहुत कुछ बोलते-बताते चले आए हैं। पुराणों में एक स्वर में कहा गया है कि वेंकटाद्रि के बराबर ब्रह्मांड में कोई जगह नहीं है। यह वह स्थान है जहां भगवान निवास करते हैं। भगवान वेंकटेश्वर की बराबरी करने वाला कोई भगवान नहीं है। भगवान वेंकटेश्वर को भगवान विष्णु के पवित्र अवतारों में से एक माना जाता है। गुणानुवाद गायन निरंतर चल रहा है। यह पुस्तक भी तो इस गायन का अंग बनने की लालसा लिए उसी मार्ग पर आगे बढ़ रही है। आपको सब कुछ समझ में आ जाएगा–इस मंदिर का इतिहास, भूगोल, आदि और इत्यादि। और सुविधा हो जाएगी क्योंकि ज्ञान ही तो शक्ति है। भक्ति से शक्ति मिलेगी, ऐसा विश्वास है।

❐

प्रकरण-2

मोक्ष मार्ग की ओर: तिरुमला वाया तिरुपति

वेंकटाद्रि समं स्थानं ब्रह्माण्डे नास्ति किञ्चन।

वेङ्कटेश समो देवः न भूतो न भविष्यति॥

तिरुपति

तिरुपति, पवित्र शहर आंध्र प्रदेश के दक्षिणपूर्वी भाग में स्थित है और 'कलियुग' के आराध्य देव देवता भगवान वेंकटेश्वर के लिए जाना जाता है। वर्तमान आंध्र प्रदेश राज्य में, तिरुपति शहर चंद्रगिरि से लगभग 8 मील (13 किमी.) उत्तर-पूर्व में पालकोंडा पहाड़ियों में और तमिलनाडु राज्य में चेन्नई से 67 मील (108 किमी.) उत्तर-पश्चिम में स्थित है। यह 130-21' 54 "और 140-30' 40" के उत्तरी अक्षांशों के बीच और पूर्वी देशांतरों 790-5' 42 "और 800- 4' 10" के बीच स्थित है। यह पूर्व में बंगाल की खाड़ी से, पश्चिम में आंध्र प्रदेश के अन्नामय्या और चित्तूर जिलों से, उत्तर में आंध्र प्रदेश के एसपीएसआर नेल्लोर और अन्नामय्या जिलों से और दक्षिण में आंध्र प्रदेश और तमिलनाडु राज्य के चित्तूर जिले से घिरा है। क्षेत्रफल की दृष्टि से इसका क्षेत्रफल 9174 वर्ग किलोमीटर है जो राज्य के कुल क्षेत्रफल का 5.63 प्रतिशत है। जिले के पर्वतीय भाग की सामान्य ऊंचाई समुद्र तल से 2500 फीट है। चेन्नई और बैंगलोर शहर 150 किलोमीटर में स्थित हैं। और 250 कि.मी. क्रमशः तिरुपति टाउन।

तिरुपति-व्यक्तिवाचक संज्ञा जैसे तिरुपति, तिरुमला, वेंकटेश आदि हम में से कई लोगों के लिए अजीब लग सकते हैं। आंध्र प्रदेश और तेलंगाना राज्यों में और तमिलनाडु में, तेलुगु और तमिल बोलने वाले संस्कृत मूल के 'त्रि' के स्थान पर 'तिरु' उपसर्ग का उपयोग करते हैं। मूल शब्द 'त्रिपति' था। भगवान वेंकटेश्वर को त्रिपति का स्वामी कहा जाता है। तिरुपति शब्द एक तेलुगु द्वंद्वात्मक रूप है। द्रविड़ अनुवाद में, 'तिरु' का अर्थ है

पवित्र या लक्ष्मी और 'पति' का अर्थ है निवास या पति। तिरुपति (तिरुमला) को आचार्य-हृदयम (13वीं शताब्दी) में 'पुष्प-मंडप' कहा गया है।

तमिल विद्वानों के अनुसार इस पवित्र शहर का नाम "थिरुपथी" है। इस नाम का तमिल व्याकरण के अनुसार "थिरु-प-पाधी" "तिरुप्पदि" के रूप में उच्चारण किया जाता है। संस्कृत में 'श्री' का अर्थ देवी लक्ष्मी और धन है, लेकिन तमिल में "थिरु" एक अभिव्यक्ति के रूप में केवल एक पवित्र और सम्मानजनक उपसर्ग के रूप में उपयोग किया जाता है।

तमिलनाडु में हिंदू मंदिरों के नामों में "थिरु" उपसर्ग के रूप में आता है। आंध्र प्रदेश के चित्तूर जिले में भी "थिरु" उपसर्ग के साथ कई मंदिर हैं क्योंकि यह क्षेत्र पूर्व-ऐतिहासिक काल में भी प्राचीन तमिल प्रदेश का एक हिस्सा था। आंध्र प्रदेश के कृष्णा जिले में "थिरुवुरु" नामक एक स्थान को छोड़कर पूरे आंध्र प्रदेश या तेलंगाना में उपसर्ग "थिरु" के साथ कोई प्राचीन स्थान नहीं है। लेकिन तमिल भाषी भूमि में आप इस उपसर्ग "थिरु" के साथ सैकड़ों स्थान पा सकते हैं। अगला शब्द है "पथी।" अधिकांश लोग सोचते हैं कि यह एक संस्कृत शब्द है जिसका अर्थ है 'पति।' यह सही है, लेकिन वे नहीं जानते कि तमिल का भी अपना एक शब्द है। संगम काल के प्रारंभिक तमिल साहित्य में 'तमिझगम' की सीमाओं के बारे में उल्लेख किया गया है क्योंकि उत्तरी सीमा वेंकटपहाड़ियाँ है,दक्षिणी सीमा वर्तमान केप कोमोरिन है; पूर्व और पश्चिम समुद्र से घिरे हैं।

तमिझगम उत्तर में वेंगदम (तिरुपति पहाड़ी) से दक्षिण में कन्याकुमारी (केप कोमोरिन) तक शुरू हुआ, जो पूर्व और पश्चिम में समुद्र से घिरा हुआ था। इसमें स्पष्ट रूप से वर्तमान केरल शामिल था। चोल राजा करिकालन ने अपने उत्तरी क्षेत्रों को मजबूत करने के प्रयास में कांची नामक एक नए शहर को प्रतिष्ठित किया। संगम साहित्य में चोलों के वंशज थोंडामन इलानथिरायन का कांची और आसपास के क्षेत्रों पर अपना अधिकार रखने का उल्लेख है। उन्हें कुछ इतिहासकारों द्वारा पल्लव वंश का गठन करने वाला माना जाता है। फिर भी 'वेंगदम' तिरुपतिनियंत्रण से बाहर हो गए और एक पहाड़ी जनजाति कलवार या कलावरकबीले केपुल्ली नाम के एक बड़े थिइरैयन ने इसे नियंत्रित किया। यह संगम काल का अंत था और गुप्त सम्राट समुद्रगुप्त द्वारा दक्षिण भारत में आक्रमण शुरू हो गया। इसने दक्कन की भौगोलिक राजनीति को काफी बदल दिया। पल्लवों ने कर्नाटक का नियंत्रण खो दिया। दक्षिणी आंध्र की जनजातियों ने वेंकडम पहाड़ियों से उनकी पहाड़ी जनजातियों को खदेड़ दिया। वे चोल देश के कलाप्पलरों में शामिल हो गए और चोलों को कालभ्रस नामक एक नए राजवंश की स्थापना के लिए हटा दिया। यह तीसरी से चौथी शताब्दी के

मध्य की अवधि थी जब तिरुपति में आस-पास के क्षेत्रों से एक स्थिर तेलुगु प्रवास शुरू हुआ जो एक तेलुगु शहर बन गया।

यह ध्यान हिंदी पाठकों को रखना चाहिए कि तमिल के कई प्रख्यात लेखक वास्तव में 'वेंगडम' शब्द का आज भी खुलकर प्रयोग करते हैं और उन विशेषताओं का कुछ विवरण देते हैं जो भूत काल में इस पर्वत-माला की विशेषता के रूप में माना जाता था। किन्तु अब स्थान के यह नाम लगभग पर्यायवाची है। 'वेंगडम' या 'वेनगदं' 'तिरुपति' और उसके मंदिर के लिए तमिल लोगों के लिए अब भी समानार्थी है। इस क्षेत्र के संबंध में कुछ बातें ध्यान देने योग्य हैं। संगम-साहित्य के युग में यह स्थान तमिल को एक उत्तरी भाषा से अलग करने वाली सीमा थी, जिसे वडुकु नाम से जाना जाता है। इस वडुकु का आधुनिक समकक्ष तेलुगु होगा। जो लोग तमिल प्रदेश की उत्तरी सीमा पर रहते थे उन्हें लगभग पूरे प्रायद्वीप में वडुकर कहा जाता था। उनके शासकों को वडुकर पेरुमाकन कहा जाता था।

तिरुपति नगरी की उत्पत्ति और इसके विकास का तिरुमला में प्रसिद्ध तीर्थ स्थल से गहरा संबंध है। तिरुपति एक प्राचीन नगरी है। किन्तु 12वीं शताब्दी से पहले का तिरुपति का इतिहास अस्पष्ट है, हालांकि इसका एक प्राचीन बस्ती के रूप में अस्तित्व था। इस बस्ती के बारे में सबसे पहला ज्ञान 12वीं शताब्दी का है। यह महान वैष्णव उपदेशक श्री रामानुज द्वारा श्री गोविंद राय स्वामी मंदिर के अभिषेक के समय की बात है। ऐसा प्रतीत होता है कि लगभग 1130 ई. में श्री रामानुज ने श्री गोविंदराय स्वामी की प्रतिमा की स्थापना के लिए तिरुमला पहाड़ी की तलहटी में एक स्थान का चयन किया था। श्री गोविंदराय की मूर्ति चिदम्बरम की एक प्राचीन मूर्ति के समान थी, जिसकी तिरुमला पहाड़ियों की तलहटी में स्थापना श्री वैष्णव तीर्थयात्रियों की आध्यात्मिक प्रवृत्ति को आकर्षित करने के लिए की गई थी। श्री रामानुज ने यह देखने के लिए यह भार अपने ऊपर ले लिया कि एक नियमित तीर्थ यात्रा अस्तित्व में आए और इसलिए उन्होंने इसे तमिल नाम से तिरूपति नाम दिया। लगभग 16वीं और 17वीं शताब्दी में विजयनगर राजाओं के क्षेत्र में इस बस्ती का और विस्तार हुआ। विजयनगर साम्राज्य के पतन के बाद, लगभग 18वीं सदी के मध्य तक, तिरूपति कई लोगों के लिए पवित्र दर्शन स्थल रहा था।

किंवदंती और कथा-क्षेपक

ऐसा माना जाता है कि तिरुमला हिल्स (शेषाचल हिल्स) की उत्पत्ति वायु देव और आदि शेष के बीच एक प्रतियोगिता से हुई। द्वापर युग के दौरान, शेष ने वायु को वैकुंठ में प्रवेश करने से रोक दिया क्योंकि विष्णु जी अपनी पत्नी लक्ष्मी जी के साथ थे। क्रोधित वायु

ने शेष को उनके बीच मजबूत का फैसला करने के लिए एक लड़ाई के लिए चुनौती दी, वायु को पवित्र मेरु पर्वत से शेष को उड़ाने की कोशिश करने का काम सौंपा गया, जबकि आदिशेष को अपने फन से शिखर की रक्षा करने के लिए कहा गया। काफी देर के बाद, वायु वेग रुक गया और शेष ने यह मानकर अपना फन उठा लिया कि उसने प्रतियोगिता जीत ली है। फिर अचानक वायु ने एक चोटी को उड़ा दिया। उड़ता हुआ यह शिखर स्वर्णमुखी नदी के पास उतरा। शेष यहाँ उतरे और यहाँ पहाड़ी के साथ विलीन हो गए। यह पहाड़ी अब शेषाचल पहाड़ियों के नाम से जानी जाती है। किंवदंती का एक रूप यह है कि प्रतियोगिता ने पृथ्वी पर कोलाहल पैदा कर दिया और ब्रह्मा, इंद्र और अन्य देवताओं ने शेष से अनुरोध किया। जब शेष ने अनुरोध स्वीकार कर लिया, तो शिखर और शेष मेरु से उड़ गए और स्वर्णमुखी नदी के तट के पास उतर गए। जब शेष अपनी हार से उदास और निराश थे, तो देवताओं ने शेषाद्रि पहाड़ी या शेषाचलम पहाड़ी या वेंकटाद्रि पहाड़ी के नाम से सात पहाड़ियों में शेष को परिवर्तित कर दिया। कहानी का एक और संस्करण भी है: प्रतियोगिता से थके हुए शेष को विष्णु द्वारा पृथ्वी पर आराम करने का निर्देश दिया गया था, जिसे उन्होंने कलियुग में अपने रहने के लिए चुना था। उस स्थान को तिरुपति के नाम से जाना जाता है।

तिरुपति और तिरुमला में अंतर:-

ये पवित्र स्थान भारतीय राज्य आंध्र प्रदेश में स्थित दो निकटता से जुड़े हैं। जबकि उनके धार्मिक महत्व के कारण अक्सर उनका एक साथ उल्लेख किया जाता है, वे अपने भौगोलिक स्थानों और तीर्थ स्थल के भीतर विशिष्ट भूमिकाओं के संदर्भ में भिन्न होते हैं।

तिरुपति:- तिरुपति आंध्र प्रदेश के चित्तूर जिले में पूर्वी घाट की तलहटी में स्थित एक शहर है। यह तिरुमला के पवित्र तीर्थ स्थल के प्रवेश द्वार के रूप में कार्य करता है। तिरुपति तीर्थयात्रियों की सुविधा के लिए आवास, परिवहन और विभिन्न सुविधाओं सहित कई सुविधाओं के साथ एक हलचल भरा शहर है। यह शहर सड़क, रेल और हवाई मार्ग से अच्छी तरह से जुड़ा हुआ है।

तिरुमला:- तिरुमला पहाड़ी की चोटी पर स्थित मंदिर है जो तिरुपति से लगभग 22 किलोमीटर उत्तर पश्चिम में स्थित है। यह श्री वेंकटेश्वर या श्री बालाजी का आनंद निलयम नामक मंदिर का आधार स्थल है जिसे तिरुमला तिरुपति बालाजी मंदिर के रूप में भी जाना जाता है। यह मंदिर भगवान विष्णु के अवतार भगवान वेंकटेश्वर को समर्पित है, और इसे भारत में सबसे पवित्र और तीर्थ स्थलों में से एक माना जाता है। तिरुमला शेषाचलम

पहाड़ियों की प्राकृतिक सुंदरता के बीच स्थित है और आसपास के क्षेत्र के लुभावने दृश्य प्रस्तुत करता है। मंदिर परिसर विशाल है और दुनिया भर से लाखों भक्तों को आकर्षित करता है। तिरुपति पहाड़ी की तलहटी में स्थित शहर तीर्थयात्रियों के लिए तीर्थयात्रा का आधार पड़ाव या शुरुआती स्थल है, जबकि तिरुमला पहाड़ी की चोटी पर स्थित पवित्र स्थान है जहाँ जग-प्रसिद्ध श्री वेंकटेश्वर मंदिर स्थित है। दोनों स्थान गहन रूप से जुड़े हुए हैं और भक्तों के लिए एक महत्वपूर्ण आध्यात्मिक गंतव्य हैं।

अलीपिरी और श्रीवारी

अलीपिरी:- अलीपिरी पडाला मंडपम या अलीपिरी (विश्राम स्थल) तिरुपति में स्थित है। यह दो सड़क मार्गों का आधार भी है, एक ऊपर और एक नीचे सात पहाड़ियों (वृषभाद्रि,अंजनाद्रि, नीलाद्रि, गरूडाद्रि, शेषाद्रि, नारायणाद्रि और वेंकटाद्रि) के माध्यम से तिरुमाला की ओर जाता है। इसलिए इसे "द गेट वे टू तिरुमला वेंकटेश्वर मंदिर" और 'सोपना मार्गलू' कहा जाता है। 'सोपना मार्गलू' अलीपिरी तलहटी और श्रीवरी मेट्टू से शुरू होता है।

सप्तगिरि पर चढ़ना कुछ संप्रदायों के लिए एक उत्सव माना जाता है जो इसे मेत्त्लोत्सवम कहते हैं। तीर्थयात्री, जो व्रत लेते हैं, सीढ़ियों पर चढ़ते समय धातु पूजा करते हैं। इनमें हर कदम पर कपूर जलाना या हल्दी का लेप लगाना और कुमकुम लगाना शामिल है। बहुत कम तीर्थयात्री हैं जो कठोर तपस्या करते हैं और अपने घुटनों के बल पर पहाड़ियों (केवल 7 वीं पहाड़ी) पर चढ़ते हैं।

अलीपिरी मेट्टू:- तिरुमला के लिए एक प्राचीन पैदल मार्ग है जो अलीपिरी से शुरू होता है जिसे अलीपिरी मेट्टू के नाम से जाना जाता है। भगवान वेंकटेश्वर के लिए अपनी मन्नत पूरी करने के लिए भक्त तिरुपति से पैदल तिरुमला पहुंचने के लिए इस रास्ते को अपनाते हैं। इसमें कुल 3550 सीढ़ियां हैं जो 12 किमी. की दूरी तय करती हैं। रास्ते में चार गोपुरम हैं। यह मार्ग पूरी तरह से ढका हुआ है और उन सात पहाड़ियों से होकर गुजरता है जो शेषाचल पहाड़ियों का हिस्सा हैं।

श्रीवारी मेट्टू:- तिरुपति से तिरुमला तक पैदल जाने के लिए अलिपिरी दो रास्तों में से एक है और आधुनिक समय में हाल तक यही एकमात्र रास्ता था। श्रीवारी मेट्टू, लगभग 20 किमी.का रास्ता मूल है जिसे पुनर्निर्मित किया गया था और 2008 से इसे फिर से उपयोग के लिए खोद दिया गया था। अलीपिरी में 3550 चरण लंबा मार्ग है; श्रीवारी मेट्टू 2388 कदमों के साथ छोटा है। श्रीवारी मेट्टू मार्ग एक पुराना पैदल मार्ग है लेकिन इसके द्वारा तिरुमला मंदिर तक पहुँचने में कम समय लगता है।

यहाँ का निकटतम रेलवे स्टेशन 26 किलोमीटर की दूरी पर तिरुपति रेलवे स्टेशन है। निकटतम उड़ान कनेक्टिविटी 36 किलोमीटर की दूरी पर रेनिगुंटा के पास है। टीटीडी तिरुपति रेलवे स्टेशन और बस स्टैंड से श्रीवारी मेट्टू के शुरुआती बिंदु तक मुफ्त बस सुविधा प्रदान करता है। श्रीवारी मेट्टू मार्ग केवल दिन के समय ही खोला जाता है। तीर्थयात्रियों को इस मार्ग पर सुबह 6 बजे से शाम 6 बजे तक ट्रेक करने की अनुमति है। रात में मार्ग सख्ती से बंद रहता है।

2009 में अलीपिरी में प्रवेश करने वाले वाहनों और तीर्थयात्रियों की स्क्रीनिंग के लिए एक सुरक्षा क्षेत्र स्थापित किया गया था, ताकि पहाड़ियों को आतंकवादियों और असामाजिक तत्वों से बचाया जा सके। तीर्थयात्रियों को धूप और बारिश से बचाने के लिए पूरे सीढ़ीदार रास्ते को छत से ढक दिया गया है। रोशनी की अच्छी सुविधा प्रदान की जाती है। भगवान के दर्शन के लिए पैदल आने वाले तीर्थयात्रियों को और भी बहुत सी विशेष सुविधाएँ प्रदान की जाती है।

जो तीर्थयात्री तिरुपति से तिरुमला तक पहुँचने के लिए अलीपिरी और श्रीवारी मेट्टू मार्गों की यात्रा करते हैं, दिव्य दर्शन की श्रेणी में आते हैं। दिव्य दर्शन रास्ते में मुफ्त आवास और भोजन के साथ-साथ एक त्वरित और मुफ्त दर्शन सुविधा है।

पैदल मार्ग द्वारा तिरुमला दर्शन

- पैदल मार्ग: अलीपिरी मेट्टू, श्रीवरी मेट्टू
- आवश्यक समय: 2-4 घंटे
- कुल दूरी: 2.1 किमी. (श्रीवारी मेट्टू)। 9 किमी. (अलीपिरी मेट्टू)
- चरणों की संख्या: 3600 (अलीपिरी मेट्टू)। 2400 (श्रीवारि मेट्टू)
- रूट समय: 24 घंटे (अलीपिरी मेट्टू)। सुबह 6 बजे से शाम 6 बजे तक (श्रीवारी मेट्टू)

तिरुमला

सभी तमिल शिलालेखों में तिरुमल पहाड़ी का उल्लेख 'वेंगदम' के रूप में किया गया है। तेलुगु में तिरुमला और तमिल में तिरुमलाई समान हैं और संस्कृत शब्द "श्री शैल" से व्युत्पन्न हैं। तिरुमला उस पहाड़ी का नाम है जिस पर भगवान वेंकटेश्वर रहते हैं। लेकिन तेलुगु लोग अभी भी पहाड़ी को एगुव तिरुपति (ऊपर-तिरुपति) और दिग्गुव-तिरुपति (नीचे-तिरुपति) कहते हैं।

तिरुमल गिरि की शोभा का वर्णन करते हुए अनेक कवियों ने न जाने कितने गीत गाए हैं। अन्नमाचार्य गाते हैं,"नेत्रों के सामने दिखाई देने वाले वैकुंठ समान तिरुमल गिरि के क्या कहने? यहाँ दृष्टिगोचर होने वाली शिलाएं ही वेद हैं। नदी-नालें पुण्य प्रवाह हैं। सत्य लोक

के बाद स्थित वैकुंठ यही है। देवतागण यहाँ मृगों के रूप में मृगों के रूप में संचरण करते हैं। सागर जल घनीभूत होकर यहाँ पर्वत बन गए। सत्य लोक के बाद वैकुंठ यही है। कई ऋषि मुनि यहाँ महा वृक्ष होकर अवतरित हुए हैं। वरदान बरसाने वाली खलिहान यही है। कितना भी वदान मांगों यह देती है। दिन रात देती है। श्रीनिवास की क्रीडा स्थली यही है। इन पहाड़ी गुफाओं में अनंत संपदा है। वेंकटाचल स्वामी की यही महिमा है।

जैसा पहले भी संकेत किया गया कि तिरुपति शहर और तिरुमला हिल्स के बीच एक सूक्ष्म अंतर है। तिरुपति तिरुमला पहाड़ियों की तलहटी में स्थित एक शहर है, और यह चित्तूर जिले का प्रशासनिक मुख्यालय है। यह भारत के सबसे लोकप्रिय तीर्थ स्थलों में से एक है, जो अपने श्री वेंकटेश्वर मंदिर के लिए जाना जाता है, जो तिरुमाला पहाड़ियों की सातवीं चोटी पर स्थित है। दूसरी ओर, तिरुमला, तिरुपति से लगभग 22 किलोमीटर की दूरी पर स्थित एक पहाड़ी शहर है। यह श्री वेंकटेश्वर मंदिर का घर है, जो दुनिया के सबसे अधिक देखे जाने वाले और सबसे अमीर मंदिरों में से एक है। तीर्थयात्री मंदिर में प्रार्थना करने और भगवान वेंकटेश्वर का आशीर्वाद लेने के लिए तिरुमला जाते हैं। इसलिए, जबकि तिरुपति तिरुमला पहाड़ियों के आधार पर स्थित एक शहर है, तिरुमला उन्हीं पहाड़ियों की चोटी पर स्थित एक पहाड़ी शहर है और श्री वेंकटेश्वर मंदिर के लिए प्रसिद्ध है। तिरुमला पहाड़ियाँ, वन्यजीव अभयारण्य में बसा एक छोटा सा शहर है यह 'श्री वेंकटेश्वर राष्ट्रीय उद्यान' नागक एक बड़े परिदृश्य का एक और हिस्सा है। संपूर्ण शेषाचलम पहाड़ी श्रृंखला को "शेषाचलं बायोस्फीयर रिजर्व" के रूप में घोषित किया गया है।

तिरुमला की पवित्र पहाड़ी तिरुपति के उत्तर पश्चिम में स्थित है। पहाड़ी की चोटी पर, 2,800 फीट (850 मीटर) की ऊंचाई पर प्राचीन मंदिर है। मंदिर पवित्र झरनों और जलाशयों के बीच स्थित है और भगवान वेंकटेश्वर को समर्पित है। यह द्रविड़ कला का एक बेहतरीन उदाहरण है। एक हिंदू का जीवन तब तक पूरा नहीं होता जब तक कि वह अपने जीवनकाल में कम से कम एक बार मंदिर में आकर देव दर्शन नहीं कर लेता। तीर्थ स्थल के पीछे बहुत सी कहानियाँ हैं और मुझे यकीन है कि आप उनके बारे में जानना पसंद करेंगे। तभी तो मैंने मंदिर के बारे में कुछ प्रसिद्ध ही नहीं बल्कि अल्प-ज्ञात और अज्ञात तथ्यों को लाने के बारे में सोचा। पढ़ते रहिये।

यह मंदिर कब और किसने बनवाया इसका कोई निश्चित प्रमाण नहीं है। वास्तुकला भी एक विश्वसनीय मार्गदर्शक नहीं है क्योंकि मंदिर का पुनर्निर्माण13वीं शताब्दी में एक भ्रमणशील तीर्थयात्री द्वारा किया गया था। तिरुमला और उसमें विराजमान श्री वेंकटेश्वर के बारे में किंवदंतियों और कहानियों के कई संग्रह प्राप्त हैं। ये वराह पुराण, पद्मपुराण, गरुड़

पुराण, ब्रह्म पुराण, हरिवंश और भविष्योत्तर पुराण जैसे कई पुराणों में पाए जाते हैं। इनमें वराह पुराण और भविष्योत्तर पुराण सबसे महत्वपूर्ण हैं।

ब्रह्मपुराण में कहा गया है कि एक बार विष्णु ने वैकुण्ठ में उनका सामान्य निवास परिवर्तन करना चाहा उन्होंने नारद से पृथ्वी पर कोई स्थान सुझाने को कहा। नारद ने उस स्थान के पड़ोस का सुझाव दिया जहां शेषचल स्थित होगा। बाद में वायु और शेष ने अपनी सापेक्ष शक्ति पर विवाद किया और एक गंभीर विवाद में पड़ गये। शेष ने अपने शरीर को मेरु के एक हिस्से के चारों ओर घुमाया और वायु को इसे हिलाने के लिए चुनौती दी, वायु ने पहाड़ी को हिलाने की पूरी कोशिश की लेकिन ऐसा नहीं कर सका। अंततः शेष ने सांस लेने के लिए अपना मुंह खोला और इसका फायदा उठाकर वायु ने उसके शरीर में प्रवेश किया और पहाड़ियों का एक हिस्सा उड़ा दिया। पहाड़ी वायु द्वारा लंबी दूरी तय करने के बाद, मेरु ने हस्तक्षेप किया और वायु से इसे वहीं छोड़ने का अनुरोध किया और बाद में उसने ऐसा ही किया। अपनी हार से शर्मिंदा होकर शेष ने विष्णु का स्मरण करते हुए तपस्या की। विष्णु उसके सामने प्रकट हुए और वरदान दिया। शेष ने एक पहाड़ी का आकार धारण करते हुए भगवान से अपने सिर पर रहने का अनुरोध किया। उनकी इच्छा थी कि पहाड़ी को शेषाचल के नाम से जाना जाए, विष्णु ने नारद के पहले दिए गए सुझाव पर विचार किया और शेषाचल पर रहने के लिए सहमत हो गए।

कई राजाओं के नाम से जुड़े कई पुराणों में वेंकटाद्रि पर भगवान की पूजा के बारे में किंवदंतियाँ हैं। इनमें से कुछ प्रमुख किंवदंतियाँ निम्नलिखित हैं।

शमखा की कहानी:- कृतयुग में शंख नाम का एक राजा था। उन्होंने कुछ ऐसा काम करने की इच्छा जताई जो सदैव कायम रहे और इसके लिए उन्होंने अपने गुरु वशिष्ठ से परामर्श लिया। वशिष्ठ ने उन्हें वेंकटाद्रि के पास जाने और भगवान से प्रार्थना करने की सलाह दी-राजा पहाड़ी पर आए और तपस्या की। भगवान उसके सामने एक विमान में प्रकट हुए और राजा से कहा कि जिस विमान में वह आया था, उसी तरह का एक विमान बनाएं और उसमें एक ऐसी छवि स्थापित करें जो उसके जैसी हो। शंख ने आदेश का पालन किया और एक विमान बनाया और उसमें भगवान की एक छवि स्थापित की। यह मंदिर कल्प के अंत में नष्ट हो गया और मूर्ति घुटनों तक जमीन में दफन हो गई; एक बाहरी पहाड़ी ने इसे घेर लिया और एक इमली का पेड़ उग आया जो इसे अच्छी छाया देता था।

रंगदास की कहानी:- यह कथा वराह पुराण में मिलती है (वराहपुर, भाग 3, अध्याय 8, पृ.16-50) इस प्रकार है। एक बार चोल देश में गोपीनाथ नाम का एक वैखानस ब्राह्मण रहता था। वह कृष्ण का बहुत बड़ा भक्त था। उसने प्रभु से उसे मोक्ष प्रदान करने की प्रार्थना

की। कृष्ण ने उन्हें शेषाद्रि के पास जाने और वहां श्रीनिवास की पूजा करने के लिए कहा और उन्हें आश्वासन दिया कि रंगदास नाम का एक शूद्र उन्हें रास्ते में मिलेगा। ब्राह्मण पहाड़ी की तलहटी में आया और वहाँ रंगदास से मिला। दोनों पहाड़ी पर चढ़ गए और चींटियों की पहाड़ी से भगवान की छवि खोदी। उन्होंने इसे फूस की छत वाले एक मंडप में स्थापित किया और इसके चारों ओर एक पत्थर की दीवार बनाई। रंगदास फूल लाते थे और उनसे मालाएँ बनाते थे, गोपीनाथ भगवान की पूजा करते थे। एक दिन जब रंगदास माला तैयार कर रहे थे, तो उन्होंने एक गंधर्व जोड़े को क्रीड़ा करते देखा। अपने मन पर नियंत्रण न रख पाने के कारण उसका वीर्यपात हो गया। इसके लिए पश्चाताप करते हुए उन्होंने पहले से तैयार की गई मालाओं और फूलों को फेंक दिया, पवित्र स्नान किया और तरो-ताज़ा हो गये। नई फूल मालाएँ बनाईं और उनको लेकर मंदिर में चले गए।

गोपीनाथ ने उन्हें देर से आने के लिए डांटा लेकिन रंगदास ने शर्म के कारण देरी का कारण नहीं बताया। एक दिव्य आवाज ने रंगदास से कहा, "तुम्हारा मन परेशान है, तुम इस हालत में कोई अच्छा काम नहीं कर सकते। जन्म लें और इस रूप में जन्म लें, सभी सांसारिक सुखों का आनंद लें। फिर मेरे लिये एक अच्छा निवास स्थान बनवाओ। एक बार जब कुछ शत्रु आपको परेशान करेंगे, तो मैं आपको अपना शंख और चक्र दूंगा," जिससे आप उन पर विजय प्राप्त कर सकेंगे।

रंगदास की मृत्यु हो गई और उनका जन्म एक राजा के रूप में हुआ। उन्हें चक्रवर्ती कहा जाने लगा और द्रविड़ देश के लोग उन्हें टोंडामन कहने लगे। वह नारायणवनम में रहते थे और प्रतिदिन शेषाचल जाते थे और भगवान की पूजा करते थे। समय के साथ, उन्होंने भगवान के लिए दो गोपुरों, गर्भगृह, रसोई, यज्ञशाला, अन्न भंडार और गौशाला के साथ दो प्राकार बनवाए। उसने भगवान को अनेक रत्न अर्पित किये और अनेक उत्सव प्रारम्भ किये। एक बार अनेक शत्रुओं ने उसके क्षेत्र पर आक्रमण किया और उसे परेशान किया। राजा भगवान के पास गए और उससे मदद मांगी। भगवान ने उन्हें अपना शंख और चक्र प्रदान किया। फिर उन्होंने भगवान से अनुरोध किया कि वे शंख के बिना वैसे ही रहें जैसे वे हैं चक्र और उसकी अर्चा-छवि उनके बिना होनी चाहिए। प्रभु सहमत हो गये।

❐

प्रकरण-3

धर्म-क्षेत्रे पुण्य-क्षेत्रे

उत्तरं यत् समुद्रस्य हिमाद्रेश्चैव दक्षिणम्।
वर्षं तद् भारतं नाम भारती यत्र सन्ततिः।।

विष्णु पुराण में हमारे देश के विस्तार का वर्णन करते हुए कहा गया है, 'सागर के उत्तर में और हिमालय के दक्षिण में, भारत देश है और वहां पैदा हुए लोग भारतीय हैं।' सांस्कृतिक रूप से, भारत हजार से अधिक वर्षों से एक राष्ट्र रहा है। अन्य अनेक पुराणों के अनुसार भारतवर्ष जम्बू द्वीप के अंतर्गत स्थित है, जो हिमालय के दक्षिण की ओर गंगोत्री से कन्याकुमारी तक तथा सिन्धु नदी से ब्रह्मपुत्र तक फैला हुआ है। आर्यावर्त। भारत। ब्रह्मपुराण में इसे भरतद्वीप तथा अंग, यव, मलय, शंख, कुश और वरह जैसे द्वीपों को उसके उपद्वीपों के रूप में लिखा गया है, जिन्हें अब अनम, जावा, मलाया, ऑस्ट्रेलिया आदि कहा जाता है और जो भारतीय द्वीपसमूह के अंतर्गत माने जाते हैं। ब्रह्माण्ड पुराण में इसके नौ विभाग इंद्रद्वीप, कशेरु, ताम्रपर्ण, गभस्ति-मनु, नागद्वीप, साम्य, गन्धर्व और वरुण बताए गए हैं और लिखा गया है कि मनु ने प्रजा के पालन-पोषण के कारण इस भूमि को भरत कहा था। उन्हीं भरत के नाम पर इस देश का नाम भारतवर्ष पड़ा। कुछ लोगों का मत है कि दुष्यंत के पुत्र भरत के नाम पर इस देश का नाम 'भारत' पड़ा। इसी तरह, विभिन्न पुराणों में इस संबंध में अलग-अलग विचार दिए गए हैं। राधा कुमुद मुकर्जी ने व्याख्यान की एक श्रृंखला में यह प्रदर्शित करने का बीड़ा उठाया था कि भारतीय राष्ट्र की जड़ें हिंदू संस्कृति के सिद्धांतों और आदर्शों में खोजी जा सकती हैं। उन्होंने भारतीय राष्ट्र की पहचान भारतवर्ष से की, जिसके बारे में उनका दावा था कि प्राचीन काल में इसकी कल्पना एक एकल क्षेत्रीय इकाई के रूप में की गई थी।

भारत का नाम प्राचीन काल में न तो कभी हिन्द या हिंदुस्तान था। यह नाम मुगलों ने दिया। और न इसका नाम इंडिया था। इसे अंग्रेजों ने दिया। भारत के लिए इंडिया शब्द की प्रेरणा ग्रीक से लैटिन भाषा में बदले शब्दी इंडिका से मिली है। अंग्रेजों ने सबसे पहले

इंडिया की जगह इंडी का प्रयोग किया था। उन्होंने शुरुआती दिनों में फ्रेंच भाषा के प्रभाव के चलते ऐसा किया था। लेकिन 17वीं सदी में ब्रिटिश सरकार ने इंडिया को स्वीकार कर लिया और फिर इस नाम को जबरन लागू कर दिया।

एक राष्ट्र, यानी राष्ट्र का विचार उतना ही प्राचीन है जितने कि दुनिया का सबसे पुराना प्रचलित साहित्य वेद हैं। कृष्ण यजुर्वेद में एक उदार प्रार्थना में विद्वान कहते हैं, 'इस राष्ट्र में ब्राह्मण को आध्यात्मिक उत्कृष्टता से संपन्न होने दें; क्षत्रिय उत्तम धनुर्धर और पराक्रमी हो, गायें प्रचुर मात्रा में दूध दें, बैल भारी वजन उठाने के लिए मजबूत हो, तेज सरपट दौड़ने वाला घोड़ा हो; युवकों को किसी भी सभा में बोलने के योग्य होने दो...'

शब्दों का प्रयोग 'अस्मिन राष्ट्र' (अर्थ: इस राष्ट्र में) के रूप में किया गया है। किसी भी धार्मिक अनुष्ठान के अंत में पुष्पांजलि चढ़ाने की प्रक्रिया में, कई मंत्रों का उपयोग किया जाता है: 'समुद्र-पर्यंतय एक-राष्ट्र' (यह एक राष्ट्र है जो समुद्र तक फैलता है) का वाचन किया जाता रहा है।

इस भारतवर्ष के एक भाग को-दक्षिण भाग को 'तमिलगम' कहा जाता है। यह प्राचीन तमिल लोगों द्वारा बसाए गए भौगोलिक क्षेत्र को संदर्भित करता है, जो भारतीय उपमहाद्वीप के दक्षिणी क्षेत्र में स्थित है। तमिलगम या तमिलकम में आज का तमिलनाडु, केरल, पुडुचेरी, लक्षद्वीप और आंध्र प्रदेश और कर्नाटक के दक्षिणी भाग शामिल हैं। पारंपरिक वरननों और तोलकप्पियम ने इन प्रदेशों को एक एकल सांस्कृतिक क्षेत्र के रूप में संदर्भित किया, जहां तमिल बोलचाल की भाषा थी और इसकी सभी संस्कृतियों में व्याप्त थी। प्राचीन तमिल प्रदेश कई राज्यों में विभाजित था। उनमें से सबसे प्रसिद्ध चेर, चोल, पांड्य और पल्लव थे। संगम काल के दौरान, तमिलगम के बाहर तमिल संस्कृति का प्रसार शुरू हुआ।

सप्त-गिरि और तिरुमला: नामकरण

'पर्वत' शब्द का ज्यादातर ऋग्वेद में इंद्र और मरुत को संबोधित किये गए स्तुति श्लोकों में पाया जाता है। इस शब्द का अर्थ 'पहाड़ी' या 'गिरि' है। पर्वत के गिरि, आद्रि और अचल सहित कई पर्यायवाची शब्द हैं। दक्षिण में पर्वत को मलाई, मल्ल आदि भी कहा जाता है। इस प्रकार हम 'गिरि', 'अचल' और 'आद्रि' आदि प्रत्यय का प्रयोग करते रहे हैं।

अचल-हिमाचल, उत्तरांचल, विंध्याचल, सिंहाचल, भद्रांचल आदि।

गिरि-अरुणगिरि, हिमगिरि, नीलगिरी, कोटागिरी, भोला-गिरी, ब्रम्हागिरी, पुष्पगिरी, गोवर्धनगिरी आदि।

आद्रि- हिमाद्रि, सह्याद्रि, सहाद्रि, नीलाद्रि आदि।

सात पहाड़ियाँ (सप्त-गिरि) भगवान का निवास स्थान है। वेंकटचल या वेंकट गिरि भारत के आंध्र प्रदेश के चित्तूर जिले में तिरुमाला शहर में स्थित सात पहाड़ियों में से एक है। पहाड़ी को वेंकटाद्रि या शेषाचलं के नाम से भी जाना जाता है, और इसे हिंदू धर्म में एक पवित्र स्थल माना जाता है। वेंकट गिरि को भगवान वेंकटेश्वर का निवास माना जाता है, जिन्हें बालाजी के नाम से भी जाना जाता है, जो भगवान विष्णु के अवतार हैं। ऐसा कहा जाता है कि राक्षस राजा कालिया से मानवता को बचाने के लिए भगवान विष्णु इस पहाड़ी पर प्रकट हुए थे।

भगवान वेंकटेश्वर को दिए गए विभिन्न नामों के कारण पहाड़ी को "हजार नामों की पवित्र पहाड़ियों" के रूप में भी जाना जाता है। पहाड़ी पर स्थित मंदिर को तिरुमला वेंकटेश्वर मंदिर के रूप में जाना जाता है, जो दुनिया के सबसे अधिक देखे जाने वाले तीर्थ स्थलों में से एक है। लाखों भक्त हर साल मंदिर में प्रार्थना करने और भगवान वेंकटेश्वर से आशीर्वाद लेने आते हैं। तिरुमला की सात पहाड़ियाँ हैं:

1. **शेषाद्रि पहाड़ी:-** इस पहाड़ी का नाम पौराणिक नाग राजा शेष के नाम पर रखा गया है, जिनके बारे में कहा जाता है कि उन्होंने तपस्या करने के लिए पहाड़ी का रूप धारण किया था।
2. **नीलाद्रि पहाड़ी:-** इस पहाड़ी को नीली पहाड़ी के नाम से भी जाना जाता है और इसका नाम नीले रंग की वजह से रखा गया है जो दिन के कुछ समय के दौरान होती है।
3. **गरुडाद्रि पहाड़ी:-** इस पहाड़ी का नाम पौराणिक पक्षी गरुड़ के नाम पर रखा गया है, जिसके बारे में कहा जाता है कि उसने तपस्या करने के लिए पहाड़ी का रूप धारण किया था।
4. **अंजनाद्रि पहाड़ी:-** इस पहाड़ी का नाम भगवान हनुमान की मां अंजना के नाम पर रखा गया है, जिनके बारे में कहा जाता है कि वे इस पहाड़ी पर रहती थीं।
5. **वृषभाद्रि पहाड़ी:-** इस पहाड़ी का नाम पौराणिक बैल वृषभ के नाम पर रखा गया है, जिसके बारे में कहा जाता है कि उसने तपस्या करने के लिए पहाड़ी का रूप धारण किया था।
6. **नारायणाद्रि पहाड़ी:-** इस पहाड़ी का नाम भगवान विष्णु के नाम पर रखा गया है जिन्हें नारायण के नाम से भी जाना जाता है।
7. **वेंकटाद्रि पहाड़ी:-** यह पहाड़ी सात पहाड़ियों में सबसे प्रसिद्ध है और इसका नाम

भगवान वेंकटेश्वर के नाम पर रखा गया है जो तिरुमाला वेंकटेश्वर मंदिर के प्रमुख देवता हैं।

आप स्वयं यह जान सकते हैं कि सभी सात पहाड़ियों में एक सामान्य प्रत्यय 'आद्रि' है लेकिन एक समूह के रूप में सात पहाड़ियों को 'सप्तगिरि' कहा जाता है। तमिल भाषा में, पहाड़ी क्षेत्र का संकेत करने वाले शब्दों में 'मलाई' प्रत्यय लगता है। इसीलिए सप्तगिरि नामक क्षेत्र को तमिल में 'थिरुमलाई' के नाम से जाना जाता है। तमिल में 'थिरु' 'श्री' है और पुरुषों के लिए उपसर्ग के रूप में प्रयोग किया जाता है। यह शब्द देवी लक्ष्मी को भी दर्शाता है।

कई दूसरे नाम भी बताए जाते हैं जैसे चिंतामणि, ज्ञानाद्रि, और कनकाचल। इस तरह भक्त गण अपने विश्वास और प्रेम को प्रकट करते रहे हैं।

पुण्य क्षेत्र और तिरुमला

वनोपान्त नदी शैल निर्झरोपांतभूमिषु।

रमंते देवताः नित्यं पुरेषुद्यानवत्सु च ।। बृहत् संहिता, LV8.

जहां उपवन निकट हों, नदियां, पहाड़ और झरने हों, और आनंदमय उद्यान वाले नगर हों, वहाँ देवता सदा क्रीडा करते हैं।

तीर्थ स्थान का अर्थ

विद्वानों के द्वारा कहा जाता है कि जीवन एक तीर्थ-यात्रा है, जन्म से लेकर मृत्यु तक इसके कई पड़ाव हैं। भारत में मृत्यु एक निश्चित पड़ाव है। इससे अपने आप में अंतिम मुक्ति या मोक्ष नहीं मिलता। अस्तित्व की सभी स्थितियों से, सभी सीमाओं से अंतिम मुक्ति, बोध के माध्यम से प्राप्त की जाती है, अपने आप को समझना ही साधन और अंत है। या तो ज्ञान द्वारा मुक्ति मार्ग मिल सकता है और या तीर्थाटन से। तीर्थ यात्रा के द्वारा ईश दर्शन की सुविधा होती है और इसके भक्ति और मुक्ति का मार्ग प्रशस्त होता है। तीर्थ और पुण्य क्षेत्र में यही अंतर समझ में आता है कि तीर्थ अधिकतर नदी, सरोवर, समुद्र-तट, और किसी अन्य जलाशय के किनारे या निकट होते हैं। पुण्य-क्षेत्र अन्यत्र होते हैं।

तीर्थ स्थान पूरे देश में सर्वत्र हैं और तीर्थ और क्षेत्र कहलाते हैं। इन पवित्र स्थलों की संख्या बहुत अधिक है। 'महाभारत' नामक महाकाव्य सैकड़ों तीर्थ स्थानों का उल्लेख करता है। जहां तीर्थ होते हैं वहां मंदिर बनते हैं। तीर्थ एक नदी, समुद्र के किनारे या एक झील के तट पर तीर्थ स्थान का नाम है। 'तीर्थ' शब्द के अनेक अर्थों में कांटा और मार्ग भी हैं। जल, पवित्र करने वाला जल भी तीर्थ है क्योंकि इसमें उर्वर बनाने वाला तत्व मौजूद है। इसकी धारा जीवन की नदी है। इसको आंतरिक अनुभूति में प्रवाहित किया जा सकता

है। तीर्थयात्री एक किनारे से दूसरे किनारे तक जा सकता है। तीर्थ स्थान यात्रा का अंत है, लेकिन यह अपने आप में लक्ष्य नहीं है और केवल केंद्र को पार करने का साधन है। इस कारण तीर्थों और क्षेत्रों की संख्या अनिश्चित काल से बढ़ती चली जा रही है। जैसा कि बृहत्संहिता कहती है, देवता हमेशा वहाँ क्रीडा करते हैं जहाँ झीलें होती हैं, जहाँ कमल के पत्तों के गुच्छों की छतरियों द्वारा सूर्य की किरणों को दूर किया जाता हैऔर जहाँ हंसों द्वारा स्पष्ट जलमार्ग बनाए जाते हैं, जिनके पंख सफेद कमलों को इधर-उधर उछालते हैं; जहां हंस, बत्तख, और अनेक पक्षी कलरव करते सुनाई देते हैं और नदी के किनारे विविध वृक्षों की छाया में जीव-जन्तु और पशु-पक्षी श्रम निवारण करते हैं।

पुण्य क्षेत्र

भारत के किसी क्षेत्र विशेष से संकल्प करते समय पंडित उस क्षेत्र के क्षेत्र का नाम 'पुण्य क्षेत्र' के रूप में प्रयोग करेगा। उदाहरण के लिए, सरस्वती और दृषद्वती नदियों के बीच के क्षेत्र को कुरुक्षेत्र के नाम से जाना जाता है। आपने स्पष्ट रूप से सुना होगा जब एक पंडित 'श्वेत वराह कल्पे' कहता है।

क्षेत्र का शाब्दिक अर्थ है स्थान। इसे भौतिक पवित्र स्थान के रूप में संदर्भित किया जाता है जहां एक मंदिर या मंदिरों का संग्रह, इसकी पवित्र नदी या तालाब और देवता मौजूद होते हैं। ऐसे विशेषाधिकार प्राप्त क्षेत्र और स्थान मौजूद हैं जहाँ पार्थिव चुम्बकत्व के रूप में ऊर्जा स्वर्ग की ओर उठती है। क्षेत्र का मतलब स्थान है। तिरुमल एक पवित्र क्षेत्र है। इसमें कई तीर्थ हैं जिनका दर्शन करके सुर, नर, मुनि सब धन्य होते हैं। इसीलिए पुण्य क्षेत्रों में जाने का नाम 'तीर्थ यात्रा' है। प्राण (गुरुत्वाकर्षण) जीवन को नीचे की ओर खींचता है, जबकि अपान (उत्कृष्टता) जीवन को ऊपर की ओर खींचता है। ऐसे स्थानों को तीर्थ (मार्ग), क्षेत्र (मार्ग) और पीठ (आधार) कहा जाता है। पवित्र भूगोल पवित्र स्थानों की पहचान कर सकता है और कभी-कभी उन लोगों के महत्व को समझा सकता है जो पहले से ही ज्ञात हैं। देवताओं का निवास ऐसे विशेषाधिकार प्राप्त भूमि (क्षेत्रों) पर बनाया गया है, और एक नियम के रूप में, उनके चारों ओर पवित्र शहर उत्पन्न होते हैं। वराह का अर्थ संस्कृत में सूकर होता है और यह भगवान विष्णु का तीसरा अवतार है जो पृथ्वी को लौकिक जल में डूबने से बचाने और दानव के वध के लिए जाना जाता है। उन्हें मानव शरीर और सूअर के सिर के साथ भगवान के रूप में दर्शाया गया है। अक्सर उन्हें पृथ्वी को अपने दांत पर लिए हुए दिखाया जाता है।

आदि वराह क्षेत्र

तिरुमला के आसपास के क्षेत्र को आदि वराह क्षेत्र के रूप में जाना जाता है। मूल रूप से तिरुमला आदि वराह क्षेत्र था। यह श्री आदि वराह स्वामी का घर था। बाद में उनकी अनुमति से ही भगवान श्री वेंकटेश्वर ने यहां निवास किया। किंवदंती के अनुसार, राक्षस हिरण्याक्ष से पृथ्वी को बचाने के बाद, विष्णु के वराह अवतार वराह स्वामी पुष्करिणी के उत्तरी तट पर इस पहाड़ी पर रुके थे। इसलिए तिरुमला हिल्स को आदिवराह क्षेत्र भी कहा जाता है। कलियुग की शुरुआत में, वराह ने विष्णु के दूसरे रूप-भगवान वेंकटेश्वर को उनके अनुरोध पर भूमि दान की थी।

वराह पुराण के अनुसार, सत युग के दौरान, विष्णु ने उस पृथ्वी को बचाया था जिसे हिरण्याक्ष ने वराह के रूप में पाताल में ले लिया था। उसने हिरण्याक्ष के साथ एक भयंकर युद्ध किया और उसे मार डाला। फिर उसने जल को घटाया और पृथ्वी को अपने दाँतों पर ऊपर उठा लिया। ब्रह्मा, देवों और ऋषियों ने वैदिक मंत्रों का जाप करके आदि वराह के गुणों की प्रशंसा की। उन्होंने उससे पृथ्वी को पहले की तरह फिर से स्थापित करने की प्रार्थना की। वराह ने उन्हें बाध्य किया, और ब्रह्मा से दुनिया को फिर से बनाने का आह्वान किया। उन्होंने अपने लोगों की रक्षा के लिए पृथ्वी पर निवास करने की इच्छा व्यक्त की। उन्होंने अपने वाहन, गरुड़ को वैकुंठ से कृदचल (ऊँची चोटियों वाली एक विस्तृत प्राकृतिक पहाड़ी, सोने और कीमती पत्थरों से जड़ित, और जो आकार में शेषा जैसा दिखता है) लाने की आज्ञा दी। गरुड़ ने कृदचल को लाया और वराह द्वारा चुने गए एक पवित्र स्थान (स्वामी पुष्करिणी के पूर्व में) पर जमा किया। ब्रह्मा और अन्य पवित्र देवताओं ने डरावने दिखने वाले वराह से एक शांत और रचित रूप ग्रहण करने का अनुरोध किया, और सत्पुरुषों की रक्षा के लिए पहाड़ी पर आराम किया और ध्यान योग (ध्यान) और कर्म योग (स्वयं का काम करते हुए) के माध्यम से भगवान तक पहुंचने में असमर्थ लोगों को वरदान दिया। कर्तव्य)। वराह चार भुजाओं और श्वेत वदन के रूप के साथ प्रकट हुए। उन्हें गहनों से सजाया गया थाऔर भूदेवी उनके साथ थीं। उन्होंने भक्तों की प्रार्थनाओं को स्वीकार करने के लिए एक दिव्य विमान के भीतर वेंकटाद्रि में रहने का संकल्प लिया।

पौराणिक साहित्य जो मौर्योत्तर और प्रारंभिक-गुप्त युग से पहले रचा गया था, वह भी तिरुपति को आदि वराह क्षेत्र के रूप में उल्लेख करता है। पुराण इस स्थल को विष्णु के दशावतार वराह से जोड़ते हैं। तिरुपति में वराह मंदिर का बहुत महत्व है और कहा जाता है कि यह वेंकटेश्वर के मुख्य गर्भगृह से भी पुराना है।

मंदिर को विष्णु के आठ स्वयंभू क्षेत्रों में से एक माना जाता है, जहां माना जाता है कि

पीठासीन देवता स्वयं प्रकट हुए थे। हिंदू मंदिर एक मानव शरीर की तरह है, जिसे केंद्र में जीव के साथ भगवान के चलने वाले मंदिर के रूप में माना जाता है। मंदिर का शीर्ष सिर है; गर्भ गृह गर्दन है; सामने का मंडप पेट है; प्राकार की दीवारें पैर हैं; गोपुर पैर हैं और भगवान शरीर में जीव हैं। इस प्रकार मंदिर के प्रत्येक भाग की कल्पना भगवान के शरीर के रूप में की जाती है और इसलिए इसे पवित्र माना जाना चाहिए।

15वीं शताब्दी के दौरान, श्री तल्लपाक अन्नामाचार्य ने भगवान के पवित्र निवास की प्रशंसा में असंख्य गीत गाए। उन्होंने तिरुपति स्थान की चट्टानों, नदियों, पेड़ों, जानवरों आदि में दैवीय कृपा होने की बात करते हुए कहा कि पृथ्वी का यह स्थान स्वर्ग है। ऐसे एक गीत का उदाहरण है:

कत्तेडुरा वैकुंतामु कानाचैना कोंडा
थेत्तलया महिमले तिरुमाला कोंडा
वेदामुलाए सिलालाई वेलासिनदी कोंडा
येदेसा पुण्य रसूले येरुलैनादी कोंडा
गाडिलि ब्रह्मादि लोकमूला कोनालु कोंडा
श्री देवुदुन्देति शेषाद्री कोंडा

तिरुमला, अपने पूरे अर्थों में, स्वर्ग है। इसकी शक्तियाँ अवर्णनीय हैं। वेद शिलाओं का रूप धारण कर तिरुमला पर प्रकट हुए हैं। पवित्रता जल का रूप ले चुकी है और तिरुमला पर धाराओं के रूप में बह रही है। इसकी पवित्र चोटियाँ ब्रह्मलोक और अन्य लोक हैं। श्रीनिवास शेषाद्रि पर रहते हैं। तिरुपति मंदिर के बारे में दो कहानियाँ प्रसिद्ध हैं। एक वेंकटाचल महात्म्य से है और दूसरी वराह पुराण से। इन दो कहानियों से पता चलता है कि तिरुमला की भूमि भगवान विष्णु के अवतार से व्याप्त रही थी। 9वीं शताब्दी के बाद ही हम देखते हैं कि तिरुपति के भगवान की पूजा सुव्यवस्थित हो गई थी।

❐

प्रकरण-4

आनंद निलयं देवालय

तिरुमला मंदिर, जिसे श्री वेंकटेश्वर मंदिर के नाम से भी जाना जाता है, भारत के आंध्र प्रदेश राज्य के तिरुमला शहर में स्थित एक प्रसिद्ध हिंदू मंदिर है। यह भगवान विष्णु के एक रूप भगवान वेंकटेश्वर को समर्पित है, और यह दुनिया के सबसे अधिक देखे जाने वाले तीर्थ स्थलों में से एक है। मंदिर तिरुमला पहाड़ियों की सातवीं चोटी पर स्थित है और पूर्वी घाटों की प्राकृतिक सुंदरता से घिरा हुआ है। मुख्य देवता, भगवान वेंकटेश्वर, का प्रतिनिधित्व काले पत्थर से बनी एक सुगठित मूर्ति द्वारा किया जाता है, जो सोने और कीमती रत्नों से सुशोभित है। भगवान की यह मूर्ति गर्भगृह के मध्य में खड़ी दिखाई देती है, लेकिन तकनीकी रूप से ऐसा नहीं है। मूर्ति वास्तव में गर्भ-गृह के दाहिने हाथ के कोने में प्रतिष्ठित की गई है।

यह जानना भी आपको अच्छा लगेगा कि जिसे उत्तर भारतीय 'मंदिर' और संस्कृत पंडित 'देवालय' कहते हैं, उसे तेलुगु लोग 'कोवेला' और तमिल में 'कोइल' कहते हैं। 'को' का अर्थ भगवान और 'इल' स्थान का वाचक है।

जब आप मंदिर के बाहर हो हैं तो बाहर से दिखाई देने वाला 'महा द्वार' (पडिकावली) कहते हैं। तेलुगु में इसका अर्थ प्रतीक्षा या इंतजार है। इसके चारों ओर एक प्रांगण है जिसे 'संपेंग' प्राकार कहते हैं। इसके अंदर एक दूसरा प्राकार भी है जिसे 'विमान' प्राकार भी कहते हैं। इसके भीतर 'आनंद निलय' गर्भ गृह विद्यमान है जिसके चारों ओर एक छोटा परिक्रमा- स्थल भी है जिसे 'चूलिका' कहते हैं। इन सबको पार करके अंदर प्रवेश करने के बाद स्वामी वेंकटेश्वर का दर्शन होता है।

आनंद निलयं

तिरुमला मंदिर, जिसे श्री वेंकटेश्वर मंदिर के रूप में भी जाना जाता है, को अक्सर आनंद निलयम कहा जाता है, जिसका अर्थ है "आनंद का निवास।" यह मंदिर भारत के आंध्र प्रदेश के तिरुमाला शहर में एक पहाड़ी की चोटी पर स्थित है, और दुनिया में

सबसे अधिक देखे जाने वाले तीर्थ स्थलों में से एक है। मंदिर या आनंद निलयं सुंदरता, आध्यात्मिकता और सांस्कृतिक विरासत का प्रतीक है। यह पूजा, तीर्थयात्रा और सांस्कृतिक आदान-प्रदान का स्थान है, और यह भारतीय सांस्कृतिक और धार्मिक परिदृश्य का एक महत्वपूर्ण हिस्सा बना हुआ है। तिरुमला मंदिर की सुंदरता और महत्व को कई तरह से वर्णित किया जा सकता है:

- **स्थापत्य सौंदर्य:-** तिरुमाला मंदिर अपनी शानदार वास्तुकला और जटिल नक्काशी के लिए प्रसिद्ध है। मंदिर परिसर द्रविड़ शैली में बनाया गया है और गोपुरं,स्तंभों वाले हॉल और अलंकृत मूर्तियों से सजाया गया है। मंदिर का मुख्य गर्भगृह या गर्भगृह एक विशाल संरचना है जो 50 फीट से अधिक की ऊंचाई पर है और ठोस सोने से बना है।
- **आध्यात्मिक महत्व:-** तिरुमाला मंदिर को हिंदू धर्म में सबसे महत्वपूर्ण तीर्थ स्थलों में से एक माना जाता है। यह भगवान वेंकटेश्वर, भगवान विष्णु के अवतार को समर्पित है, और वैष्णववाद के 108 पवित्र मंदिरों में से एक माना जाता है। ऐसा कहा जाता है कि मंदिर की यात्रा आध्यात्मिक लाभ ला सकती है, और देवता के दर्शन या दर्शन को एक दिव्य अनुभव माना जाता है।
- **प्राकृतिक सौंदर्य:-** तिरुमाला पहाड़ी जिस पर मंदिर स्थित है, हरे-भरे जंगलों और प्राकृतिक सुंदरता से घिरा हुआ है। मंदिर परिसर कई प्राकृतिक झरनों और झरनों का भी घर है, जिनके बारे में माना जाता है कि इसमें उपचार गुण होते हैं।
- **सांस्कृतिक महत्व:-** तिरुमाला मंदिर दक्षिण भारत की सांस्कृतिक विरासत का एक महत्वपूर्ण हिस्सा है। मंदिर अपने संगीत, नृत्य और साहित्य के लिए प्रसिद्ध है, और कई प्राचीन ग्रंथों और पांडुलिपियों का घर है। मंदिर में मनाया जाने वाला वार्षिक ब्रह्मोत्सवम उत्सव आंध्र प्रदेश में एक महत्वपूर्ण सांस्कृतिक कार्यक्रम है और दुनिया भर से भक्तों को आकर्षित करता है।

श्रीनिवास मूर्ति

भगवान वेंकटेश्वर तिरुमला मंदिर के प्रमुख देवता (संस्कृत-मूलविग्रह) हैं। भगवान की पत्थर की मूर्ति, जैसा कि पहले बताया गया है, लगभग आठ से दस फीट ऊँची है। श्री वेंकटेश्वर की इस दिव्य मंगल मूर्ति के दर्शन करने के लिए प्रति-दिन लाखों भक्त इस क्षेत्र की यात्रा करते हैं। भक्त-सुलभ, प्रत्यक्ष देवता, वर प्रदाता श्री वेंकटेश्वर स्वामी कलियुग के अधिनायक के रूप में (कलौ वेंकट नायकः) और अभय प्रदाता के रूप में सभी भक्तों को अनुग्रह प्रदान करने के लिए अर्चा (मूर्ति) के रूप में यहाँ विराजित हैं। यह अर्चा मूर्ति क्या है? इसका तात्पर्य क्या है? अर्चा रूप का एक विशिष्ट प्रयोजन है। इसके पीछे आगम शास्त्र

की पृष्ठ भूमि है। भगवान भक्त के पास विग्रह रूप में आते हैं। भक्तों के द्वारा प्रस्तुत भेंट, सेवा, और समर्पण आदि स्वीकार करके भगवान प्रसन्न होकर कृपा करते हैं। यही अर्चा मूर्ति का प्रयोजन है। इसी को ध्रुव बेर और मूल विराट या विग्रह भी कहते हैं। अर्चा मूर्ति को प्रसन्न करने के लिए भक्त जो जो करते हैं, वह अर्चना है, पूजा है। अर्चना के अनुकूल रूप अर्चा रूप है।

न जाने कितने वर्षों से भक्त गण इस अर्चा मूर्ति के दर्शन प्राप्त कर रहे हैं। आज तक किसी ने यह नहीं कहा कि 'मैं दर्शन पाकर तृप्त हो गया हूँ' फिर से देखने और दर्शन करने की लालसा बनी रहती है। यह कोई दिव्य रहस्यपूर्ण मूर्ति है। बल्कि लोग तो यह कहते हैं कि यह मूर्ति मात्र नहीं है। सजीव जीवन से भरी दिव्य शरीराकृति है। चौदह भुवनों में व्याप्त होने वाली दिव्य चेतना युक्त यह मूर्ति है।

मूर्ति का निर्माण किसने किया या कराया? कोई निश्चित रूप से नहीं कह सकता। इसकी स्थापना के साथ कई अद्भुत किंवदंतियाँ जुड़ी हुई हैं। एक दंत कथा है कि यह मूर्ति चोल राजा, सुवीरा द्वारा कई शताब्दियों पहले, एक बड़ी चींटी-पहाड़ी में पायी गयी थी और यह वल्मीक तिरुमला पहाड़ियों पर एक इमली के पेड़ के नीचे थी।

भगवान वेंकटेश्वर (सामान्य रूपसे भगवान का अर्चारूप) का दिव्य-मंगल-विग्रह अमृत है, यह मृत संजीवनी है। मूर्ति का एक बार दर्शन करने से ही कई भ्रम दूर हो जाते हैं। कई अस्पष्ट और यहां तक कि गलत धारणाएँ जो दर्शन की दुनिया में भगवान के आर्च (आइकन) रूपों में मंदिरों में निवास करने की आवश्यक प्रकृति के बारे में प्रचलित हैं उनको दूर करने में सफलता मिलती है।

भगवान वेंकटेश्वर की मूर्ति का दर्शन करने वाले भक्त देखते हैं कि भगवान का मुखारविंद श्वेत तिलक से ढका होता है जो उनकी आंखों को भी ढकता है। तथ्य यह है कि माथे को एक विशाल आकार के तिलक से सजाया गया है जो वैष्णवों के द्वारा धारण किया जाने वाला एक पवित्र चिन्ह है। यह लगभग आधे से अधिक मूर्ति की आँखों को ढकता है। नमम या तिलक का उपयोग भगवान के क्रोधी रूप को शांत करने के लिए किया जाता है जो पृथ्वी को आग की लपटों में झुलसा सकता है। ऐसा माना जाता है कि भक्त भगवान के नेत्रों से निकलने वाले शक्तिशाली विकिरण का सामना नहीं कर सकते हैं। इसलिए, गुरुवार को छोड़कर अधिकांश दिनों में आंखें ढकी रहती हैं। गुरुवार को नेत्रों का आकार अपेक्षाकृत छोटा होता है। यह सत्य है कि भगवान के भाल पर विराजित कर्पूर तिलक स्वामी के नेत्रों और ललाट के अधिक भाग को ढकते हैं और चेहरे के कुछ भाग को ही भक्त गण निहार पाते हैं। बाकी मूर्ति पाद पद्मों समेत आभरणों और आभूषणों

से और रेशमी वस्त्रों से आच्छादित रहती है। इस रूप में स्वामी के दर्शन में मुख्य रूप से आभूषण ही दिखाई देते हैं। कुछ आभूषणों ने नाम ही देना बहुत है– सुवर्ण पद्म पीठ, नूपुर, पागड़, कांची गुण, उदर बंध, रशन, कंठाभरण, बाघनख, गोपुहार, सुवर्ण यज्ञोपवीत, साधारण यज्ञोपवीत, तुलसीपत्र हार, चतुर्भुज लक्ष्मी हार, शतनाम हार, सूर्य कठारी, कटि हस्त, कंकण, नागाभरण, भुज कीर्ति, कर्ण फूल, चक्र, शंख, किरीट ये सभी आभरण श्री श्रीनिवास प्रतिदिन पहनते हैं। विशेष दिनों में कुछ विशेष आभूषण भी पहनाए जाते हैं।

भगवान श्रीनिवास की कृपा इस असार संसार को उन संकटों से बचाए जो अब इसके अधीन हैं और भारत को आशीर्वाद दें और इस तरह इस पूरी पवित्र भूमि को भरपूर भौतिक संपदा और शांत आध्यात्मिक आनंद के बीच शांति, सद्भाव और सौहार्द के साथ रखें।

मंदिर की पुरातनता

आइए ऋग्वेद के एक मंत्र से शुरू करते हैं।

अरायि काणे विक्ते गिरिं गच्छ सदान्वे ।
शिरिम्बिठस्य सत्वभिस्तेभिष्ट्वा चातयामसि ।।
ऋग्वेद-मंडल 10, सूक्त 155, मंत्र-1

दूसरे शब्दों में कहा जा सकता है कि पृथ्वी पर कई मंदिर हैं जो भगवान श्री वेंकटेश्वर से जुड़े हुए हैं, हालांकि तिरुमला मंदिर, पुरातन काल में उनके नाम पर बनाया गया पहला और सबसे महत्वपूर्ण मंदिर है। ऋग्वेद के श्लोक 10.155.1 से ऊपर दिए गए एक अप्रत्यक्ष संदर्भ में मंदिर के बारे में सत्यनिष्ठा से कहा गया है, "धन और दृष्टि से रहित व्यक्ति को उस पहाड़ी पर जाने के लिए कहा जाता है जो सभी बुराईयों को जला देती है और सभी बाधाओं को दूर कर देती है। शांति और समृद्धि। ऋषि श्रीम्बिथा का आह्वान स्पष्ट रूप से व्यर्थ नहीं गया है।"

ऐसा माना जाता है कि इस मंदिर का निर्माण कई शताब्दियों की अवधि में किया गया था, इसके शुरुआती संदर्भ 9वीं शताब्दी के हैं। मंदिर से जुड़ी कई किंवदंतियों के अनुसार, "चोल राजा, सुवीरा द्वारा आश्चर्यजनक रूप से कई शताब्दियों पहले, एक बड़ी चींटी-पहाड़ी में पाया गया था, जो तिरुमला पहाड़ियों पर एक इमली के पेड़ के नीचे थी।" बाद में, राजा थोंडाइमन, एक वंशज राजा सुवीरा ने शेषचल पहाड़ियों पर एक बड़ा मंदिर बनवाया था, जिसे अब 'तिरुमला मंदिर' के नाम से जाना जाता है। यह परंपरागत रूप से माना जाता है कि भगवान श्रीनिवास ने इस मंदिर के निर्माण से पहले राजा थोंडाईमन को व्यक्तिगत रूप से इन पहाड़ियों पर एक विशेष स्थान पर ले जाया था और उन्हें उस बिंदु पर तिरुमला मंदिर का निर्माण करने के लिए कहा था, "अत्रैव कार्यम, राजेंद्र चैत्यम,पूर्वा

मुखम सुभम, गोपुरा द्वय संयुक्तम, प्रकार त्रय मव्यायम, सप्त द्वार वरोपेथम, देहली तोरण-वीथिका, ध्वज स्तंभ वरोपेथा सर्व लक्षणा संयुक्तम..."(भविष्योत्तर पुराण)।" हे राजा, मंदिर में आप मेरे लिए निर्माण करने के लिए कह रहे हैं, मैं सात प्रवेश द्वार, तीन बेली और दो गुंबद चाहता हूँ जिसमें मुख्य प्रवेश द्वार पूर्व दिशा की ओर हो। मैं मंदिर में स्थान मंडप, यज्ञ मंडप, स्नैपना मंडप, वस्त्रल गढ़ी (रेशम के वस्त्रों के लिए कमरा), यज्ञ मंडप और एक लंबा ध्वज स्तम्भ जैसी सभी सुविधाएं भी चाहता हूँ।

शरीर, प्रकृति और आभूषणों से प्रकट होता है कि श्री वेंकटेश्वर की यह विराट मूर्ति विष्णु और शिव की समन्वित संश्लिष्ट मूर्ति है। पुराणों के वचनों से भी यह विदित होता है। अहिभूषण या नागाभरणं तथा जटाएं शिव के संकेत हैं तो श्रीवत्स,कौस्तुभ मणि और वैजयंति माला विष्णु के सूचक हैं। श्री वेंकटेश्वर की यह मूर्ति हरि-हर का संयुक्त और संपृक्त रूप लगती है। शिव स्मार्त के आराध्य हैं तो विष्णु वैष्णवों के। श्री वेंकटेश्वर के इस युगल रूप को पुराणों के साथ-साथ वैष्णव आलवारों ने भी पहचाना है (देखें, पोयगे आलवार पद-5 और 74) डॉ. एस के आयंगर ने तिरुपति का प्रामाणिक इतिहास लिखते समय इसका सप्रमाण और सविस्तार विवेचन किया रामानुजाचार्य ने विराम दिया। तत्कालीन राजा के सहयोग से उन्होंने इस विवाद को तर्क और विश्वास से समाप्त करके मंदिर की व्यवस्था मेंआमूल चूल परिवर्तन किया। वैखानस आगम का निरूपण भी उसी समय हुआ होगा।।

मंदिर का अधिकांश इतिहास मिथकों और किंवदंतियों के रूप में सामने आता है, कुछ ऐतिहासिक तथ्य और अभिलेख हैं जो इसके अतीत के विषय में अंतर्दृष्टि प्रदान करते हैं। ऐतिहासिक अभिलेखों के अनुसार, मंदिर पहली बार 9वीं शताब्दी ईसवीं में पल्लव वंश द्वारा बनाया गया था, जिसने उस समय इस क्षेत्र पर शासन किया था। मंदिर को बाद में चोल, पांड्या और विजयनगर साम्राज्यों सहित कई अन्य राजवंशों द्वारा विस्तारित और पुनर्निर्मित किया गया था। 14वीं और 15वीं शताब्दी के दौरान, मंदिर विजयनगर साम्राज्य के संरक्षण में आया, जिसने मुख्य गोपुरम (प्रवेश द्वार), कल्याण मंडपम (विवाह हॉल), और बाहरी दीवारों सहित इसकी कई प्रतिष्ठित संरचनाओं के निर्माण का निरीक्षण किया। मंदिर परिसर की। 16वीं शताब्दी में, मंदिर जिंजी के नायकों के संरक्षण में आया, जिन्हें विजयनगर साम्राज्य द्वारा इस क्षेत्र के राज्यपाल के रूप में नियुक्त किया गया था। उनके शासन के तहत, मंदिर फलता-फूलता रहा, और ब्रह्मोत्सवम मंडपम (फेस्टिवल हॉल) और रंगनायक मंडपम (असेंबली हॉल) सहित कई नई संरचनाएं परिसर में जोड़ी गईं।

इस बात का कोई पुख्ता प्रमाण नहीं है कि मुस्लिम शासकों ने विशेष रूप से तिरुमला

मंदिर से धन छीनने का प्रयास किया। हालाँकि, भारत के कई अन्य मंदिरों की तरह, तिरुमला मंदिर को सदियों से विभिन्न आक्रमणकारियों और शासकों से खतरों और हमलों का सामना करना पड़ा। ऐसा ही एक हमला 14वीं सदी में हुआ था, जब मंदिर पर मुस्लिम शासक मलिक काफूर ने हमला किया था, जो दिल्ली सल्तनत का एक सेनापति था। काफूर ने लूटपाट की और मंदिर को लूट लिया, इसके कई मूल्यवान खजाने और कलाकृतियों को छीन लिया। हालांकि, यह ध्यान देने योग्य है कि काफूर के आक्रमण को विशेष रूप से तिरुमला मंदिर पर लक्षित नहीं किया गया था, बल्कि इस क्षेत्र को जीतने और नियंत्रित करने के लिए एक बड़े अभियान का हिस्सा था।

इन चुनौतियों के बावजूद,तिरुमला मंदिर भारत में एक महत्वपूर्ण धार्मिक और सांस्कृतिक स्थल बना रहा, और आज भी दुनिया में सबसे अधिक देखे जाने वाले तीर्थ स्थलों में से एक बना हुआ है। सदियों से, कई भक्तों और शासकों ने मंदिर के विकास और प्रगति में महत्वपूर्ण योगदान दिया है, जिसमें नए भवनों का निर्माण, मूल्यवान खजाने और कलाकृतियों का दान, और मंदिर के रखरखाव और रखरखाव का समर्थन करने के लिए धर्मार्थ ट्रस्टों की स्थापना शामिल है। औपनिवेशिक युग के दौरान, मंदिर ब्रिटिश ईस्ट इंडिया कंपनी के नियंत्रण में आया, जिसने इसके प्रबंधन की देखरेख के लिए ट्रस्टियों की एक समिति नियुक्त की। समिति ने नई सड़कों के निर्माण और बिजली की स्थापना सहित मंदिर में कई सुधार किए।

तिरुमला तिरुपति देवस्थानं

1932 में, सरकार द्वारा स्थापित एक ट्रस्ट तिरुमाला तिरुपति देवस्थानं (TTD) ने मंदिर का प्रबंधन अपने हाथ में ले लिया और तब से यह उनके नियंत्रण में है। TTD की स्थापना 1932 में TTD अधिनियम 1932 के परिणामस्वरूप हुई थी। अधिनियम के अनुसार मंदिर का प्रशासन सात सदस्यों की एक समिति में निहित था और मद्रास सरकार द्वारा नियुक्त एक भुगतान आयुक्त द्वारा इसकी देखरेख की जाती थी। समिति को सलाह देने वाली दो सलाहकार परिषदें थीं-एक तिरुमला मंदिर के संचालन के साथ समिति की सहायता के लिए पुजारियों और मंदिर प्रशासकों से बनी थी, और दूसरी तिरुमला की भूमि और संपत्ति के लेन-देन पर सलाह के लिए किसानों से बनी थी। TTD ने मंदिर में कई नवीनीकरण और विस्तार परियोजनाओं की देखरेख की है, जिसमें नई आवास सुविधाओं का निर्माण, आधुनिक सुविधाओं की स्थापना और मंदिर की ऐतिहासिक संरचनाओं का संरक्षण शामिल है।

❐

प्रकरण-5

वेंकटेश्वर इतिहास माला: अनुश्रुतियाँ और दंत कथाएं

यह माना जाता है कि प्रभु की लीला अपरंपार है। हरि अनंत हरि कथा अनंता। इन कथाओं को संत अनेक प्रकार से कहते हैं। कुछ बाल-कांड से शुभारंभ करते हैं तो कुछ आगे बढ़कर किसी दूसरी घटना या पूर्व जन्म की कथा को आधार बनाते हैं। श्री श्रीनिवास की कथा में 'श्री' एक बार नहीं दो बार आता है और भगवान वेंकटेश्वर की कथा उनके विवाह से शुरू होती है। श्रीनिवास कल्याणम से शुरू होती है। वेंकटेश महिमा और माहात्म्य की कथा सुनाने वाले कवि-गण और कथा वाचक भाव-विभोर हो होकर कथा सुनाते हैं और भक्त-गण भक्ति-भाव से सुनते हैं। और जैसा हर सुखांत नाटक में होता है कि 'वे फिर सुखपूर्वक रहने लगे' (दे लिव्ड हैप्पीलि एवर आफ्टर),यहाँ ऐसा नहीं होता। यहाँ वर अर्थात श्री निवास को विवाह के अवसर पर लिए गए कर्ज को चुकाने के लिए कई युगों तक न जाने क्या क्या पापड़ बेलने पड़ रहे हैं। कवि क्षोभ प्रकट करते हुए कहता है, "तीनों विश्व पर शासन करने वाले वेंकटेश को मोटा चावल गंदी थालियों में खाना पड़ रहा है। वे अपना हाथ इस सिक्के के लिए भी भी बढा देते हैं जो चलन से बाहर हो गया है। वे घर-घर जाते हैं, जबकि वे स्वयं लक्ष्मी जी के पति हैं।"

लगभग सभी तीर्थों और मंदिरों में स्थल पुराण होते हैं जो सरलता से हमें पवित्र पुस्तकों में कही गई बातों के लिए स्पष्टीकरण प्रदान करते हैं। वे हमें उस स्थान और मंदिरों के स्थानीय इतिहास और उन पौराणिक कथाओं का विवरण देते हैं जिन पर वे बने हैं। इन्हें मंदिरों और तीर्थ स्थलों का पौराणिक इतिहास कहा जा सकता है।भगवान वेंकटेश्वर के जीवनकी अनेक कथाओं और दंतकथाओं के उत्स खोजने वाले सबसे पहले स्कन्द या स्कन्ध पुराण की ओर रुख करते हैं। इसके दूसरे खंड में भगवान विष्णु की जो कथाएं हैं उनमें वेंकटाचलपति की महानता का भी वर्णन है। कहा जाता है कि पौराणिक गाथाएँ

एक ऐसे देवता का जादुई ताना-बाना बुनती हैं, जो अपनी मोहिनी मुस्कान,उसकी शक्ति, उसकी दयालुता व उसके न्याय से इस धरती के लोगों को समोहित कर देता है। एक ऐसा ईश्वर, जो अपने भक्तों के बीच रहने के लिए सहमति देता है और जो प्राचीन काल से ले कर आधुनिक युग तक, उसी उत्साह व भावुकता के साथ अपने भक्तों के स्नेह का पात्र बना हुआ है। हज़ारों वर्षों के लिखित इतिहास और संभवतः अलिखित इतिहास से भी पहले से, तिरुमला की सात पवित्र पहाड़ियों में स्थित प्रभु श्री वेंकटेश्वर का मंदिर, पूरे विश्व के हिंदुओं के लिए सर्वाधिक महत्वपूर्ण तीर्थ स्थल रहा है। (कोटा नीलिमा, 2012)।

तिरुपति में मंदिर की उत्पत्ति के संबंध में पौराणिक परंपरा बड़ी गहरी है। ग्यारह विभिन्न पुराणों में इसका उल्लेख है। इतिहास और पुराण और परिस्थितिजन्य विवरण को पढ़कर सामान्य पाठक को उलझन हो सकती है। विषय की प्रकृति और संपादन के उद्देश्य को ध्यान में रखते हुए अनेक लेखकों ने अलग-अलग तरह से और सहयोगी रूप से लिखा है। कहीं पौराणिक रंग निश्चित रूप से हावी हो गया है। अगर ऐसा न होता तो क्यों न होता। इन सभी किंवदंतियों के माध्यम से, अभी भी कुछ तथ्यों को स्पष्ट रूप से पाया जा सकता है, जिन्हें शुद्ध किंवदंती के दायरे में सीमित नहीं माना जा सकता, और शायद किंचित ऐतिहासिक माना जा सकता है। सब पौराणिक कथाओं में यह तो स्पष्ट है कि भगवान विष्णु यहाँ अपनी इच्छा से आए थे। तिरुपति में रहने लगे। महान ऋषि भृगु के प्रसंग से शुरू होने वाली कहानी में कुछ ऐसा आकर्षण है कि यह सर्वथा सत्य प्रतीत होती है।

इन कहानियों और आख्यानों के बारे में कोई साक्ष्य देने या तलाश करने की चेष्टा करना व्यर्थ होगा। एक भक्त-लेखिका कोटा नीलिमा ने वेंकटेश्वर भगवान के बारे में पुस्तक लिखते समय ठीक ही कहा है– कितना अच्छा होता, यदि आधुनिक देवता नियति की रचना करने के साथ-साथ, मानव जाति की महानतम परिकल्पनाओं (मनुष्य और ईश्वर) के बारे में साक्ष्य दे पाते। केवल दो ही स्थान ऐसे हैं, जहां ऐसे साक्ष्य पाए जा सकते हैं, पहला तिरुपति में तथा दूसरा हमारी असीम आत्मा के भीतर। इस कथा क्रम को भी आप हृदय से पढ़ें, हृदयंगम करें।

अब मैं आपको एक पौराणिक कहानी सुनाता हूँ ताकि आप उन पृष्ठों से जुड़े रहें जिन्हें आप पढ़ रहे हैं। यदि आप 'कल्याण' और 'कल्याणम' का अर्थ नहीं जानते तो जान लें। उत्तर भारत में तो 'कल्याण' का अर्थ 'भला होना' होता है। 'कल्याण' गीता प्रेस गोरखपुर से प्रकाशित होने वाली पत्रिका भी है। दक्षिण भारत में 'कल्याण' का व्यापक अर्थ-विस्तार हुआ है। उत्तर में जैसे इसका अर्थ है 'भला' हो, दक्षिण में इसका एक अर्थ 'विवाह' भी है। विवाह स्थल या मंडप को यहाँ 'कल्याण मंडपम' कहते हैं। श्रीनिवास कल्याणम का अर्थ

हुआ– विष्णु जी के अवतार श्रीनिवास का शुभ विवाह। श्री निवास भगवान या भगवान वेंकटेश्वर जी का शुभ विवाह देवी लक्ष्मी/देवी पद्मावती से वैशाख शुक्ल दशमी, शुक्रवार को सम्पन्न हुआ। यह कथा रोचक भी है और कई जन्मों की भी,इसलिए संभालकर पढ़ें। मैं अपनी इस लंबी कहानी को खंड–खंड करके–टुकड़ों-टुकड़ों में बांटकर और उप-शीर्षक देकर प्रस्तुत कर रहा हूँ क्योंकि इससे आपका ध्यान भंग न होगा। मन लगा रहेगा।

एकदा नैमिशारण्ये!

नैमिशारण्य में एक समय अनेक ऋषि-मुनि सूत जी के आश्रम में एकत्र हुए। सूत जी ने उन्हें प्रतिदिन एक न एक पौराणिक गाथा सुनायी। उसी समय उन्होंने श्वेत वाराह कल्प की कथा भी सुनाई जिसमें भगवान वेंकटेश्वर का उल्लेख भी था। इसके बाद वे ऋषि मुनि वेंकटाचल भी आए। उन्होंने यहाँ आकर कई वर्ष प्रवास भी किया।

इस कथा के कुछ अंश सुने जाने चाहिए।

नारद मुनि का प्रश्न

ये दंत कथा है। शौनक आदि अनेक ऋषि गण सूत जी से पुराण गाथा सुन रहे थे। उसमें श्री वेंकटाचल का वर्णन किया जाने लगा। इसी दौरान मुनियों ने सूत जी से प्रश्न किया।

सरस्वती के तट पर ऋषि नारद ने यह मुद्दा उठाया कि त्रिमूर्तियों में से कौन सर्वोच्च है। भगवान ब्रह्मा, भगवान विष्णु या भगवान शिव में से कौन सबसे बड़ा था? प्रश्न गंभीर था। तीनों देवताओं का परीक्षण करने और यह तय करने के लिए कि कौन सबसे बड़ा है, अपने प्रतिनिधि के रूप में ऋषियों ने ऋषि भृगु को चुना। आखिर भृगु को ब्रह्मा का मानस पुत्र ("मन से जन्मे पुत्र") माना जाता था।

त्रिमूर्तियों की परीक्षा

वे सबसे पहले भगवान ब्रह्मा के निवास पर गए। ब्रह्मा जी शास्त्र पढ़ रहे थे, भृगु उनके सामने बड़े अटपटे तरीके से आए। उन्होंने न तो श्रद्धा-भाव से प्रणाम किया और न ही भगवान ब्रह्मा का अभिवादन किया।

ब्रह्मा जी ने भी उसी अभद्रता और अशालीनता से उनकी ओर देखा और कहा, "क्या! आप मुझे कोई सम्मान दिखाए बिना मेरे कक्ष में आ रहे हैं? मैंने कभी नहीं सोचा था कि आप मेरे पुत्रवत होते हुए भी इतने ढीठ और अदिव्य होंगे!"

भृगु तो यह सब कुछ जानते बूझते कर रहे थे। इसलिए अपने आप से यह कहते हुए वहाँ से वे प्रस्थान कर गए, "इससे ज्ञात होता है कि वे इन तीनों में सबसे बड़े नहीं हो सकते।"

भगवान ब्रह्मा ने अपमानित अवश्य अनुभव किया लेकिन अपना आपा नहीं खोया।

उसके बाद ऋषि भृगु भगवान शिव के धाम कैलाश पर्वत की ओर गए। भृगु को पास आते देख भगवान शिव ने उन्हें गले लगाना चाहा। लेकिन भृगु ने शिव का संकेत समझने में लापरवाही दिखाई। आलिंगन बद्ध होने के स्थान पर उन्होंने तिरस्कार भरे लहजे में कहा, "आप देखने में बहुत गंदे और अभद्र हो! आपको मुझे भी गंदा क्यों करना है?" इस पर भगवान शिव अपना आपा खो बैठे और उन्हें मारने के लिए अपना त्रिशूल लेकर उनके पीछे दौड़े। देवी पार्वती ऋषि के बचाव में आईं और उन्हें शंकर जी के क्रोध से बचाया।

भृगु ने जल्दबाजी में शिव का बसेरा छोड़ दिया। रास्ते में, उन्होंने निष्कर्ष निकाला, "ब्रह्मा जी की तरह, भगवान शिव भी मुझे वह नहीं दिखा पा रहे हैं जिसकी मुझे तलाश है। दोनों ने अभी तक अपने क्रोध पर काबू नहीं पाया है। चूँकि उन्होंने अपने क्रोध पर विजय प्राप्त नहीं की है, उनमें किस प्रकार की आध्यात्मिक महानता है? वे महान हो सकते हैं लेकिन महानतम नहीं।"

परम महानता को खोजने के लिए, चार मुख वाले ब्रह्मा और पाँच मुख वाले शंकर द्वारा अपमानित किए जाने के बाद, ऋषि भृगु वैकुंठ लौट आए।

उन्होंने भगवान विष्णु को वहाँ गहरी नींद में चैन से सोता पाया। संसार के पालनहार और रक्षक को एक गैरजिम्मेदार व्यक्ति की तरह सोता देख महर्षि भृगु ने भगवान विष्णु की छाती पर लात से प्रहार किया। झटका लगने से भगवान विष्णु जाग गए। उन्होंने गुरु भृगु को श्रद्धा से प्रणाम किया और कहा, "हे भगवान, आसन ग्रहण कीजिए, मुझे आपके आने की खबर नहीं थी, इसलिए मैं आपका स्वागत नहीं कर सका। मुझे क्षमा करें! आपके कोमल चरणों में दर्द हुआ होगा क्योंकि मेरा वक्षस्थल तो 'वज्र' के समान कठोर है।" यह कहकर, भगवान विष्णु ने भृगु के चरण दबाने शुरू कर दिए और आगे कहा, "हे महर्षि आपके सम्मान के संकेत के रूप में आपके चरण-चिन्ह हमेशा मेरे वक्षस्थल पर रहेंगे।" (भगवान विष्णु की छाती पर भृगु के इस पदचिह्न को श्रीवत्स के नाम से जाना जाता है।)

श्री महा लक्ष्मी का रुष्ट होकर वैकुंठ त्याग

श्री हरि ने मुनि श्रेष्ठ के चरण धोकर उनकी पूजा की। लेकिन देवी लक्ष्मी को यह प्रतीत हुआ कि ऋषि भृगु ने उस स्थल पर अपने चरणों से प्रहार किया है जहां उनका आवास है। वे ऋषि भृगु द्वारा भगवान विष्णु और स्वयं के प्रति प्रदर्शित किए गए अपमान को सहन नहीं कर सकीं, इसलिए उन्होंने ऋषि को शाप दिया कि अब से वे कभी भी ब्राह्मणों के पास नहीं जाएंगी और वे सभी धन के अभाव में जीवन यापन करते रहेंगे।

देवी लक्ष्मी के इस शाप को सुनकर महर्षि ने उन्हें अपनी यात्रा के वास्तविक स्वरूप और उद्देश्य के बारे में बताया। देवी लक्ष्मी ने तब ऋषि भृगु से कहाकि उनका शाप अभी भी ब्राह्मणों को छोड़ेगा नहीं लेकिन जब भी कोई ब्राह्मण भगवान विष्णु की पूजा करेगा, तो वह शाप से मुक्त हो जाएगा।

भगवान के समझाने से भी देवी जी न मानीं। उनके वियोग में भगवान दुखी रहने लगे। इस कथा को आगे बढ़ाते हुए सूत जी बोले-

ऋषि भृगु आने अभियान में सफल होकर प्रसन्न मन से सबको यह बताते घूमने लगे कि त्रिमूर्ति में विष्णु जी श्रेष्ठतम हैं क्योंकि वे क्रोध के वश में नहीं, बल्कि क्रोध को उन्होंने वश किया हुआ है। भृगु ने अन्य अनेक संतों को सूचित किया कि नारायण तीनों में सर्वोच्च पाए गए थे। उन्होंने विष्णु को देवताओं की त्रिमूर्ति में सबसे महान घोषित किया।

इस घटना के फलस्वरूप अनजाने में ही सही किन्तु विष्णु जी की पत्नी महालक्ष्मी अपने पति पर क्रोधित हो गईं क्योंकि भगवान के वक्षस्थल को लक्ष्मी का निवास स्थान माना जाता है। वे इस बात से क्रोधित थीं कि भृगु ने उनके पति को लात मारी थी, और उनके पति ने अनादर का किया। किन्तु उनके पति ने उत्तर में कुछ नहीं किया। इसलिए वे विष्णु जी को अकारण ही छोड़ कर नाराज सी होकर इस मृत्यु लोक में आ गईं।

श्री विष्णु जी का वेंकटाचल आगमन

वेंकटाचल आने का मुख्य प्रयोजन तो यह था ही कि वे भगवती लक्ष्मी जी से मिलना कहते थे। वियोग की पीड़ा को सहन करने में असमर्थ होने के कारण, कुछ काल के पश्चात नारायण भी वेंकटाद्रि आए और अपने भक्तों को आशीर्वाद देने के लिए यहाँ बस गए। श्री विष्णु वेंकटेश्वर के रूप में तिरुमला पहुंचे, और लक्ष्मी का ध्यान किया। उन्होंने वहाँ रहने का फैसला किया क्योंकि उन्हें वह जगह सुखद लगी जहाँ आसपास का वातावरण सुरम्य था। उन्हें हर उस वस्तु की आपूर्ति सहजता से हो रही थी।

यदि क्षीर सागर में वे शेषनाग पर शयन कर रहे थे तो यहाँ धरती पर वे शेषाचल पर आवास पा गए थे। भगवान को यहाँ निवास करते जानकर सभी ऋषि पूजा और तपस्या करने के लिए वहां गए। वे भगवान विष्णु के प्रवास को आरामदायक बनाना चाहते थे क्योंकि उन्हें वैकुंठ छोड़ना पड़ा था।

हमारी कहानी तब घटित हुई जब पृथ्वी माता को सिर पर धारण करने वाले आदि वराह के रूप में उन्होंने स्वयं को वहां प्रकट किया। यह स्थल तिरुपति में पहाड़ी पर सरोवर के तट के पश्चिम में वराह तीर्थ के रूप में इंगित किया गया है जिसे अब विष्णु तीर्थ कहा जाता है।

भगवान विष्णु वहाँ श्रीनिवास का रूप धारण करके प्रायश्चित और तपस्या भी कर रहे थे। बहुत काल तक तपस्या करने से उनके इर्द-गिर्द चारो तरफ चींटियों ने वल्मीक (बिल) बना लिए। कोई अचानक उस स्थान को देखता तो वहाँ उसे कुछ भी दिखाई न पड़ता। कुछ वर्षों तक ने धरती के गर्भ में अखंड तपश्चर्या करते रहे। इतनी घोर तपश्चर्या का कारण उनके मन की व्यथा भी थी कि लक्ष्मी जी उनसे असन्तुष्ट होकर वैकुंठ धाम को छोड़ गईं थीं। उनके इर्द-गिर्द चींटियों ने बिल बना लिए। इन बिलों को संस्कृत में वल्मीक कहते हैं।

ब्रह्मा और शिव का गो-वत्स के रूप में सेवा भाव

कुछ वर्षों के बीत जाने के पश्चात कुछ चरवाहों ने देखा कि दो गायें जो उस स्थान के इर्द गिर्द चरने के लिए आती थीं वे अपना दूध उस स्थान पर विसर्जित कर देती थीं जहां भगवान श्रीनिवास तप कर रहे थे। दंतकथा है कि वस्तुतः वे गायें ब्रह्मा और शिव स्वरूप थीं जो भगवान की सेवा के निमित्त वहाँ आई थीं और उस स्थान के राजा की गौशाला में जा सम्मिलित हो गई थीं। जब गायें इतने दिनों तक बिना दूध के घर पहुंचीं, तो उनके पालकों ने राजा को सारी स्थिति से अवगत कराया। राजा को यह अजीब लगा और उसने इसके बारे में पूछताछ की। फिर राजा ने ग्वालों को उन दो गायों का खास ध्यान रखने को कहा।

सेवक की भूल

अगले दिन उस सेवक ने जब देखा कि गायों के रेवड़ में से उन दो गायों ने उसी स्थान पर जाकर स्वतः अपने थनों से दूध विसर्जित करना शुरू कर दिया तो वह बहुत क्रोधित हुआ। उसने अपनी कुल्हाड़ी उठाकर गाय की तरफ दे मारी। भगवान कैसे इसे सहन करते? उन्होंने प्रकट होकर उस कुल्हाड़ी के वार को अपने माथे के ऊपर ले लिया और दोनों गौ माताओं को जरा भी चोट न आई। वे गायें तो ब्रह्मा और शिव थीं। उस गुहा से किसी को इस प्रकार अचानक प्रकट होते देखकर अनपढ़ और मूर्ख ग्वाला तो डर के मारे बेसुध हो गया। दूसरे ग्वालों ने जाकर यह सूचना राजा को दी।

राजा को शाप

राजा ने तुरंत वहाँ जाकर देखा तो एक ओर अपने नौकर को बेसुध पाया और दूसरी ओर भगवान को घायल देखा। उसने अपने सेवक की भूल के लिए क्षमा प्रार्थना की। इस पर भगवान ने कहा, 'तुम्हारे सेवक की जल्दबाजी से तुम्हारे शासन की कमी का पता चलता है। यथा राजा तथा प्रजा। यदि राजा बुद्धिमान होता है तो प्रजा भी वैसी ही होगी।"

भगवान ने उस राजा को शाप दिया कि उसके इस दानवीय कार्य से उसे दानव का जन्म मिलेगा। लेकिन उसके सदव्यवहार के कारण उसके एक अगने जन्म में उसे एक

सुशील राजा के रूप में जन्म भी मिलेगा। उसका नाम आकाश राज/आकाश राजा होगा और उसकी पुत्री से भगवान स्वयं विवाह करेंगे।

चरवाहे द्वारा की गई गलती के लिए भगवान श्रीनिवास ने राजा को शाप क्यों दिया?

यह इसलिए दिया क्योंकि सुभाषित कहती है-

राजा राष्ट्रकतं पापं राज्ञाम्प; पापं पुरोहितः।
भर्ता च स्त्रीकृतं पापं शिष्यपापं गुरुःतथा।।

यदि कोई देश (प्रजा) गलत रास्ते पर जाता है/पाप करता है तो राजा को जिम्मेदार ठहराया जाना चाहिए। यदि राजा पाप करता है तो उसके सलाहकारों/मंत्रियों को जिम्मेदार ठहराया जाना चाहिए। अगर कोई महिला गलत काम करती है तो उसके पति को जिम्मेदार ठहराया जाना चाहिए और यदि एक छात्र ('शिष्य') पाप करता है, तो उसके शिक्षक ('गुरु') को जिम्मेदार ठहराया जाना चाहिए।

कर्ता करयित चैव प्रेरकश्च अनुमोदकः।
सुकृते दुष्कृते चैव, चत्वरः सम भागिनः।।
कर्ता करायित चैव, प्रेरणाश्च अनुमोदकः।
सुकृते दुष्कृते चैव, चत्वारः सम भागिनः।।

जो कर्म करता है, जो करवाता है, जिसने इसे प्रेरित किया और जिसने इसका समर्थन किया, इस तथ्य के बावजूद कि कर्म अच्छा है या बुरा, चारों के साथ समान व्यवहार किया जाता है; गुण/दोष चारों द्वारा समान रूप से साझा किए जाते हैं।

इमली का पेड़

सूत जी ने कथा को आगे बढ़ाते हुए और उसमें रोचकता का निर्वाह करते हुए कहा- कुछ दंत कथाओं में यह आता है कि राजा ने स्वयं वहाँ जाकर उस वल्मीक को खुदवाया। उस स्थान की खुदाई में उसने भगवान को एक छोटे-से-मंदिर में खोजा। उन्होंने उस स्थान की खुदाई करवाई और साधारण मंदिर को खोदकर उसके चारों ओर एक ईंट का मंदिर बनवा दिया। उसने वह सब भी व्यवस्था की किया जिससे मंदिर की सुव्यवस्था हो। यही तिरुपति का प्रसिद्ध श्रीनिवास मंदिर है। यह एक पौराणिक कथा है और भक्तों को यह विश्वसनीय लगती है।

यह कथा भी मिलती है-वहाँ भगवान श्री निवास एक इमली के वृक्ष की खोखर में छिप कर रहने लगे। उन्हें एक ग्वाले की कुल्हाड़ी से सिर पर चोट लग गई। भगवान विष्णु

औषधि की खोज करते हुए शेषाद्रि पर वराहस्वामी के आश्रम में पहुंचे। वराहस्वामी ने उनका आदर-सत्कार कर वेंकटाचल पर ही उन्हें रहने को जगह दे दी और कहा—'यहाँ वकुला देवी नाम की एक भक्तिन हैं। वे माता की तरह आपकी सेवा करती रहेंगी। उन्हें आप अपने पास रहने दीजिए।'

वकुला देवी कृष्णावतार में माता यशोदा थीं जो श्रीकृष्ण का विवाह न देख सकीं थीं। श्रीकृष्ण ने उन्हें वर दिया था कि कलियुग में वे एक युवक के रूप में उनके पास आकर रहेंगे और फिर वे अपनी माता को उनके विवाह संस्कार को देखने का सुअवसर देंगे। वकुला देवी ने भगवान श्री निवास से मिलते ही कहा—'आज से तुम मेरे पुत्र हो। मैं तुम्हें 'श्रीनिवास' के नाम से पुकारुंगी।' वकुला देवी ने वन-प्रांतर से लाकर अनेक जड़ी-बूटियां भगवान श्रीनिवास के घाव पर लगा दी। वे अच्छे-अच्छे सुस्वादु फल, कन्द-मूल आदि जंगल से लाकर श्रीनिवासजी को खिलातीं। इस प्रकार वे अपने इस मानस-पुत्र को प्रसन्न रखतीं।

आकाश राज और उनकी पुत्री

किन्तु इन सब कथाओं में से यह आकाश राज वाली कहानी बहुत रोचक प्रतीत होती है। इसलिए इसे भी साथ-साथ आगे बढ़ाते हैं। कहानी यहीं खत्म नहीं होती।

कहानी आगे पीछे आती जाती रहती है। आकाश राज की जो पुत्री है, वह भगवान की पत्नी बनेगी। इनके भी पूर्व-जन्म की कथा कहते हैं। ये क्यों आकाश राज की पुत्री के रूप में जन्म लेती हैं? आगे सुनें।

लक्ष्मी जी ने आकाश राज की बेटी पद्मावती के रूप में अवतार लिया था। कमल से उत्पन्न होने के कारण लक्ष्मी जी को पद्मावती कहा जाता है। यह कथा सीता जी के जन्म के समान है और इसको दार्शनिक दृष्टि से देखा जाना बेहतर होगा। पहले उनके पूर्व जन्म की कथा सुनें।

वेदवती का वृत्तान्त

प्राचीन काल में वेदवती नाम की एक कन्या थी। वह अपने पिता कुशध्वज की अनुमति से भगवान श्रीहरि के साथ विवाह का निश्चय करके तपस्या करने लगी। एक दिन रावण ने वेदवती को वन में देखा। उसके सौंदर्य से मोहित होकर रावण ने कहा,"मैं लंका का राजा रावण हूँ। मैंने चौदह लोकों को जीत लिया है लेकिन तुम्हारी जैसी सुंदरी मैंने नहीं देखी। इस तपस्या में अपने यौवन को नष्ट न करके मेरे साथ विवाह करके लंका की रानी बनो।"रावण की बात सुनकर वेदवती ने क्रोध में रावण को फटकारते हुए कहा—'मेरा प्रण

है कि श्रीहरि के सिवाय मैं किसी और से विवाह नहीं करूंगी। मैं उन्हें ही पति रूप में प्राप्त करने के लिए घोर तपस्या कर रही हूँ। ''रावण ने कहा—'यह विष्णु या श्रीहरि कौन हैं? तुम मेरी बात मान लो अन्यथा मैं तुम्हें जबरदस्ती पकड़ कर ले जाऊंगा।' और रावण वेदवती को जबरन पकड़ने लगा। वेदवती समझ गई कि यह नीच आज उन्हें स्पर्श कर लेगा, इससे तो अच्छा है कि वे जल मरें। उन्होंने रावण को ललकारते हुए कहा—'पापी! आज तेरे कारण मैं मर रही हूँ। मेरी बात याद रखना! मेरी जैसी स्त्री के कारण तेरा और तेरे वंश का सर्वनाश हो जाएगा।' ऐसा शाप देकर वेदवती ने स्वयं को अग्नि के अर्पण कर दिया। इस तरह वेदवती के पिता की इच्छा और उनका संकल्प अधूरा रह गया। यही वेदवती धरती पर आकर आकाश राजा/आकाश राज की पुत्री के नाम से सुख्यात हुईं। उनकी माता धरिणी देवी कहलाईं। यह कैसे हुआ, इसकी भी कथा है।

यह कथा रघुकुल भूषण राम की पत्नी सीता जी के जन्म से हू ब हू मिलती है। जैसे जनक जी ने हल के फल से धरती से सीता जी को पाया था, वैसे ही आकाश राज ने यज्ञ के दौरान कुछ कर्म-कांड के लिए जब धरती पर हल चलाया तब उनके हल के फल से धरती में से एक टोकरी में रखी एक कन्या मिली जिसे उन्होंने पद्मावती नाम देकर पुत्री के रूप में पाला।

भगवान को कई वचनों और वरदानों का पालन करने के लिए पद्मावती से विवाह करना था।। वकुला देवी पूर्व जन्म की यशोदा थीं। उन्हें भी विवाह संस्कार दिखाना था। इसलिए यह लीला जरूरी थी।

पद्मावती का प्रेम-प्रसंग

रामायण में एक बड़ा रोचक प्रसंग है– सीता जी पुष्प वाटिका में भगवान शंकर और गौरी माता की पूजा करने जाती हैं। वहाँ राम जी अपने भाई लक्ष्मण के साथ उपस्थित हैं। इस सीता-राम मिलन को कवियों ने बहुत मार्मिकता से वर्णित किया है। पद्मावती और श्रीनिवास का मिलन भी आखेट के बहाने हुआ। भगवान एक हाथी का पीछा करते करते एक उपवन में जा पहुंचे जहां पद्मावती से उनका आमना सामना हुआ। प्रेम हुआ। पर राजकुमारी पद्मावती के सेवकों ने भगवान को वहाँ से यह कहकर भगा दिया कि कैसे कोई अजनबी इतनी रूपवती राजकुमारी से प्रेम करने की जुर्रत कर सकता था। भगवान प्रेम में तो पड़ गए किन्तु पद्मावती से विवाह करने का अवसर न पा सके। उन्होंने अपनी माता बकुला देवी से कहा जरूर, किन्तु राजा की पुत्री से विवाह वही कर सकता था जो स्वयं राजकुमार हो या बहुत धनी हो।

भगवान श्रीनिवास और देवी पद्मावती की कथा किसी प्रेमाख्यानक काव्य सी सुंदर और मनोहारी है। विवाह हुआ,पर कुछ जतन करने पड़े। इस कथा को यूँ ही इस मोड़ पर न छोड़ कर कुछ जतन से कहते हैं। प्रेम का पंथ यूँ ही तो तलवार की धार पर दौड़ना नहीं कहा जाता।

तो आप वहीं से इस कथा का रस पान करें...

एक दिन जंगल में एक मतवाला हाथी आया। आश्रमवासी डर के मारे इधर-उधर भागने लगे। जब भगवान श्रीनिवास ने यह देखा तो उन्होंने धनुष बाण लेकर हाथी का पीछा किया। हाथी डर के मारे भाग गया और घने जंगल में गायब हो गया। भगवान श्रीनिवास उसका पीछा करते-करते थक गए थे। वे एक सरोवर के किनारे एक वृक्ष की छाया में लेट गए और एक हल्की सी झपकी ले ली। कुछ देर में शोर सुनकर वे उठे तो देखा कि उनके आसपास चार-छह युवतियां खड़ी थीं। श्रीनिवास को जागते देख उन्होंने साहसपूर्वक कहा, "यह हमारी राजकुमारी पद्मावती का निजी उद्यान है और यहाँ पुरुषों को आने की अनुमति नहीं है। आप यहां कैसे और क्यों आए हैं?"

इससे पहले कि श्रीनिवास कुछ उत्तर देते, उनकी दृष्टि वृक्ष की आड़ में झाँकती हुई राजकुमारी की ओर चली गई। श्रीनिवास पद्मावती को निहारते रहे। थोड़ा संयम बरतते हुए उन्होंने कहा "देवियों! मुझे पता नहीं था, मैं यहां शिकार का पीछा करते हुए आया था। मैं सो गया क्योंकि मैं थका हुआ था, कृपया मुझे क्षमा करें।"

श्रीनिवास आश्रम लौट आए लेकिन वे बहुत उदास रहने लगे। एक दिन जब बकुला माँ ने प्यार से उनकी उदासी का कारण पूछा, तो श्रीनिवास ने पद्मावती से मिलने की पूरी कहानी बताई और फिर कहा "मैं उसके बिना नहीं रह सकता।"

बकुलामाई ने कहा, "इस तरह के सपने मत देखो। वह प्रतापी चोल राजा आकाशराज की बेटी है और तुम उसके सामने मामूली हो। एक आश्रम में पले बढ़े-एक कुलविहीन युवा हो। श्रीनिवास ने कहा", माँ! एक उपाय है, अगर आप मेरा साथ देते हैं तो सब कुछ संभव है। बकुलमाई ने श्रीनिवास के सच्चे प्रेम को देखकर समर्थन किया।

पुरंद स्त्री के रूप में श्रीनिवास

श्री निवास के मन में यह अभिलाषा हुई कि वे भी एक बार जाकर पद्मावती से मिलें। उन्होंने अपने दिव्य रूप को छिपाकर एक पुरंद स्त्री का रूप बनाया। ये स्त्रियाँ आदिवासी समाज की निर्धन महिलायें होती हैं जो गांवों में जाकर हाथ देखकर भविष्यवाणी करती हैं। लोग उनका विश्वास करते हैं।

कर्नाटक में इस कथा को निम्न तरह से सुनाया जाता है–

कोरवनजी एक आदिवासी महिला ज्योतिषी के लिए एक कन्नड़ शब्द है जिसे तेलुगु में येरुकता के नाम से जाना जाता है। भगवान श्रीनिवास ने पद्मावती देवी के साथ अपने विवाह को बढ़ावा देने के लिए नारायणपुरम जाते समय कोरवनजी का विलक्षण रूप धारण किया।

उनके कोरवंजी अवतार में, भगवान श्रीनिवास को एक विशिष्ट रूप (मायावी-कामरूपधारी) से सजाया गया था, उन्होंने भगवान ब्रम्हा को अपनी पीठ पर बांधकर सात महीने के बच्चे के रूप में बनाया, रुद्र देवरू को जादू की छड़ी (काइगोला) बनाया; टोकरी ब्रह्मांड का प्रतीक है क्योंकि वह जगदाधारा है।

वकुला देवी से मिलने से पहले कोरवंजी भगवान श्रीनिवास धरानी देवी (आकाश राज की पत्नी) से मिलते हैं और पद्मावती देवी और श्रीनिवास के बीच प्रेम संबंधों के बारे में भविष्यवाणी करते हैं और भगवान श्री कृष्ण के रूप में श्रीनिवास की पहचान का भी खुलासा करते हैं।

श्रीनिवास ज्योतिष जानने वाली स्त्री का वेश धारण कर आकाश राज की राजधानी नारायणपुर पहुंचे। उसकी चर्चा सुनकर पद्मावती ने भी उस स्त्री को महल में बुलाकर हाथ दिखाया।

राजकुमारी की हस्तरेखाओं को देखकर वह बोली, "राजकुमारी! कुछ दिन पहले आपकी मुलाकात एक युवक से आपके सुरक्षित बगीचे में हुई थी। आप दोनों को दृष्टि मिली थी। उस युवक के साथ आपके विवाह के योग बने हैं।"

पद्मावती की मां धरणी देवी ने पूछा "ऐसा कैसे हो सकता है?"

ज्योतिषी महिला ने कहा, "ऐसा योग है। ग्रहों का कहना है कि कोई स्त्री अपने पुत्र के लिए स्वयं आपकी पुत्री मांगने आएगी।"

यह सुनकर माता ने अपनी पुत्री से प्रश्न किया कि उसे क्या चाहिए। पुत्री पद्मावती ने स्पष्ट कहा, "माता जी!मेरा मन एक ही विषय से ग्रस्त है। वह एकमात्र है और उसकी मुझे अभिलाषा है। मेरी इच्छा तभी पूर्ण होगी जब मैं उन्हें पा लूँगी।"

धरिणी देवी से बकुला माता की बातचीत

दो दिन बाद माता बकुलातपस्वी के वेश में महल में आई। उन्होंने अपने छोटे बेटे से पद्मावती के विवाह की चर्चा की। आकाश राजा ने बकुलमाई को पहचान लिया। उन्होंने पूछा, "वह युवक कौन है?"

बकुलमाई ने कहा "उनका नाम श्री निवास है। इनका जन्म चंद्र वंश में हुआ है। मेरे आश्रम में रह रहा है। मुझे एक माँ की तरह मानते हैं।"

राजा आकाश ने कुछ सोचा और उत्तर देने को कहा। बकुलमई के जाने के बाद आकाश राज ने अपने राज पुरोहित को बुलाकर सारी बात बताई। राज पुरोहित ने गणना करके बताया। फिर सहमति देते हुए कहा, "महाराज! श्रीनिवास में विष्णु जैसे दिव्य गुण हैं, यह आपकी लक्ष्मी जैसी बेटी के लिए बहुत उपयुक्त वर है।"

राजा आकाश ने तुरंत अपनी स्वीकृति के साथ बकुलमई को विवाह कुंडली भेजी। जब बकुलमाई ने सुना तो वे चिंतित हो गई। उन्होंने श्रीनिवास से कहा, बेटा! अब तक सिर्फ विवाह की चिंता थी। अब पैसा नहीं होने की चिंता सता रही है। मैं वराहस्वामी के पास जाती हूँ। मैं उनसे पूछती हूं कि क्या करें?

ऋण पत्र

बकुलमाई श्रीनिवास के साथ वराहस्वामी के पास गई और श्रीनिवास के विवाह के लिए धन की समस्या के बारे में बताया। इस परवराहस्वामी ने अष्ट दिग्पाल, इंद्र, कुबेर, ब्रह्मा, शंकर आदि देवताओं को अपने आश्रम में आमंत्रित किया। फिर श्रीनिवास को बुलाया और कहा "आप विस्तार से मुझे अपनी समस्या बताएं।"

श्रीनिवास ने देवताओं से कहा, "मैं चोल राजा, आकाश राज की बेटी पद्मावती से विवाह करना चाहता हूँ। मेरी आर्थिक स्थिति राजा के समान उच्च्च स्तर की नहीं है, मेरे पास उतनी धन संपत्ति नहीं है, मुझे क्या करना चाहिए?"

इन्द्र ने कुबेर से कहा "कुबेर! आप इस शुभ-कार्य के लिए भगवान श्रीनिवास को ऋण दें।"

कुबेर ने कहा, "ऋण तो मैं दे दूंगा, लेकिन यह तय कर लेना चाहिए कि इस धन राशि को कब और कैसे लौटाना है?"

श्रीनिवास ने कहा, "इसके बारे में चिंता मत करो। कलियुग के अंत तक, मैं सभी कर्ज चुका दूंगा।"

कुबेर ने प्रस्ताव स्वीकार कर लिया। श्रीनिवास जी के द्वारा साख पत्र सभी देवताओं की साक्षी में लिखा गया था। उस धन से श्रीनिवास और पद्मावती की शादी बड़ी धूमधाम से हुई।

इस विवाह संस्कार की खबर लेकर नारद जी लक्ष्मी जी के पास गए और उनसे कहा "विष्णु भगवान ने श्रीनिवास के रूप में पद्मावती से विवाह किया है। और विवाह के उपरांत दोनों वेंकटाचल पर्वत पर निवास कर रहे हैं।"

यह सुनकर लक्ष्मी जी को बहुत दुख हुआ। वे सीधे वेंकटाचल पहुंचीं। लक्ष्मी जी पद्मावती को फटकारने लगीं, "श्रीनिवास विष्णु जी मेरे पति हैं। तुमने उससे विवाह क्यों किया?"

जब दोनों में वाक युद्ध शुरू हुआ तो श्रीनिवास को बहुत दुख हुआ। वे पीछे हटे और पत्थर की मूर्ति में बदल गए। जब दोनों देवियों ने यह देखा तो उन्हें बहुत दुख हुआ क्योंकि श्रीनिवास अब किसी के साथ नहीं रहे थे।

इस बीच प्रस्तर मूर्ति से एक आवाज आई। "श्री! मैं वेंकटेश्वर स्वामी के नाम पर इस स्थान पर अपने भक्तों की इच्छाओं को पूरा करता रहूंगा। उनसे प्राप्त धन से मैं कुबेर के ऋण का ब्याज चुकाता रहूंगा, इसलिए मेरे लिए आपस में मत लड़ो।"

यह सुनते ही लक्ष्मी जी और पद्मावती जी दोनों ने सिर झुका लिया। लक्ष्मी जी कोल्हापुर आईं और महालक्ष्मी के रूप में पूजनीय हो गईं और पद्मावती तिरुनाचूर में पूजनीय देवता बन गईं। आज भी तिरुपति क्षेत्र में तिरुमला पहाड़ी पर भगवान वेंकटेश्वर स्वामी के दर्शन के लिए भक्तों से शुल्क लिया जाता है। उनकी न केवल फूल और मिठाई से बल्कि धन से भी पूजा की जाती है। इस धन से भगवान श्री वेंकटेश्वर स्वामी कुबेर का ऋण चुका रहे हैं।

कहा जा सकता है कि भगवान वेंकटेश्वर ने ऋण स्वीकार कर लिया और देवी पद्मावती के साथ अपने विवाह के लिए उस धन का उपयोग किया। लेकिन वह कर्ज चुकाने में असमर्थ थे और उन्होंने कुबेर से और समय मांगा। कहा जाता है कि कुबेर द्वारा दिया गया ऋण मनुष्य के पापों या कर्म का प्रतिनिधित्व करता है। हिंदू मान्यता के अनुसार, प्रत्येक व्यक्ति कर्म या अपने कार्यों के प्रभाव को संचित करता है, और यह कर्म पुनर्जन्म और पीड़ा का कारण कहा जाता है। ऐसा माना जाता है कि भगवान विष्णु के अवतार के रूप में भगवान वेंकटेश्वर ने अपने भक्तों के कर्मों को अपने ऊपर ले लिया है और कुबेर को अपना कर्ज चुका रहे हैं। इसलिए, यह माना जाता है कि जब भक्त तिरुमला मंदिर में भगवान वेंकटेश्वर को पैसे या क़ीमती सामान दान करते हैं, यह न केवल प्रसाद का एक रूप है बल्कि कुबेर को उनके ऋणों के पुनर्भुगतान में योगदान देने का एक तरीका भी है। यह भी माना जाता है कि इस कारण में योगदान देकर, भक्त अपने स्वयं के कर्म को कम कर सकते हैं और आध्यात्मिक लाभ प्राप्त कर सकते हैं। यह विश्वास तिरुमला मंदिर परंपरा का एक महत्वपूर्ण हिस्सा है और मंदिर की लोकप्रियता और महत्व के कारणों में से एक है।

इस कथा को कई क्षेपकों में और अदल-बदलकर प्रस्तुत किया जाता है।

विवाह का प्रतीकात्मक अर्थ

देवी पद्मावती और भगवान श्री वेंकटेश्वर के विवाह को श्रीनिवास कल्याणम के नाम से भी जाना जाता है। इस विवाह के कई प्रतीकात्मक अर्थ हैं।

1. **शक्ति और शिव का मिलन:-** हिंदू पौराणिक कथाओं के अनुसार, देवी पद्मावती दिव्य स्त्री ऊर्जा या शक्ति का प्रतिनिधित्व करती हैं, जबकि भगवान श्री वेंकटेश्वर दिव्य पौरुष पूर्ण ऊर्जा या शिव का प्रतिनिधित्व करते हैं। दोनों के बीच विवाह को इन दो दैवीय ऊर्जाओं के मिलन का प्रतीक माना जाता है, जो ब्रह्मांड के निर्माण और निर्वाह के लिए आवश्यक है।
2. **व्यक्तिगत आत्मा और सर्वोच्च आत्मा का मिलन:-** देवी पद्मावती और भगवान श्री वेंकटेश्वर का विवाह भी व्यक्तिगत आत्मा (जीवात्मा) और सर्वोच्च आत्मा (परमात्मा) के बीच मिलन का प्रतीक माना जाता है। यह इस विचार का प्रतिनिधित्व करता है कि प्रत्येक व्यक्ति की आत्मा दिव्य चेतना का एक हिस्सा है और मानव जीवन का अंतिम लक्ष्य सर्वोच्च आत्मा के साथ विलय करना है।
3. **प्रेम और भक्ति:-** देवी पद्मावती और भगवान श्री वेंकटेश्वर के बीच विवाह को दिव्य प्रेम और भक्ति का उदाहरण माना जाता है। ऐसा माना जाता है कि दोनों के बीच प्रेम और भक्ति उनके मिलन का कारण है और उनका विवाह मनुष्य के लिए प्रेम और परमात्मा के प्रति समर्पण की प्रेरणा का काम करता है।
4. **आशीर्वाद और समृद्धि:-** देवी पद्मावती और भगवान श्री वेंकटेश्वर का विवाह भी युगल और उनके परिवारों के लिए आशीर्वाद और समृद्धि लाने वाला माना जाता है। इसे एक शुभ घटना माना जाता है, और यह माना जाता है कि दिव्य जोड़े का आशीर्वाद उनके भक्तों के लिए सुख, समृद्धि और आध्यात्मिक विकास ला सकता है।

और फिर अंतराल के बाद

सूत जी ने इतना कहकर गहरी सांस ली। पर संत महात्माओं की जिज्ञासा बनी रही। उन्होंने सूत जी से पूछा, "हे मुनिवर! आकाश राज की मृत्यु के बाद उनकी गद्दी पर कौन बैठ सका? उनका पुत्र या उनका भाई?

सूत जी ने कथा को आगे बढ़ाया, आकाश राज की मृत्यु के बाद उनके पुत्र वसुदास और भाई तोंडमान दोनों के बीच मतभेद हुए। मतभेद क्या खासा विवाद हुआ। विवाद के बाद युद्ध भी हुआ। युद्ध में तोंडमान ने भगवान से सहायता ली। इसकी कहानी भी कम रोचक नहीं।

वसुदास और तोंडमान के बीच युद्ध

एक ओर पत्नी का भाई वसुदास और दूसरी ओर उनका परम भक्त। भगवान असमंजस में थे। किसकी सहायता करें? सोच समझकर उन्होंने अपना चक्रायुध अपने भक्त को दे दिया। वसुदास की सहायता के लिय वे स्वयं उपस्थित हो गए।

जब तोंडमान ने भगवान का दिया हुआ चक्र वसुदास पर चलाया तो भगवान ने स्वयं बीच में आकर उसका प्रहार अपने ऊपर ले लिया। वे बुरी तरह घायल हो गए।

युद्ध रोक दिया गया। इस घटना ने दोनों को लज्जित किया और उनका आपस में समझौता करा दिया गया। राज्य का आपस में विभाजन करा दिया गया। दोनों को आधा-आधा राज्य देकर भगवान वापिस लौट आए।

मंदिर निर्माण

वे दिन थे जब प्रसिद्ध राजा तोंडमान चक्रवर्ती दक्षिणी राज्य पर शासन कर रहे थे। राजा भगवान वेंकटेश्वर के एक महान भक्त थे, वे पहाड़ियों पर पहुंचकर भगवान की पूजा करते थे और खुद को तिरुमाला मंदिर के आंतरिक गर्भगृह में गहरे ध्यान में लीन करते थे। अधिकांश समय वह अपने सलाहकारों से भगवान के दिव्य लीलाओं के बारे में सुनने में खुद को व्यस्त रखता था।

यह पुरातत्सी का शुभ महीना था। राजा ने पूरे महीने तिरुमला में कर्मियों के पर्यवेक्षण और निर्देशों के अनुसार अगमों के अनुसार भगवान के लिए ब्रह्मोत्सवम उत्सव आयोजित करने का फैसला किया। राजा स्वयं इस भव्य उत्सव की निगरानी कर रहे थे। राजा मंदिर के आंतरिक गर्भगृह में प्रवेश करते थे और दिनों के त्योहार के बाद भगवान के साथ गहन ध्यान में लीन रहते थे। वे उत्सव को भव्य तरीके से संचालित करने के लिए भगवान से उनके मार्गदर्शन के लिए बात करते थे।

राजा की अनुपस्थिति के बारे में सुनकर, पड़ोसी राज्य के राजाओं ने एक शक्तिशाली असुर सिंहनाद के समर्थन से राज्य पर आक्रमण करने का फैसला किया। चूंकि राजा राजधानी से बहुत दूर था, उन्होंने फैसला किया कि यह राज्य को लूटने का सही समय है। राजा की अनुपस्थिति में सेनाओं ने घमासान युद्ध किया लेकिन शत्रुओं को पराजित नहीं कर सकीं।

इस बीच राजा को तबाही के बारे में सूचित करने के लिए एक सेनापति तिरुमला पहुंचे। वास्तविक परिदृश्य और सेना द्वारा किए गए प्रयासों के बारे में जानने के बाद, राजा थोंडमन चक्रवर्ती मंदिर के आंतरिक गर्भगृह तक गए और उनके हस्तक्षेप के लिए भगवान

के सामने आत्मसमर्पण कर दिया। दृढ़ता से पकड़े हुए भगवान के चरण कमलों में वह उनकी मदद के लिए रोया क्योंकि राज्य को घेरने वाले शत्रु उनकी अपनी सेना से अधिक शक्तिशाली लग रहे थे। भगवान उनकी भक्ति और बिना शर्त आत्मसमर्पण से प्रसन्न होकर उनकी प्रार्थना का उत्तर दिया।

उन्होंने दिव्य अस्त्रों शंख और चक्र को स्थिति पर नियंत्रण करने का आदेश दिया। भगवान की आज्ञा का पालन करने के लिए हमेशा तैयार, दिव्य हथियार युद्ध स्थल पर पहुंचे और कुछ ही सेकंड के अंश में भयानक असुरों और दुश्मनों को खत्म करने का कार्य पूरा किया। सेना के जनरलों के युद्ध क्षेत्र में पहुंचने से पहले ही ऐसा हो गया था।

एक बार जब कार्य पूरा हो गया तो हथियार एक बार फिर से प्रभु के पास अत्यंत समर्पण के साथ लौट आए। अब राजा बिना किसी शत्रु के रह गया। थोंडामान चक्रवर्ती (दैवीय हथियारों) बिजली की घटनाओं से चकित होकर झुक गए और भगवान की ओर देखते हुए कहा, "हे भगवान के भगवान! मुझ पर इतनी दया करके आप धन्य हैं।"

"भगवान... मेरी एक छोटी सी प्रार्थना पूरी होनी है। मैं महामहिम से विनती करता हूं कि इस दुनिया के लोगों को अपने हाथों में उन दिव्य हथियारों को न दिखाएं। मेरी इच्छा है कि इस कलियुग में आने वाली पीढ़ियों को पता चले कि आपकी महारानी ने उन्हें मेरी रक्षा के लिए भेजा था और मेरा राज्य आपकी कृपा से सुरक्षित रहा।"

प्रभु मुस्कुराए और बोले, "तेरी यही इच्छा है तो एवमस्तु!" पर जाने से पहले एक कथा सुन लो।

एक कट्टर विष्णु भक्त ने देवालय जाकर प्रभु के दर्शन करने के लिए अपनी यात्रा प्रारंभ की। रास्ते में ही वह पूरी तरह से थक चुका था और बुरी तरह भूखा था। उसने मार्ग में एक दूसरा मंदिर पाया और मंदिर के अंदर खाना पकाने और खाने से पहले पेरुमल की आराधना करने का फैसला किया। पर जब उसने पाया कि यह एक शिवालय है तो एक सच्चे वैष्णव होने के नाते, उसकी अंतरात्मा ने उसे वहाँ खाना बनाने की अनुमति नहीं दी और वह मंदिर के अहाते से बाहर आ गया। लेकिन भूख के कारण वह बेहोश हो गया।

उस समय भगवान श्रीमन्नारायण वेश बदल कर भक्त के सामने प्रकट हुए और उसे सहायता देने का प्रस्ताव पेश किया। भक्त ने भगवान को समझाया कि वह शिवालय में खाना नहीं बना सकता। भगवान विष्णु ने उत्तर में समझाया कि यह शिव मंदिर नहीं है बल्कि अंदर विराजमान देवता विष्णु हैं। फिर वे भक्त को गर्भगृह के अंदर ले गए और शंक और चक्र के साथ अपना असली रूप दिखाया। इस प्रकार शंकर नारायण मूर्ति अस्तित्व

में आई। यह केवल भगवान द्वारा उनके भक्त के साथ की गई एक लीला है। भगवान लीला धर हैं और भक्त वत्सल भी। इसलिए तथास्तु!

क्या टोंडमान राजा ऐतिहासिक चरित्र थे। यह कमोबेश एक ऐतिहासिक व्यक्ति तोंडामई शासक प्रतीत होता है। हालांकि,जैसा कि पुराणों में दर्ज कथा में मिलता है उनके बारे में जो कुछ भी कहा गया है वह पौराणिक हो सकता है, निश्चित रूप से वह सब कुछ जो उनके अधिक शानदार भाई, आकाश राज के बारे में कहा जाता है, यह सब पौराणिक प्रतीत होता है, यहां तक कि उनका अपना नाम और रानी का नाम भी शामिल है। पौराणिक विवरणों के बावजूद यह संभव है कि इस तोंडामन ने वास्तव में मंदिर के निर्माण, और भगवान की पूजा की व्यवस्था की हो। इस तरह वे एक ऐतिहासिक चरित्र हैं। इस संभाव्यता के बावजूद, कोई यह प्रश्न पूछ सकता है कि क्या हमारे पास कोई सबूत है जिस पर इस तरह के एक निश्चित कथन का आधार हो। किंवदंतियाँ और पुराण स्वयं इसकी पुष्टि करते प्रतीत होते हैं। अयांगार आदि इतिहासकार इस तथ्य से इंकार नहीं करते। वे उस समय को परिभाषित करने की कोशिश करते हैं जब यह सारा संगठन तिरुपति में हुआ था। यह जोड़ देना और मन लेना ठीक होगा कि अब तक हम उत्तर भारत के लोगों में विक्रमादित्य की चर्चा करते हैं, पर सुदूर दक्षिण में भी हिंदुओं के द्वारा इसी प्रकार की सनातन संस्कृति और धर्म की स्थापना हो गई थी। यह समय 67 या 58 ईसा पूर्व और 78 ईस्वी के बीच का है। यह वह समय की अवधि है जिसमें इतिहासकार अध्ययन अनुसंधान के बाद पौराणिक परंपरा से पूरी तरह स्वतंत्र होकर पहुंचे हैं। उन्होंने पाया है कि वेंगडम या तिरुपति पर निर्भर क्षेत्र कलवार सरदार पुली से टोंडामन के कब्जे में जा रहा था महान पांड्यन के समय से पहले का संगम साहित्य हमें एक टोंडामन देता है, जो उसके उत्तरी भाग से शासन करता था। पवत्तिरी में राजधानी, गुदुर में रेड्डीपाजेमतालुक, और उसने उत्तरी तोंडमंडलम पर शासन किया। ऐसा प्रतीत होता है कि अब हमारे सामने तीन तोंडमान हैं, पुराणों में उल्लिखित तोंडमान या तोंडामन चक्रवर्ती, पावत्तिरी का तिरैया या उत्तरी तोंडमान इलम तिरैयन। अब इनमें से कौन सही में कौन है, कह नहीं सकते किन्तु इन कथाओं को पूरी तरह से कपोल-कल्पित कह कर छोड़ नहीं सकते।

❒

प्रकरण-6

मंदिर व्यवस्था के आदि सूत्रधार आचार्य

और भगवान की आज्ञा के अनुसार कलियुग के आगमन से 4118 वर्ष आदिशेष श्रीपेरंबदूर में रामानुज के रूप में प्रकट हुए। यह कहकर लेखक और इतिहासकार कई बार उलझन में डालते हैं। पर हम आपको उलझन में न डालकर जो कुछ कहेंगे वह अनंतआर्य द्वारा रचित पुस्तक 'श्री वेंकटाचल इतिहासमाला' के आधार पर कहेंगे। श्री रामानुज, महान संत, शिक्षक और विशिष्टाद्वैत के रूप में जाने जाने वाले दार्शनिक स्कूल के संस्थापक का जन्म 1017 ई. में दक्षिण भारत में चेन्नई के पास श्रीपेरंबुदूर में हुआ था। उन्हें विशिष्टाद्वैत वेदांत के सबसे बड़े प्रतिपादक के रूप में जाना जाता है।

हेरोल्ड कावर्ड ने रामानुज को "श्री वैष्णव शास्त्र के संस्थापक व्याख्याकार" के रूप में वर्णित किया है। वेंडी डोनिगर ने उन्हें "भक्तिपूर्ण हिंदू धर्म का सबसे प्रभावशाली विचारक" कहकर सम्मान दिया है। जे.ए.बी.वैन बुइटेनेन कहते हैं कि "भक्ति को एक बौद्धिक आधार" देने वाले रामानुज अत्यधिक प्रभावशाली थे, और उनके प्रयासों ने भक्ति को हिंदू धर्म की विभिन्न परंपराओं के अंतर्गत प्रमुख शक्ति बना दिया। दक्षिण के कई प्रमुख वैष्णव मंदिर जैसे श्रीरंगम का रंगनाथ मंदिर और तिरुपति का श्री वेंकटेश्वर मंदिर रामानुज-परंपरा से जुड़े हैं। आधुनिक विद्वान-अध्येताओं ने हिंदू धर्म में रामानुज के महत्व की तुलना पश्चिमी ईसाई धर्म में विद्वान थॉमस एक्विनास (1225-1274) से की है।

रामानुज से पहले आप उनके मामा जी के बारे में जान लें जो तिरुपति में अपनी दो अविवाहित बहनों के साथ आ बसे थे और यथा शक्ति मंदिर में पूजा अर्चना सेवा कार्य करते जा रहे थे। ग्यारहवीं और बारहवीं शताब्दी के समय श्री रामानुज के मामा तिरुमला नंबी तिरुमला के पहले प्रतिष्ठित निवासियों में से थे। इनकी दो बहनों में से एक का विवाह रामानुज के पिता से हुआ था और कहा जाता है कि रामानुज नाम भी उनको उनके मामा

जी ने दिया था। तिरुमला नंबी श्री रामानुज के पांच आचार्यों में से एक थे और उन्होंने विशिष्टाद्वैत के दृष्टिकोण से रामानुज को महाभारत और रामायण की शिक्षा दी। कहना न होगा कि बाल्यकाल में मामा के घर रामानुज का आना जाना हुआ ही होगा। श्री पेरंबदूर से तिरुपति अधिक दूर नहीं। रामानुज ने हो सकता है वहाँ महीनों एक साथ रहकर रामायण और महाभारत का पाठ पढ़ा होगा। पर जब उन्होंने बाद में इस पवित्र स्थान की यात्रा की, वह हमारी कहानी की निरन्तरता के लिए महत्वपूर्ण है।

रामानुज भगवान के एक महान भक्त के रूप में प्रसिद्धि पा गए हैं। उन्होंने संस्कृत और तमिल साहित्य और दर्शन का ज्ञान प्राप्त किया। वेदों के पाठ में महारत हासिल की। भगवान की दया से उन्होंने अपने सभी विरोधियों को जीत लिया और दूर-दूर तक यात्रा करके वैदिक धर्म के सार का प्रचार करते हुए पूजा-अर्चना में पवित्रता बहाल की। इसकी व्यापक कथा है।

कहा जाता है कि एक बार श्रीरंगम में श्री रामानुज अपने भक्तों को संबोधित कर रहे थे। कथा के समय एक पद आया–सिंधुपू माज़ीज़हूमथिरुवेनगदं (पवित्र तिरुमल घाटी और पहाड़ी अनगिनत सुगंधित पुष्पों से आच्छादित थी)। इस पद से भक्तिभाव में भर प्रभावित होकर रामानुज ने अपने शिष्यों से प्रश्न किया, "क्या कोई है जो स्वेच्छा से तिरुमला जाकर भगवान के लिए नित्य प्रति पुष्पों का प्रबंध करे? वहाँ जाकर एक उपवन लगाए?"

यह कोई आसान काम न था। तब यह स्थान इतना सुरम्य न था। जंगली जानवरों और विषधरों से भरे जंगल में जाना और रहना कठिन था। भयंकर बीमारी लगने का भय था। भोजन आदि की व्यवस्था के भी प्रश्न थे। पर शिष्यों में से एक उठा और उसने गुरु की आज्ञा शिरोधार्य करके इस खतरे का सामना करने का निश्चय किया और ये थे स्वनामधन्य श्री अनंतार्य। अपनी गर्भवती पत्नी के साथ जब वे चलने लगे तो रामानुज ने उन्हें 'आनपिल्लई' (नर श्रेष्ठ) कहकर संबोधित किया। इनके तिरुपति प्रवास के अनुभवों पर एक पुस्तक ही लिखी जा सकती है, लिखी जा चुकी है।

इन्ही अनंतालवन (हिंदी में मैं इन्हें अनंत+ताल+वन कह कर संबोधित कर रहा हूँ क्योंकि इन्होंने तिरुमला में 'ताल' (तड़ाग) और 'वन' (उपवन) दोनों की अनंत व्यवस्था की) के संदेश को पाकर कुछ काल के उपरांत रामानुज को सब काम छोड़कर श्री रंगम से तिरुपति की ओर प्रयाण करना पड़ा था।

उन दिनों तिरुमला पर एक यादव राजा का शासन था। भगवान की सेवा करने वाले वैखानस दर्शन को जानने समझने और उसके अनुसार काम करने वाले पुजारी बहुत कम थे। अप्रत्याशित परिस्थितियों के कारण उन्होंने तिरुमला छोड़ दिया। मंदिर की पूजा

अब तिरुमला के आसपास रहने वाले उपलब्ध पुजारियों के लिए छोड़ दी गई थी। इसी अवधि के दौरान महान शैव संत थिरुग्यान संबंधर, अप्पर और सुंदरार ने थिरुप्परनकुंरम, थिरुवनमियूर, काल हस्ती और चित्तूर के आसपास के अन्य पवित्र स्थानों में अपनी मधुर रचनाओं में परम शिव की महिमा बखान की थी। लेकिन वैष्णव मंदिर जानकर इस पवित्र मंदिर का गुणानुवाद करना छोड़ दिया।

यह चर्चा आम हो गई थी कि तिरुमला में जिस देव की प्रतिमा है वह भगवान विष्णु की है भी या नहीं। परंपरागत रूप से, भगवान विष्णु की मूर्ति अपने हाथों में कुछ विशिष्ट प्रतीक धारण करती है: एक कमल, एक शंख, एक चक्र और एक गदा। उस समय भगवान वेंकटेश्वर के दो ऊपरी हाथ खाली थे। कोई नहीं जानता था क्यों? देवता की वास्तविक पहचान को सत्यापित करना असंभव था। क्या यह पूर्ण पुरुषोत्तम भगवान का रूप था या किसी और देवता का रूप था? मामले को और जटिल बनाने के लिए, यह भी देखा गया कि देव-प्रतिमा के शरीर पर सर्प आकृतियां थीं जो भगवान शिव के प्रतीक हैं। एक विवाद विकसित हुआ। कुछ ने दावा किया कि देवता भगवान शिव थे, जबकि अन्य ने जोर देकर कहा कि यह भगवान विष्णु थे। क्या आलवार संत वेंकटेश्वर को विष्णु और शिव दोनों नहीं मानते थे? एक पद देखें जो पेयलवार के मूंदरम तिरुवंतथी का श्लोक संख्या 63 है:

ताज़ सदादैयुम नी नमुदियुम ओणमझुवुम चक्करमुम
सूझरावम पोन्नुम तोन्रूमल सूझुम।
तिरण्डारुवि पायुम तिरुमलैमेल एन्दैक्कु
इरंडुरुवम ओन्रै इसैंदु।।

मेरे भगवान जो तिरुमाला में रहते हैं, जहां सभी दिशाओं में जल धाराएं बहती हैं, जो भगवान के समान हैं जिनके दो विपरीत रूप हैं-एक उलझे हुए बाल, एक लंबा मुकुट, एक कुल्हाड़ी, एक चक्र, एक घेरने वाला सर्प और एक सुनहरी कमर बंद।

उन्होंने मिलकर राजा से अनुरोध किया कि उन्हें वैखानस आगम के बजाय शैव आगम के अनुसार मंदिर में पूजा करने की अनुमति दी जाए।

राजा भ्रमित हुआ या वह भी शैव आगम से प्रभावित था, कुछ कहा नहीं जा सकता। पर उन्होंने सदा यह देखा-समझा था कि उनके सभी पूर्वज राजाओं ने तिरुमला के प्रभु की वैखानस आगम के अनुसार सदा पूजा की थी। राजा के लिए एक अलग पूजा पद्यति और आगम के बारे में सुनना उन्हें संशय में डाल रहा था। उन्होंने इस समस्या के निवारण के लिए कुलीन विद्वानों के बीच चर्चा का आह्वान किया।

यमुनाचार्य के पोते थिरुमलाई नंबी और स्वामी रामानुज के मामा और गुरु और स्वामी

रामानुज के प्रसिद्ध शिष्य अत्यधिक ज्ञानी अनंतालवान इन सब ब्राह्मणों के मत का अपने तर्कों के द्वारा जोरदार खंडन कर सकते थे, लेकिन यह महसूस करते हुए कि गुरु रामानुज के आगमन से अधिक सुभीता रहेगा, उन्हें सूचना भेजी गई। और सूचना प्राप्त होते ही गुरु अपने शिष्य की सहायता के लिए आ गए। सर्वप्रथम उन्होंने यादव राजा से मुलाकात की, उन्हें आशीर्वाद दिया और उन्हें अपनी यात्रा का उद्देश्य समझाया। शैवों द्वारा की जा रही शंकाओं का निवारण करके राजा को शंका-मुक्त करने के उद्देश्य से रामानुजाचार्य ने राजा को इस प्रकार संबोधित किया, "हे राजा! शैवों द्वारा तिरुवेंकट गिरि, स्वामी पुष्करिणी और आराध्य देव श्री वेंकटेश के बारे में आपके मन में संदेह उत्पन्न किया है। मैं इन्हीं सन्देहों को दूर करने और सत्य को आपके सामने स्थापित करने के लिए बहुत दूर से यहाँ आया हूँ। जिन लोगों ने ये शंकाएं पैदा की हैं, वे सभी आपके खुले दरबार में आएं और अपने विचार रखें। मैं उनका खण्डन करूँगा, सत्य की स्थापना करूँगा और आपके और सबके सब सन्देहों को दूर करूँगा।"

श्री रामानुज द्वारा इस प्रकार संबोधित किए जाने पर, यादव राजा ने उन सभी शैवों को बुलाया, जो राज दरबार में इकट्ठा होकर शास्त्रार्थ करने के लिए तैयार थे। वे अपने साथ भीड़ लेकर आए। 'इतिहासमाला' में इस दृश्य का वर्णन कवि ने बड़ी चतुराई और विस्तार से किया है। कवि कहता है कि आगंतुक शैव विद्वानों के शरीर पर राख लिपटी हुई थी और वे रुद्राक्ष की माला और कंगन से सजे हुए थे। उन्हें आवंटित आसनों पर बैठा दिया गया। तिलक से सज्जित वैष्णवों को दरबार के दूसरे क्षेत्र में एकत्र किया गया था।

इसके बाद बहस शुरू हो गई। प्रत्येक समूह ने अपने विचार सामने रखे और अपनी बुद्धि का सदुपयोग करते हुए अपने-अपने तर्क दिए। इन तर्कों से राजा का मन विचलित ही हुआ।

शैव मतावलंबियों के प्रतिनिधि ने तर्क दिया,"थिरुवेंकट पहाड़ी पर स्वामी पुष्करिणी के दक्षिणी तट पर दिखाई देने वाले देवता स्कंद हैं, जिन्हें सुब्रह्मण्य और कुमारस्वामी भी कहा जाता है। पवित्र सरोवर स्वामी पुष्करिणी उन्हीं का है। किसी नाम को किसी भाग में संक्षिप्त करके उसका उल्लेख करना सामान्य है। स्वामी पुष्करिणी में "स्वामी" स्पष्ट रूप से कुमारस्वामी को संदर्भित करता है।"

उन्होंने तर्क को युक्ति संगत बनाते हुए कहा, वामनपुराण के "वेंकटाचल महात्म्य" का दूसरा अध्याय, कांडा या कंदा (सुब्रह्मण्य) द्वारा अपने विद्वान पिता से पूछे गए प्रश्न से शुरू होकर इस कथन के साथ समाप्त होता है कि कुमारस्वामी (सुब्रह्मण्य) अपने पैरों पर खड़े होकर परमात्मा का ध्यान करते रहे, यह स्पष्ट रूप से कहा गया है कि कुमार स्वामी

अचल तपस्या कर रहे थे, पवित्र तिरुवेंकट पहाड़ी पर एक पवित्र सरोवर (तीर्थ) के तट पर खड़े थे। और चूंकि वह स्वामी पुष्करिणी के तट पर खड़े होकर तपस्या में लीन थे, परंपरा के अनुसार, वे पाश और अंकुश जैसे अपने सामान्य हथियारों के बिना जटाओं के साथ प्रकट हुए। यहाँ प्रतिष्ठित अर्चा मूर्ति इन्ही भगवान का प्रतिनिधित्व करती है क्योंकि वह तपस्या में लीन थे। इस रूप में वह अपने उपासकों को उनकी प्रार्थना का फल देकर उन पर अपनी कृपा बरसा रहे हैं। वह स्थान जिसे थिरुवेंकट गिरि कहा जाता है वहाँ 'कांडा' तपस्या में लीन थे, इसलिए यह शिवस्थल होना चाहिए न कि विष्णु का देवालय। इसके अलावा, यदि देवताविष्णु हैं, तो उन्हें उनके आयुध-शंख, चक्र आदि से अलंकृत होना चाहिए। न केवल ये आयुध अनुपस्थित हैं, बल्कि भगवान को जटाओं के साथ पाया जाता है, जो अन्य देवताओं के संकेतक सर्प-बंध (नागभरण) पहने हुए हैं। कुछ वैष्णवों ने एक पूर्व राजा के अनुकूल रवैये का फायदा उठाते हुए इस स्थान पर जबरदस्ती कब्जा कर लिया था। और कुछ दूसरी वैष्णव प्रतिमाओं को मंदिर में स्थापित किया। उन्होंने वैष्णव आगमों और वैष्णव त्योहारों के अनुसार पूजा पद्यति भी शुरू कर दी। वर्तमान समय में विष्णु के रूप में पूजे जाने के बावजूद, सदियों पुरानी प्रथा को ध्यान में रखते हुए, वर्ष में एक महीने के लिए बिल्व के पत्तों का उपयोग देवता को अर्चना के लिए किया जाता है। यह सर्वविदित है कि बिल्व शिव जी की पूजा के लिए अद्वितीय है। इसलिए यह उचित है कि मंदिर को शैवों को सौंप दिया जाए और शैव आगम के अनुसार सभी पूजा को बहाल कर दिया जाए।

भगवान श्री रामानुज ने इस प्रकार उत्तर दिया: "महाराज! अनजाने में या जानबूझकर ये शैव श्री वामन पुराण के शब्दों और उसमें व्यक्त विचारों को संदर्भ से बाहर कर प्रस्तुत कर रहे हैं और वराह और अन्य पुराणों में वर्णित कंदा स्वामी की तपस्या का एक विकृत संस्करण प्रस्तुत कर रहे हैं। ये लोग धन-दौलत और राज-दरबार में प्रभावशाली पदों को प्राप्त करने के उद्देश्य से आपको भ्रमित करने और इस पवित्र स्थान को हड़पने पर तुले हुए हैं। त्रिवेंकट गिरि की प्रतिष्ठा और पहचान सामान्य और आधिकारिक पुस्तकों दोनों में विष्णु के एक पवित्र स्थान के रूप में अंकित है। उसमें निवास करने वाले भगवान केवल श्रीमन नारायण हैं। स्वामी पुष्करिणी और कुछ नहीं बल्कि एक विष्णु तीर्थ हैं। नारायण के अतिरिक्त अन्य देवताओं के लिए इस स्थान के महत्व के बारे में कोई संदेह नहीं है। यह विष्णु का एक पवित्र स्थान है जिसका वर्णन इन विद्वानों द्वारा उद्धृत ग्रंथों में विस्तार से किया गया है।"

वामन पुराण के दूसरे अध्याय में, जब पुत्र अपने पिता से पूछते हैं,"मेरे भगवन! कृपया

मुझे वह शुभ स्थान बताएं जहां मैं निर्विघ्न तपस्या कर सकूं। कृपा करके मुझे वह विष्णुक्षेत्र बताएं जो मुझे शुद्ध करेगा।"

प्रत्युत्तर में महादेव ने थिरुवेंकट को विष्णु के पवित्र स्थान के रूप में उल्लेख किया है। दूसरे अध्याय का वह भाग इस प्रकार चलता है: "सिद्ध और ऋषि उस पहाड़ी (वेंकट) पर लगातार तपस्या करते हैं। नास्तिक और गैर-वैदिक (जिनका वैदिक सनातन परंपरा में विश्वास नहीं है) पवित्र पहाड़ी पर नहीं चढ़ सकते। शुक और भृगु जैसे महान ऋषि, प्रह्लाद जैसे महान गुणों वाले पुरुष, अंबरीश जैसे समर्पित राजा, पहाड़ी को विष्णु के दूसरे शरीर के रूप में सम्मान देते हैं। इस कारण से पहाड़ी पर पैर रखने के लिए अनिच्छुक होने के कारण, वे पहाड़ी के आसपास के क्षेत्र में तपस्या करते हैं, पहाड़ी के नीचे बहने वाली नदियों में स्नान करते हैं और जल अर्पित करते हैं। इस पर्वत-माला की पवित्रता ऐसी है कि इसके पावन शीर्ष के दर्शन मात्र से सभी पाप दूर हो जाते हैं और भक्त-दर्शक पवित्र हो जाते हैं। महाविष्णु वहाँ आदिवराह के रूप में निवास करते हैं, जिनके द्वारा पृथ्वी को महान प्रलय के जल से ऊपर ले जाया गया था। वह अपने भक्तों को अपनी गोद में पृथ्वी माता के साथ दिखा रहे हैं, उनका आलिंगन कर रहे हैं। इसलिए इस पहाड़ी को वराहक्षेत्र कहा जाता है और इसमें संदेह है कि यह एक शिवक्षेत्र हो सकता है।"

रामानुज ने अनेक शास्त्रों के सटीक उद्धरण देकर तर्क दिया। अंत में संत रामानुजम ने विवाद को जड़ से समाप्त करने के लिए एक उपाय सुझाया। वाद-विवाद करने वाले पक्ष के विद्वान पंडित इष्ट देवता के उन आयुधों को स्वयं गर्भ गृह में जाकर रखेंगे जो भगवान ने अभी तक धारण नहीं किये हैं। यदि प्रातः कालभगवान वे आयुध धारण करते हुए दर्शन देते हैं तो उनके तर्क करने की कोई जरूरत न रहेगी–प्रत्यक्षं किम् प्रमाणं। फिर संत रामानुज ने शंख और चक्र को गर्भ गृह में प्रस्तुत किया। शैव मतावलंबियों ने पाश और अंकुश जैसे अन्य आयुध रखे। रामानुज ने भगवान से शंख और चक्र को सुशोभित करने और वाद-विवाद को सदा के लिए समाप्त करने की प्रार्थना की।

श्री रामानुज दिव्य-समाधि में चले गए और एक सूक्ष्म शरीर का आकार ले लिया और आनंद निलयम में पहुंचे और भगवान श्रीनिवास से प्रार्थना की।

"हे भगवान श्री वेंकटनाथ! मैं इन लोगों को यह बताना चाहता हूँ कि आप ही श्री मन्नारायण के रूप में उपस्थित हैं। किन्तु ये मूर्ख लोग इसे स्वीकार नहीं कर रहे हैं। शायद यह भी कलिकाल का दुष्प्रभाव है। यह सही समय है कि आप अपने आप को श्री मन्ननारायण के अवतार श्री वेंकटेश्वर के रूप में प्रतिष्ठित करें। एक समय युद्ध काल में आकाश राज के छोटे भाई सम्राट थोंडमल और श्री पद्मावती देवी के चाचा जी को युद्ध जीतने के बाद

आपने शंख और चक्र प्रदान किये थे। बाद में, जब वे आपको ये वापस करना चाहते थे तो आपने इन्हें वापस लेने से मना कर दिया था और यह कहकर उन्हें संतोष प्रदान किया था कि वे समय आने पर अपने आप को श्रीमन नारायण सिद्ध करने के लिए इनको स्वयं धारण करेंगे। आपसे प्रार्थना है कि अब आप इन्हें धारण करके कृतार्थ करें।"

रामानुज की प्रार्थना सुनकर भगवान ने उस रात में ही शंख और चक्र को धारण किया और अगले दिन, सभी ने देखा कि तिरुमला में भगवान वास्तव में भगवान वेंकटेश्वर हैं जो भगवान विष्णु के अतिरिक्त और कोई नहीं है।

दूसरे दिन सुबह सवेरे, यादव राज ने अपने दरबारियों के साथ आनंद निलयम में पहुँच कर द्वार पर लगाई हुई मोम की मुहरों को हटवाया और रामानुजाचार्य और दूसरे शैव मतावलंबियों के सामने दरवाजे खुलवाए गए। जैसे ही दरवाजे खुलवाए गए, सभी को यह देखकर आश्चर्य हुआ कि भगवान वेंकटेश्वर की मूर्ति ने शंख चक्र धारण किये हुए थे। सभी उपस्थित सज्जन भगवान वेंकटेश्वर की जय जयकार करते हुए उन्हें एडुकोंडलवाड़ा, तिरुपति-स्वामी,वेंकटरमण, गोविंदा, गोविंदा आदि नामों से पुकारने लगे।

फिर, यादव राज ने श्री रामानुज से कहा,'गुरुदेव, आपने भविष्य में आने वाली संभावित समस्या का समाधान कर दिया है। अन्यथा जब तक इस पृथ्वी पर लोग हैं वे आपस में इसी बात पर लड़ते रहते। हो सकता है कि इसी बात पर कभी खून खराबा भी हो जाता। आज से ही हमें आपके हस्तक्षेप के कारण एक भयंकर आपदा से सदा सर्वदा के लिए छुटकारा मिल गया है।

तत्पश्चात उन्होंने वहाँ उपस्थित जन समुदाय को संबोधित करते हुए कहा, "आज से मैं एक कानून बना रहा हूँ कि सभी अर्चना, सेवा, और उत्सव वैखानस आगम शास्त्र के नियमों से होंगी।"(वैखानस आगम शास्त्र श्री वैष्णवों का प्रमुख परंपरागत सिद्धांत है। इसमें भगवान विष्णु की आराधना होती है।) राजा ने इसे एक नियम के अधीन कर दिया। इसके अनुसार उन्होंने अपने राज कर्मचारियों को आदेश दिया कि आगम शास्त्र के सभी नियम मंदिर की दीवारों पर उकेर कर लिख दिए जाएं।

दूसरे दिन सुबह सवेरे, यादव राज ने अपने दरबारियों के साथ आनंद निलयम में पहुँच कर द्वार पर लगाई हुई मोम की मुहरों को हटवाया और रामानुजाचार्यऔर दूसरे शैव मतावलंबियों के सामने दरवाजे खुलवाए गए। जैसे ही दरवाजे खुलवाए गए, सभी को यह देखकर आश्चर्य हुआ कि भगवान वेंकटेश्वर की मूर्ति ने शंख चक्र धारण किये हुए थे। सभी उपस्थित सज्जन भगवान वेंकटेश्वर की जय जयकार करते हुए उन्हें एडुकोंडलवाड़ा, तिरुपति-स्वामी,वेंकटरमण, गोविंदा, गोविंदा आदि नामों से पुकारने लगे।

यादव राज ने श्री रामानुज से कहा, गुरुदेव, आपने भविष्य में आने वाली संभावित समस्या का समाधान कर दिया है। अन्यथा जब तक इस पृथ्वी पर लोग हैं वे आपस में इसी बात पर लड़ते रहते। हो सकता है कि इसी बात पर कभी खून खराबा भी हो जाता। आज से ही हमें आपके हस्तक्षेप के कारण एक भयंकर आपदा से सदा सर्वदा के लिए छुटकारा मिल गया है।

उन्होंने वहाँ उपस्थित जन समुदाय को संबोधित करते हुए कहा, "आज से मैं एक कानून बना रहा हूँ कि सभी अर्चना, सेवा, और उत्सव वैखानस आगम शास्त्र के नियमों से होंगी।"(वैखानस आगम शास्त्र श्री वैष्णवों का प्रमुख परंपरागत सिद्धांत है। इसमें भगवान विष्णु की आराधना होती है।) राजा ने इसे एक नियम के अधीन कर दिया। इसके अनुसार उन्होंने अपने राज कर्मचारियों को आदेश दिया कि आगम शास्त्र के सभी नियम मंदिर की दीवारों पर उकेर कर लिख दिए जाएं।

परिसर व्यवस्था प्रबंधन

जब श्री रामानुज को यह पता चला कि मंदिर की आमदनी बढ़ती जा रही है और मंदिर से जुड़े पुजारी और कर्मचारी लालच के वश मनमानी करने लगे हैं। इस पर उन्हें उनके इस व्यवहार पर बहुत दुख हुआ। वे भगवान वेंकटेश्वर की धन संपत्ति को सुरक्षित करना चाहते थे। वे वैष्णव मत परंपरा को भी मजबूत देखना चाहते थे। इसलिए उन्होंने अपने प्रिय शिष्य अनंतावलन और यादव राज को बुलाया और उनसे मंत्रणा की। जो जो समस्याएं थीं, उन पर गंभीरता से विचार किया गया। उन्होंने दान से प्राप्त धन के सदुपयोग के लिए उसके दुरुपयोग को रोकने के लिए कुछ सुझाव दिए। उन्होंने उन्हें यह भी बताया कि वे भगवान वेंकटेश्वर की आय और व्यय, भूमि, धन और सोने और सोने के आभूषणों की देखभाल के लिए कुछ शर्तें लगाने जा रहे हैं। अनंतालवन और यादव राज ने उनसे वादा किया कि वे उनके दिशानिर्देशों का सख्ती से पालन करेंगे। जीयर प्रणाली बनाने और मंदिर सुधारों के लिए प्रस्तावित शर्तों और दिशानिर्देशों में से कुछ इस प्रकार हैं।

तिरुमला मंदिर में, श्री रामानुजाचार्य ने पूजा पद्धतियों में कई महत्वपूर्ण परिवर्तन किए। उन्होंने पूजा के प्रमुख घटकों के रूप में भक्ति (भक्ति) और प्रपत्ति (समर्पण) के महत्व पर जोर दिया और इन सिद्धांतों पर जोर देने वाले नए अनुष्ठानों और प्रथाओं की शुरुआत की। उन्होंने मंदिर के लिए प्रशासन और प्रबंधन की एक प्रणाली भी स्थापित की, जिसमें मंदिर के दैनिक कार्यों की देखरेख के लिए पुजारियों और अधिकारियों की नियुक्ति शामिल थी।

श्रीरामानुजाचार्य की शिक्षाओं और सुधारों का तिरुमला मंदिर और इसकी पूजा

पद्धतियों पर गहरा प्रभाव पड़ा, और उनका प्रभाव आज भी मंदिर के अनुष्ठानों और परंपराओं में महसूस किया जा सकता है। उन्हें दक्षिण भारत में एक महान संत और दार्शनिक के रूप में सम्मानित किया जाता है, और उन्हें भगवान वेंकटेश्वर की भक्ति और हिंदू परंपरा में उनके योगदान के लिए याद किया जाता है।

तिरुमला मंदिर में पूजा पद्धतियों में श्री रामानुजाचार्य के योगदान के कुछ विशिष्ट उदाहरण यहां दिए गए हैं। श्री रामानुजाचार्य ने भक्ति और समर्पण के प्रतीक के रूप में दिन में कई बार देवता को भोजन (नैवेद्यम) चढ़ाने की प्रथा शुरू की। उन्होंने भोजन तैयार करने और चढ़ाने में शुद्धता और स्वच्छता के महत्व पर जोर दिया और इसके लिए दिशा-निर्देश और प्रक्रियाएं स्थापित कीं।

श्री रामानुजाचार्य ने मंदिर के दैनिक कार्यों की देखरेख के लिए अर्चकों (पुजारियों) और अधिकारियों की एक प्रणाली की शुरुआत की। उन्होंने इन भूमिकाओं के लिए उचित प्रशिक्षण और योग्यता के महत्व पर जोर दिया और मंदिर के सुचारू संचालन को सुनिश्चित करने के लिए जिम्मेदारियों का एक पदानुक्रम स्थापित किया।

श्री रामानुजाचार्य ने मंदिर में कई नए अनुष्ठानों और प्रथाओं की शुरुआत की, जिसमें देवता के लिए पंच-संस्कार (पांच शुद्ध संस्कार) का प्रदर्शन, तिरुप्पावई और तिरुवेम्बवई भजनों का पाठ, और मंदिर में भक्ति गीतों (भजन) का गायन शामिल है।

तिरुमाला मंदिर में, श्री रामानुजाचार्य ने पूजा पद्धतियों में कई महत्वपूर्ण परिवर्तन किए। उन्होंने पूजा के प्रमुख घटकों के रूप में भक्ति (भक्ति) और प्रपत्ति (समर्पण) के महत्व पर जोर दिया और इन सिद्धांतों पर जोर देने वाले नए अनुष्ठानों और प्रथाओं की शुरुआत की। उन्होंने मंदिर के लिए प्रशासन और प्रबंधन की एक प्रणाली भी स्थापित की, जिसमें मंदिर के दैनिक कार्यों की देखरेख के लिए पुजारियों और अधिकारियों की नियुक्ति शामिल थी।

तिरुमला मंदिर में श्री रामानुजाचार्य का योगदान महत्वपूर्ण और दूरगामी था, और उनकी शिक्षाएं और अभ्यास आज भी मंदिर में पूजा पद्धतियों को आकार देते हैं।

❐

प्रकरण-7

आदि व्यवस्थापक के अनादि अनुचर

"ऐसा कहा जाता है कि जो महान पूर्वजों का दावा करता है वह आलू की तरह होता है, उसकी योग्यता भूमिगत होती है। हालाँकि, मुझे बताया गया है कि मेरी जड़ें उल्टे अश्वथ (पीपल) की तरह ऊपर की ओर जाती हैं।"...

मेरे वंश के रिकॉर्ड लगभग एक हजार साल पहले के हैं, जब श्रीवैष्णव ब्राह्मणों के लगभग सौ घनिष्ठ परिवारों का एक समुदाय कावेरी नदी और मेलकोटे और मंड्या के मंदिरों से घिरे श्रीरंगपटना के मंदिर के आसपास बस गया था। हमारे समुदाय ने बाद के स्थान से अपना नाम लिया है। उनकी मातृभाषा तमिल थी, लेकिन वे कन्नड़ में भी कुशल और पारंगत थे। विशेष रूप से पूजा से संबंधित भजनों और श्लोकों के लिए वे संस्कृत के अच्छे जानकार थे। अलवारों द्वारा रचित भजनों को भी वे खूब जानते थे। हमारे समुदाय में बहुसंख्यक लोग शिक्षक, गुरु, मंदिर के पुजारी और अन्य सहायक थे।

ऐसा ही एक परिवार था केशवचार का, जो श्रीरंगपटना से मेलकोटे तक सड़क के मोड़ पर कावेरी के उस पार किरंगुर गाँव के पास, तिरुपत्तूर की बस्ती में रहता था। उनके घर में पुत्र के रूप में 1053 में एक बालक का जन्म हुआ और उनका नाम अनंत रखा गया। बालक विलक्षण प्रतिभा का धनी था, और इतना कुशाग्र बुद्धि और प्रख्यात विद्वान हो गया कि उसे महाविद्वान अनंतालवार कहा जाने लगा। महान संत रामानुज के गुणों के बारे में सुनकर, उन्होंने उनका शिष्य बनने का फैसला किया। वे तमिलनाडु के श्रीरंगम मंदिर में गए और उनके चरणों में शिष्य बनकर बैठ गए।

अपने एक प्रवचन के दौरान गुरु रामानुज,जिन्होंने तिरुमला, तिरुपति में भगवान वेंकटेश्वर के मंदिर में कैंकर्यम (दिव्य सेवाओं) के संचालन का आयोजन किया था, उन्होंने अपने शिष्यों से पूछा कि उनमें से कौन तिरुमला तक जाने और सेवाओं के संचालन की

निगरानी करने के लिए तैयार होगा। जबकि कई शिष्य, जो गर्म मैदानों में रहते थे, ठंडे पहाड़ की चोटी पर जाने से हिचक रहे थे, अनंत स्वेच्छा से ऐसा करने के लिए तैयार हो गए। गुरुवर इतने प्रसन्न हुए कि उन्होंने उन्हें 'आनपिल्लई' नाम दिया– 'नर-श्रेष्ठ' के लिए तमिल शब्द। इस प्रकार, अनंत के अपने कुल का गौरव बढ़ाया।

अनंताचार की विद्वता और उस पवित्र मंदिर में समर्पित सेवा को आज भी श्रद्धा के साथ याद किया जाता है। तिरुमला में उनके द्वारा बनाए गए एक जलाशय को 'अनंतालवर थेर्थम' कहा जाता है। तिरुपति, कांचीपुरम और मांड्या के मंदिरों में अलवारों के बगल में उनकी मूर्तियां स्थापित हैं।

तमिल क्षेत्र में समय बदल रहा था और ग्यारहवीं शताब्दी के अंत में, एक ऐसी भी घटना घटी जो अनंतपिल्लई और उनके परिजनों के जीवन और भाग्य में एक महत्वपूर्ण मोड़ साबित हुई। चोल राजा, कुलोत्तुंगा, एक कट्टर शैव, ने आदेश दिया कि रामानुज और उनके वैष्णव अनुयायी उनकी राजधानी में आएं और एक घोषणा पर हस्ताक्षर करें कि 'शिव से ऊंचा कोई नहीं है'। रामानुज के दो वरिष्ठ और सम्मानित सहकर्मी (पेरिया नंबी और अनंत) राजा से मिलने गए। राजा ने उनकी आंखें फोड़ दी थीं। अत्याचार और दुर्व्यवहार से परेशान होकर, रामानुज और उनके अनुयायियों ने राज्य छोड़ दिया और घाटों से मैसूर क्षेत्र की यात्रा की, जहाँ उनका स्वागत किया गया।

यह एम.ए.श्रीनिवासन द्वारा लिखित पुस्तक "Of the Raj, Maharajas and Me"(1991) के प्रथम अध्याय का एक अंश है। शशि थरूर ने इस पुस्तक की भूमिका लिखी है। श्री टी ए पी रंगाचारियार अनंत की छब्बीसवीं पीढ़ी से हैं जिनके आदेश से मुझे यह अवसर मिल चुका है कि मैं श्रीमन अनंतालवार के जीवन चरित को पुस्तकाकार रूप में हिंदी में प्रस्तुत करूँ। मैं कहना यह चाहता हूँ कि ऐसे महान शिष्य और भक्त शिरोमणि का जीवन सत्य और तथ्य के साथ कल्पना और रहस्य के मिश्रण से अद्भुत हो गया है। आज अनंत के लगाए 14 एकड़ के उपवन का क्षेत्रफल घटकर चाहे1.60 एकड़ रह गया हो किन्तु उनकी चर्चा और यश-काया का स्वरूप बहुगुणित हुआ है। आप जैसे ही आनंद निलयं के महा द्वार के पास नजर दौड़ाते हैं तो दीवार पर एक कुदाल टँगी देखेंगे। पर यह कुदाल (क्रोबार) अपनी कहानी खुद नहीं कह सकती।

इसलिए इसकी कथा कही जाती है। अब इसका कथा रूपांतर और नाट्य रूपांतर देखें जो उनके भक्तों और जीवनीकारों ने अपनी उर्वर प्रतिभा से सजाकर परोसा है।

हाँ, मैं अपने इस लेखन में 'अनंत' के नाम के लेखन को कुछ सरल बनाना चाहता हूँ। वह भी हिंदी भाषियों के लिए। श्री आयंयार महोदय ने तिरुपति के इतिहास पर जो प्रामाणिक

ग्रंथ लगभग सौ वर्ष पूर्व लिखा था उसमें वे इन्हें लगातार 'अनंत' या 'अनंतआर्य' और 'अनंतार्य' लिखते हैं। मंदिर परिसर में पाँच लिपियों में इनका नाम देवनागरी लिपि में क्रमांक तीन पर लिखते हुए अंकित किया गया है–श्री अनंतालवान का कुदाल। इसमें 'ल' मराठी जैसा गोल है। मैंने इनकी जीवनी का जब हिंदी अनुवाद किया था तो सब जगह–अनंतालवन लिखा था। अनंत+ताल+वन अर्थात जिस अनंत ने वन में ताल बनाया। यह सब दूर की कौड़ी लाने वाली बात है। तमिल, कन्नड और तेलुगु सब दक्षिण भारतीय भाषाओं में लिपि और उच्चारण की सरलता का सहारा लिया गया है। इसे देखकर मैं इन्हें अब 'अनंत' और 'अनंतार्य' कहूँगा।

श्री अनंतार्य भगवान वेंकटेश्वर के एक महान भक्त थे, और दक्षिण भारत में श्री वैष्णव परंपरा के 12 अलवारों (संतों) में से एक के रूप में प्रतिष्ठित हैं। परंपरा के अनुसार, श्री अनंतार्य मंदिर के पास एक बगीचे में काम करते थे, और पूजा के रूप में भगवान वेंकटेश्वर को फूल और फल चढ़ाते थे।

उनके गुरु रामानुज ने अनंतार्य को यह कहकर ही तो तिरुमला भेजा था कि वे एक बगीचा लगाकर इस बगीचे के सभी फूल केवल भगवान श्री वेंकटेश्वर के लिए ही उगायें और इन सभी फूलों का उपयोग दैनिक सेवा और तिरुमला मंदिर में उनके लिए किए जाने वाले कैंकर्य में करें।

दैवीय चमत्कार:- अनंतार्य के साथ दो चमत्कार जुड़े हुए हैं। जो लोग मंदिर जाते हैं उन्हें कई बुजुर्ग लोग ये कहानियां सुनाते हैं। जब हम तिरुमला मंदिर जाते हैं तो हम मुख्य प्रवेश द्वार की उत्तरी दीवार पर मंदिर के महाद्वारम पर प्रमुखता से प्रदर्शित श्री अनंतार्य की कुदाल को देखना नहीं भूल सकते। इस पर एक इबारत पांच भाषाओं-तमिल, अंग्रेजी, हिंदी, तेलुगु और कन्नड़ में लिखी गई है। इस कुदाल ने भगवान को घायल कर दिया था और मूल विग्रह की ठुड्डी पर निशान पड़ गया। आज भी इस स्थान पर कपूर लगाया जाता है। कपूर लगाने की परंपरा हमें उस घटना की याद दिलाती है। कोई जिज्ञासु प्रश्न पूछ सकता है या कारण देखने का प्रयास कर सकता है। इसलिए मैं अपनी ओर से कुछ भी जोड़े बिना कहानी को फिर से प्रस्तुत कर रहा हूं। भक्त इस पर विश्वास करते हैं और भक्त इसे अपने तरीके से सुनाते हैं।

अपने गुरु के निर्देशों का पालन करते हुए, अनंतार्य ने एक शुभ दिन पर बगीचे का निर्माण शुरू किया। जिस स्थान पर रामानुजाचार्य ने अनंतार्य को तिरुमला पर उद्यान बनाने के लिए कहा था, वह वास्तव में एक पहाड़ी क्षेत्र था। इसलिए इसे पहले समतल किया

जाना था। इसके बाद मिट्टी की जुताई की जानी जरूरी थी और इसे बगीचे के लिए एक आदर्श स्थान बनाने के लिए आगे बढ़ाना था।

चूँकि यह उनके प्रिय आचार्य द्वारा उन्हें सौंपा गया एक दिव्य कार्य था, अनंतार्य ने सोचा कि उन्हें उस कार्य को पूरा करने के लिए किसी बाहरी व्यक्ति की सेवाओं की तलाश नहीं करनी चाहिए और यह भी सोचा कि वे पहाड़ियों पर फूलों के बगीचे के निर्माण का पूरा कार्य स्वयं संभाल लेंगे। काम की शुरुआत में ही उन्होंने इस बात को अपनी पत्नी को भी बता दिया।

"यह एक बहुत ही दिव्य कार्य है जो हमारे आचार्य ने हमें सौंपा है इसलिए हम अपने परिवार के बाहर किसी से कोई सहायता नहीं मांगेंगे..हमें इस उद्यान के निर्माण का पूरा भार अपने कंधों पर उठाना चाहिए।"

"हम दोनों यह सारा काम बिना किसी की मदद लिए खुद ही करेंगे। मुझे पता है कि यह हमारे लिए एक कठिन काम है लेकिन इस बात को ध्यान में रखें और अपना काम करने में किसी की मदद न लें।"

पत्नी ने विनम्रतापूर्वक अपने पति के आदेशों का पालन करने का संकल्प लिया।

अनंतार्य ने तब खुद को इस कार्य में लगा लिया। उनकी पत्नी ने लगभग हर चीज में उनकी सहायता करना शुरू कर दिया। हालाँकि, यह उतना आसान काम नहीं था जितना उन्होंने सोचा था कि यह होगा। लेकिन फिर भी दंपति ने उस अवधि के दौरान सभी बाधाओं को दूर करते हुए अपने कार्य को प्रसन्नता पूर्वक आगे बढ़ाने का फैसला किया।

चूंकि अनंत आर्य की सह धर्मिणी उस समय गर्भवती भी थी, इसलिए वे काम के दौरान जल्दी ही थक जाती थी। यह भी कारण था कि वे उच्च समाज की ब्राह्मण महिला होने के कारण इतनी मेहनत के काम की अभ्यस्त न थीं।

पति चाहे अपनी प्यारी पत्नी के कष्ट का अवलोकन नहीं कर पा रहे थे किन्तु दयालु भगवान श्री वेंकटेश्वर उस समय अपने भक्त के कष्ट को देख रहे थे। उनके मन में उत्साही भक्त के प्रति सहानुभूति और करुणा भरी हुई थी। भगवान को करुणा सिंधु इसी लिए कहते हैं।

कुछ और समय तक भक्त की पत्नी की पीड़ा को देखने के बाद, भगवान श्री वेंकटेश्वर ने आखिरकार फैसला किया कि यह उनके लिए हस्तक्षेप करने का समय था।

इसके लिए भगवान श्री वेंकटेश्वर ने एक 12 वर्षीय लड़के का रूप धारण किया और अनंतार्य की पत्नी को एक स्थान से दूसरे स्थान तक मिट्टी ले जाकर उसके दैनिक कार्य में सहायता करना शुरू कर दिया।

सहायक के रूप में सेवा कार्य कुछ दिनों तक सफलतापूर्वक चलता रहा। दुर्भाग्य से एक दिन, अनंतालवार को संदेह हुआ कि कोई उनकी पत्नी को उनके दैनिक कार्य में सहायता कर रहा था। ध्यान देने पर उन्होंने पाया कि एक12 साल का लड़का वास्तव में उनकी गर्भवती पत्नी का सारा काम कर रहा था। अनंतार्य अपने क्रोध पर काबू नहीं रख सके। वह लड़के के साथ-साथ अपनी पत्नी से भी बहुत परेशान हुए। न केवल यह उनके आदेशों की अवज्ञा करना था बल्कि उनके गुरु श्री रामानुजाचार्य के दिव्य निर्देशों का भी अनादर था।

इसलिए उन्होंने उस उद्दंड लड़के को उनके कार्य और निजी मामलों में दखल देने के लिए दंडित करने का फैसला किया।

जोर से चिल्लाते हुए, अनंतार्य क्रोध में भरकर लड़के की ओर दौड़ पड़े। अनंतार्य को अपने पास आते देख लड़के के रूप में उपस्थित भगवान श्री वेंकटेश्वर अपने भक्त के क्रोध से बचने के लिए मंदिर की ओर दौड़ पड़े।

उस लड़के को अपने से दूर भागता देख करवे और भी अधिक क्रोधित हो गए और उन्होंने दाहिने हाथ से वहाँ पड़ा एक कुदाल उठा लिया।

यह कुदाल लोहे का बना था। इससे बगीचे में गड्ढा खोदा जा रहा था। भक्त ने उसे उस लड़के की तरफ जोर से फेंक दिया। वे इस बात से बेखबर थे कि वे उस पल क्या कर रहे थे और उस कुदाल का प्रहार उस बालक पर क्या होगा।

वे एक महान ज्ञानी थे लेकिन वे उस क्षण माया के निर्मम खेल से पूरी तरह से अंधे हो गए थे। उन्होंने निर्दयता से एक सुदर्शन किशोर पर कुददल फेंका था, जो सामान्य परिस्थितियों में कोई भी नहीं करता। लेकिन शायद उन्होंने सिर्फ इसलिए ऐसा किया क्योंकि वे उन विशेष क्षणों में माया या भ्रम के शिकार हो गए थे।

जब तक वे मामले की नजाकत को समझ पाते, तब तक बहुत देर हो चुकी थी। अनंतार्य के हाथ से छूटा हुआ वह कुदाल सीधा चल गया और एक ही झटके में 12 साल के इस मासूम लड़के की ठुड्डी के नीचे लग गया।

उस घातक चोट लगने के बाद, हमारे प्यारे भगवान श्री वेंकटेश्वर, जो उस 12 साल के लड़के के वेश में, तुरंत अंतर्ध्यान हो गए।

चोटिल लड़के को अपनी आंखों के सामने से ओझल होते देखने के बाद हैरान अनंतार्य को एहसास हुआ कि क्रोध में आकर उन्होंने कितनी बड़ी गलती की थी। वे तुरंत पीछे मुड़े और दौड़ना शुरू कर दिया और दौड़ते हुआ पवित्र तिरुमला मंदिर की ओर भागे।

महा द्वार के निकट वे सांस लेने के लिए कुछ मिनटों के लिए रुके और उसी गति से तिरुमला मंदिर के गर्भगृह क्षेत्र में प्रवेश कर गए। वहां उन्होंने भगवान श्री वेंकटेश्वर की सुदर्शन मंद-मंद मुस्कुराती हुई मूर्ति को अपने सामने भव्य रूप से खड़ा पाया।

अनंतार्य का मन अपने आराध्य भगवान वेंकटेश्वर को इस निर्मम घटना के बारे में सब कुछ सच-सच विस्तार से बताना था। उन्हें विस्तार से बताना था कि उस दिन अनजाने में और गुस्से में आकर उन्होंने एक 12 साल के लड़के को कितना बड़ा नुकसान पहुँचाया था।

उस क्षण तक, बेचारे अनंतार्य का यह विचार था कि उसने एक किशोर वय के बालक को घायल कर दिया था, जो उनकी गर्भवती पत्नी की मदद करने के लिए बिन बुलाए उनके बगीचे में आ गया था। उस क्षण उनका विचार भगवान के सामने सब कुछ कुबूल करना और फिर उस बालक की तलाश करना था।

लेकिन जब उन्होंने भगवान की मूर्ति को दृष्टि उठाकर देखा, तो वह गहरे सदमे में चले गए। शायद उनके जीवन का यह सबसे गहरा सदमा था। भगवान की खून से लथपथ ठुड्डी को देखकर वे सकते में आ गए।

अनंतार्य अवाक और स्तब्ध थे। वे लगभग किंकर्तव्यविमूढ़ हो गए थे। यह महसूस करने के बाद तो वे बेहोश हो गए थे कि उन्होंने वास्तव में अपने प्रिय भगवान श्री वेंकटेश्वर को घायल किया था, न कि उस लड़के को जिसके रूप में भगवान आए थे।

अनंतार्य के नेत्रों से अंतहीन-अविरल आँसू की धार बह चली। भगवान श्री वेंकटेश्वर के चरण कमलों के सामने झुकते हुए उन्होंने अपने आप को भगवान की दया के सामने समर्पित कर दिया।

और ठीक उन्हीं दिव्य क्षणों के दौरान, सदा मुस्कुराते रहने वाले भगवान श्री वेंकटेश्वर अंत में चुप्पी तोड़कर बोले, "मेरे प्यारे अनंतालवार! आप किसी भी तरह से किंचित भी अपने जीवन में अब तक किए गए किसी भी पाप के लिए उत्तरदायी नहीं हैं, जिसमें यह पाप भी शामिल है जो आपको लगता है कि आपने आज अनजाने में किया है..तो आप चिंता न करें.."

"इस पृथ्वी पर रहने वाला कोई भी इंसान किसी भी अच्छे या बुरे काम के लिए उत्तरदायी नहीं है; जो वह कर रहा है या वह अपने दैनिक जीवन में कर रहा होगा। मैं आप सभी के माध्यम से और ऐसे हर अच्छे या बुरे कार्य के पीछे अपना कार्य करवाता हूँ। आपके माध्यम से अधिनियमित करता हूँ, सबका एक दिव्य उद्देश्य है..."

"चाहे मैं कुछ भी करूँ और कैसे भी करूँ, मैं तुम मनुष्यों को उसका कारण जानने नहीं

देता और तुम्हारे चारों ओर माया का जादू करने देता हूँ और तुम सब को असंवेदनशील बना देता हूँ कि तुम क्या कर रहे हो..मैंने आज तुम्हारे मामले में भी वही किया है,तो ये मत सोचो कि तुमने कोई पाप किया है।"

"अनंतालवार, मेरे निकट आओ और मेरी खून बहने वाली ठुड्डी पर कपूर लगाओ.. यह मेरी ठुड्डी को ठंडा रखेगा.. इसके बाद, सुनिश्चित करें कि जब तक मैं तिरुमला पहाड़ियों पर रहता हूँ,तब तक मेरी ठुड्डी पर हर रोज यह कपूर लगाया जाता रहेगा।"

अनंतार्य ने जल्दी से आगे बढ़कर धीरे से हरे कपूर को भगवान श्री वेंकटेश्वर की ठुड्डी पर लगाया। निर्देश का पालन किया गया।

तब से, तिरुमला मंदिर में भगवान की ठुड्डी पर हर रोज हरा कपूर (पचाई कर्पूरम) लगाने की एक पवित्र परंपरा बन गई है। श्री तिरुपति बालाजी की मूर्ति, हालांकि, कपूर की वाष्पशील रासायनिक प्रतिक्रियाओं के लिए प्रतिरोधी है, फिर भी इससे मूर्ति की शोभा में कभी कोई कमी नहीं आई है।

वह तालाब या सरोवर जिसे अनंतार्य ने बड़ी श्रद्धा भक्ति से सँजोया था, उसे उन्होंने नाम दिया–रामानुज तीर्थम। यह सरोवर भगवान की कृपा से आज तक कभी नहीं सूखा।

अपनी पत्नी के साथ वे सदा के लिए वहीं ठहर गए। उन्हें भगवान की सेवा में जीवन जो बिताना था।

अलौकिक लीलाएँ

अनंतार्य अब बूढ़ा हो चले थे। वृद्धावस्था के बावजूद उन्होंने समय-समय पर पुष्प वाटिका की देखभाल की। वे फूलों को तोड़ते थे और उन्हें सुंदर मालाओं में पिरोते थे और भगवान वेंकटेश्वर को इस तरह से सजाते थे कि उन्हें कई तरह से आनंद प्राप्त होता था और भगवान श्रीनिवास को भी आनंद आता था।

एक बार जब अनंतार्य पास के नगर की यात्रा के दौरान तिरुवेंकटम से प्रसाद का एक थैला लेकर आए। जब उन्होंने प्रसाद का थैला खोल कर देखा तो उन्हें कुछ चींटियाँ दिखाई दीं। उन्होंने तुरंत अपने शिष्यों को उन्हें वापस पहाड़ी पर छोड़ने का निर्देश दिया और कहा,"चूंकि कुलशेखर आलवार ने घोषित किया है कि वह (और भगवान के अन्य भक्त) तिरुमलाई पर कुछ भी बनना चाहते हैं, यह वे हो सकते हैं, इसलिए हमें तिरुवेंकटम पर उनके जीवन में बाधा नहीं डालनी चाहिए।"

एक बार जब अनंतार्य एक माला बना रहे थे, तिरुवेंकटमुदैयाँ ने किसी को अनंतार्य को अपनी सन्निधि में बुलाने के लिए भेजा। अनंतार्य माला बनाने का अपना कैंकर्य पूरा करने के बाद देर से भगवान की सेवा में गए। तिरुवेंकटमुदैयाँ ने उनसे देर करने का कारण

पूछा तो अनंतार्य ने उत्तर दिया,"जब तक फूल खिल रहे हैं मैं माला बनाना चाहता हूँ, भगवान के आदेशानुसार मेरे कैंकर्य के अलावा मुझे इस सन्निधि में और कुछ नहीं करना है।" भगवान ने पूछा "क्या होगा अगर मैं आपको मैं इस जगह को छोड़ने के लिए कहूँ?" अनंतार्य ने सहज भाव से उत्तर दिया, "आप मुझसे थोड़ा पहले तिरुमलाई पहुंचे और मैं अपने आचार्य के आदेश पर बाद में यहां आया। आप मुझे जाने के लिए कैसे कह सकते हैं?" अनंतार्य की अपने आचार्य के प्रति निष्ठा को देखकर भगवान बहुत प्रसन्न हुए।

भगवान वेंकटेश्वर अपनी दोनों पत्नियों को अनंतार्य के बगीचे की सुंदरता और उन्हें नियमित रूप से सबसे सुंदर और सुगंधित फूलों और विशेष और स्वादिष्ट भोजन के साथ अत्यधिक प्रेम और भक्ति के साथ प्रसाद के बारे में बताया करते थे।

एक बार यह सब सुनने के बाद देवी पद्मावती ने भगवान वेंकटेश्वर से कहा, "आपका वर्णन मधुर लगता है। क्यों न हम हम वहां जाकर देखें कि यह सब कितना सुंदर है! आज से हम दोनों अनंतार्य के उद्यान में जाकर विहार और विश्राम करेंगे।" उन्होंने जब बहुत जोर दिया तो भगवान श्रीनिवास ने उनका प्रस्ताव स्वीकार कर लिया।

उसी रात, भगवान श्रीनिवास और देवी पद्मावती एक शाही परिवार के दंपति के रूप में अनंतार्य के बगीचे में पहुँचे। उन्होंने विभिन्न पुष्पों की सुगंध का आनंद लिया और ऊँचे और बड़े पेड़ों पर सहारा लेने वाली लताओं से चिपके रंग-बिरंगे फूलों की सुंदरता से मोहित हो गए। वे पूरे बगीचे में घूमते रहे। भगवान श्रीनिवास ने सबसे सुगंधित और रंगीन फूलों को तोड़ लिया और उन्हें देवी पद्मावती की चोटी में डाल दिया और बगीचे में उनके पीछे भागे। खूब क्रीडा की। लीला की।

वे पूरे बगीचे में एक-दूसरे से हँसते हुए बातकरते रहे और घूमते रहे। देवी पद्मावती ने पान के कुछ पत्ते तोड़ लिए और उनके शंकु बनाए और अपने प्रिय पति को उन्हें खिलाया। और भगवान वेंकटेश्वर ने भी बगीचे में सुहावने मौसम का आनंद लेते हुए अपनी प्यारी पत्नी के साथ हँसी ठिठोली की। जब हम अपनी गहरी अंतर्दृष्टि से इस घटना की तुलना करते हैं, तो निश्चित रूप से वृंदावन में राधा और कृष्ण की लीला का स्मरण हो आता है। ब्राह्म मुहूर्त में वे सुप्रभात सेवा के समय तक आनंद निलय के लिए रवाना हो गए।

अगली सुबह, अनंतार्य ने पूरे बगीचे को पैरों के निशान, टूटी शाखाओं, गिरे हुए फूलों और क्षत लताओं और चबाए गए पान और सुपारी के पत्तों के निशान पाए। उन्हें इस पर बहुत क्रोध आया। उन्होंने अपने शिष्यों से कहा, "लगता है कि रात में कुछ चोर बगीचे में घुस गए और पूरे बगीचे को खराब कर दिया। आज से आप सभी बारी-बारी से बगीचे

को देखें और चोरों को पकड़ें। मैं भी उनसे निपटूंगा।" उस दिन के बाद से उनके सभी शिष्य सचेत मुद्रा में बगीचे में गश्त करने लगे।

जैसे बाल-कृष्ण अदृश्य रूप से मक्खन खाते थे, कभी भी मक्खन की खोज करना बंद नहीं करते थे, उसी तरह देवी पद्मावती, जिन्होंने पिछली रात अनंतार्य उद्यान में आनंदमय और पिकनिक का समय बिताया था, वे अगली शाम को भी अपने पति के साथ फिर से आना चाहती थीं। उन्होंने रात के खाने के समय तिरुमला स्वामी से उन्हें भोजन खिलाते हुए फिर से वहाँ जाने की इच्छा व्यक्त की। भगवान श्रीनिवास ने उनके प्रस्ताव को स्वीकार कर लिया और उन्होंने पिछली रात की तरह अनंतार्य उद्यान का दौरा किया। अनंतार्य के शिष्यों के गश्ती दल द्वारा देखे बिना, वे एक दूसरे से बात करते हुए बगीचे में घूमते हुए फूलों की सुगंध का आनंद लेते रहे। हमेशा की तरह सुप्रभात सेवा के समय पर वे फिर आनंद-निलय के लिए रवाना हो गए।

इस प्रकार उन्हें क्रीडा करते और उपवन को उजाड़ते हुए आठ दिन से अधिक बीत गए। 8 दिन से अधिक बीत गए और कोई चोर नहीं पकड़ा गया था! इस पर अनंतार्य दिन-ब-दिन क्रोधित होते जा रहे थे। उनकी नींद उड़ गई थी क्योंकि उनकी वर्षों की मेहनत को किसी ने 8 दिनों में खराब करके रख दिया था। इतने सालों में ऐसा पहले कभी कुछ भी नहीं हुआ था। वे बगीचे में खुद जाने के लिए और देखभाल करने के लिए आगे आए क्योंकि वे दोषियों को खुद ही पकड़ना चाहते थे। इसलिए उन्होंने पहले थोड़ा खाना खाया और बगीचे में जाकर एक झाड़ी के पीछे छिप गए।

भगवान श्रीनिवास अपने लिए अनंतार्य की भक्ति, प्रेम और स्नेह को दुनिया के सामने प्रकट प्रदर्शित करना चाहते थे। तो उस रात भगवान वेंकटेश्वर अपनी प्यारी पत्नी देवी पद्मावती के साथ, जो देवी श्री महालक्ष्मी के अलावा कोई नहीं थी, अनंतार्य के बगीचे में पहुँचे और पूरे बगीचे में हाथ में हाथ डालकर घूमना शुरू कर दिया और यह सुनिश्चित किया कि वे अनंता लवन को जान बूझकर दिखाई दें। जब वे उस स्थान पर पहुँचे जहाँ अनंतार्य छिपे हुए थे तो अनंतार्य गुस्से में एक बार उठे जैसे कि एक सात सिर वाले आदिशेष ने अपना फन फैलाया हो और उन्होंने भगवान श्रीनिवास और देवी पद्मावती के हाथों को जोर से पकड़ लिया।

भगवान श्रीनिवास तो बल का प्रयोग करके अनंत की पकड़ से बच गए और देवी पद्मावती को छोड़कर आनंद निलय की ओर दौड़ गए। क्योंकि शायद भगवान वेंकटेश्वर को उस घटना की याद आ गई जब उनकी ठोड़ी को घायल करने से पहले अनंत उनके पीछे एक कुदाल लेकर दौड़ रहे थे।

अनंतार्य ने श्री महालक्ष्मी को जबरन पकड़ लिया। और उनकी कलाई मरोड़कर उनके हाथों को अपने अंगवस्त्र से एक चंपक वृक्ष के तने से कस कर बांध दिया। और अनंतार्य ने उनसे सवाल किया "तुम कौन हो? तुम ऐसा क्यों कर रही हो? क्या तुम अपने आप आई हो या किसी ने जानबूझकर तुम्हें इस उपवन को नष्ट करने के लिए भेजा है? मैंने बड़ी मेहनत से इस उपवन और पुष्प वाटिका को विकसित किया है और मैंने अपने गुरु की आज्ञा से अपने इष्ट भगवान वेंकटेश्वर को पुष्प अर्पित करने के लिए इस का निर्माण किया है। उपवन में फूलों की अनुपलब्धता के कारण मैं आठ से अधिक दिनों से भगवान वेंकटेश्वर को फूल नहीं चढ़ा सका, आपका गांव कौन सा है? कौन है वह आदमी जो तुम्हारे साथ आया है? तुम कहाँ रहते हो?" पद्मावती ने जवाब दिया, "आर्य! मुझे आप आजाद कर दें। ये सारे गांव हमारे हैं। मेरे पति हर जगह विहार करते हैं। जो आदमी मेरे साथ आया था वह मेरा पति है। मैं अपने पति के साथ यहाँ घूमती हूँ। मैं या तो ठीक-ठीक नहीं कह सकती कि हम कहाँ रहते हैं और मेरे गाँव का नाम क्या है।"

अनंतार्य ने उनसे पूछा कि उसके पति का नाम क्या है। देवी पद्मावती वोली,"अनंत आर्य! आप मेरे पिता के समान हैं। मुझे अपनी पुत्री मानकर मुक्त करें। क्या कोई हिंदू महिला अपने पति का नाम बताती है? आप बहुत विवेकशील और विद्वान प्रतीत होते हैं। हमें यहां किसी ने नहीं भेजा है। मेरे पति ने आपके बगीचे की सुंदरता का वर्णन किया, और इस पर मैंने उन्हें मजबूर किया कि मुझे आपके बगीचे में ले जाएं। हम इस गलती को भविष्य में कभी नहीं दोहराएंगे। अगर हम आपके बगीचे में आना चाहते हैं, तो हम आपकी पूर्व अनुमति प्राप्त करेंगे। मुझे मेरे पति के पास जाने के लिए स्वतंत्र करो।"

अनंतार्य ने इसका उत्तर देते हुए कहा, "ओह, भद्र महिला, क्या आपको लगता है कि मैं निरा मूर्ख हूँ? क्या कोई पकड़े गए व्यक्ति को मुक्त करता है? आपने पूरे बगीचे को गंदा कर दिया है और मेरी वर्षों की मेहनत मिट्टी में मिल गई है। आप दोनों दंडनीय हैं। आपका पति भाग गया है किन्तु तुम्हारी जैसी सुंदर और उच्च संस्कारी पत्नी के पास अवश्य लौटेगा। आपको तब तक यहीं रहने की जरूरत है। यदि आपके पति नहीं आते हैं, तो आपको मुझे एक शपथ पत्र देने की आवश्यकता होगी कि आप तिरुमला में किसी अमुक व्यक्ति को जानती हैं। तभी मैं आपको मुक्त करूंगा। तब तक मुझे परेशान न करो।" वे रात भर बिना पलक झपकाए सुबह तक वहीं बैठ कर पहरा देते रहे।

यह सुप्रभात सेवा का समय था। जैसे ही सन्निधि गोला, पुजारियों और जीयरों ने आनंद निलय के दरवाजे खोले, श्री भगवद रामानुजाचार्य द्वारा प्रस्तुत भगवान वेंकटेश्वर द्वारा पहने गए सोने के हार में देवी श्री महालक्ष्मी की लापता छवि को न पाकर चौंक गए

वे सब अत्यंत भयभीत हो गए। एक-दूसरे को देखकर और एक-दूसरे पर दोषारोपण करते हुए दण्ड की भविष्यवाणी करते हुए काँपने लगे। वे प्रार्थना करने लगे "गोविंदा, श्रीनिवास, वेंकटनाथ, हम निर्दोष हैं, आपके अलावा कोई भी हमें नहीं बचा सकता है।" अपने एक पुजारी अर्चक के माध्यम से, दयानिधान कृपालु भगवान वेंकटेश ने उनके दुख दूर करने के लिए समझाया, "एक दूसरे को दोष देना बंद करो और चिंता मत करो। पिछली रात पद्मावती और मैं अनंतार्य के बगीचे में गए थे। उसने हमें यह सोचकर पकड़ लिया कि हम चोर हैं। मैं किसी तरह भाग निकला और आनंद निलयम पहुंच गया। लेकिन पद्मावती देवी को भक्त ने पकड़ लिया और एक चंपक के पेड़ के तने से बांध दिया। उसे यकीन है कि मैं अपनी पत्नी को मुक्त करने के लिए वहां जाऊंगा। वह मुझे पकड़ना चाहता है और जब मैं वहां जाता हूँ तो मुझे दंडित करना चाहता है। अब, आप सभी अनंतार्य के पास जाएं और उसे वास्तविकता बताएं। उसे सूचित करें कि वह उनकी कन्या है। अपनी बेटी के रूप में मानते हुए उन्हें फूलों की एक टोकरी में बैठाकर कन्यादान करके सादर विदा करें।

फिर, सभी अर्चक (पुजारी), जीयर, अधिकारी और भक्त अनंतार्य के बगीचे में पहुँचे और चंपक वृक्ष से बंधी देवी पद्मावती को देखकर आश्चर्यचकित रह गए। उन्होंने अनंतार्य को सच्चाई बताई क्योंकि भगवान वेंकटेश्वर ने उन्हें ऐसा करने का निर्देश दिया था।

यह सुनकर, वे आश्चर्यचकित रह गए और बोले, "हाय! मैंने यह क्या अनर्थ किया। मैंने अपनी माँ, देवी पद्मावती, जो ब्रह्मांड पर शासन करती है, को बंदी बना लिया। उन्होंने मुझे अपने परिवार की कन्या के रूप में मानते हुए मुक्त करने का अनुरोध किया और कहा कि मैं उनके पिता के समान था।" वे पश्चाताप से भर गए।

उन्होंने पवित्र स्नान किया और अपना संध्यावंदन समाप्त किया। उन्होंने पद्मावती के बंधन खोलकर उन्हे मुक्त कर दिया। फिर उन्होंने उपवन से ढेर सारे फूल तोड़े। उन्होंने उनके साथ जो किया उसके लिए उनसे माफी मांगी और अनुमति ली और उन्हें आदरपूर्वक फूलों की टोकरी में बैठाया। पूरे राजसी व्यवहार और सम्मान के साथ शोभा-यात्रा निकाली और ढेर सारे फूलों की वर्षा की। अष्टोत्तर शत नामावली (108 नाम) का पाठ किया गया और वेदों की पवित्र ध्वनियों के बीच देवी पद्मावती ने स्वयं को एक छोटी दासी (कन्या) में बदल लिया। अनंतार्य ने टोकरी को अपने सिर पर रखा और आनंद निलय पहुंचे। उन्होंने भगवान वेंकटेश्वर से जो कुछ हुआ था उसके लिए माफी मांगी और उनसे अपने घर की दासी (कन्या) को स्वीकार करने का अनुरोध किया। भगवान वेंकटेश्वर ने उनके अनुरोध को स्वीकार कर लिया और कहा, "ससुर अनंतार्य, मैं आपके परिवार की कन्या को

अपनी पत्नी के रूप में स्वीकार करता हूँ। कन्याशुल्कम (लड़की के बदले में पैसा) जो मैं प्रदान करता हूँ वह यह है कि हम अपने अंगवस्त्र का आदान-प्रदान करते हैं। यह कहते हुए, भगवान वेंकटेश्वर ने अपना अंगवस्त्र अनंतार्य के गले में डाल दिया और अनंतार्य का अंगवस्त्र निकालकर अपने दिव्य हाथों से अपने गले में पहन लिया।

जैसे ही अनंतार्य ने सभी की उपस्थिति में कन्यादान पूरा किया, छोटी कन्यामणि गायब हो गई और भगवान वेंकटेश्वर के हार में स्थायी रूप से पूर्व स्थान ले लिया और फिर से चमकने लगी। उस दिन से भगवान श्रीनिवास को अनंत के दामाद और अनंत को भगवान श्रीनिवास के ससुर के रूप में बुलाया गया।

अनंतार्य को भगवान वेंकटेश्वर का कन्यादान करने का पूर्ण सौभाग्य प्राप्त हुआ। समुद्र राजा को उसी तरह का महान अवसर मिला जब उसने अपनी बेटी श्री महालक्ष्मी को भगवान श्रीमन्नारायण को अर्पित किया था। त्रेता युग में, जब राजा जनक ने अपनी बेटी जानकी देवी को श्री रामचंद्र को अर्पित किया। द्वापर युग में, भीष्मिका ने अपनी बेटी रुक्मिणी देवी को अर्पित किया, राजा सत्यजीत ने सत्य भामा देवी को, और जामवंत ने अपनी बेटी जाम्बवती को श्रीकृष्ण को अर्पित किया था। उसी तरह, कलियुग की शुरुआत में, आकाश राजा ने अपनी बेटी श्री पद्मावती देवी को भगवान श्रीनिवास को अर्पित किया। वे इस तरह से धन्य, गुणी और मुक्त हो गए। उसी तरह अनंतार्य ने श्री महालक्ष्मी को भगवान श्रीनिवास को अर्पित किया और एक गुणी व्यक्ति बन गए। जिस प्रकार से विष्णु चित्त, श्री रंगम में,जिन्होंने श्री रंगनाथ को गोदा देवी अर्पित करके प्रसिद्ध हो गए, अनंतार्य भी शाश्वत और अनंत हो गए क्योंकि उन्होंने भगवान तिरुमलेश को कन्यादान की पेशकश की और भगवद रामानुजाचार्य के सर्वश्रेष्ठ शिष्य के रूप में प्रतिष्ठा को प्राप्त हुए। उनका 'आन-पिल्लई' नाम भी सार्थक हुआ। यथा नाम तथा गुण।

जय हो! जय हो!

गुरु रामानुज जब इस प्रसंग की सूचना मिली तो वे गदगद भाव से आए। इस अलौकिक लीला की याद में एक उत्सव प्रारंभ कराया। यह 'पू परिथल विज़ह' कहा जाता है। ब्रह्मोत्सव के दौरान यह होता है।

अनंतार्य का मुख्य कर्तव्य गुरु और शिष्य के बीच दैवीय संबंध के महत्व को प्रकट करना, गुरु की आज्ञा का पालन करना और परिणामस्वरूप मोक्ष का फल प्राप्त करना और गुरु की कृपा प्राप्त करके देवत्व प्राप्त करना था। अनंतालवन के जन्म का एक अन्य महत्वपूर्ण उद्देश्य तिरुमला को एक सुंदर उद्यान में बदलने के लिए अपने गुरु के आदेशों

का पालन करना और भगवान श्रीनिवास को हर दिन सबसे सुंदर फूलों से सजाना और उनकी पूजा करना और भगवान श्रीनिवास के प्रति असीम भक्ति और स्नेह विकसित करना था। इसके अलावा, श्री रामानुजाचार्य ने भगवान श्रीनिवास को तिरुमला में अनंतार्य की सेवाओं के महत्व और आवश्यकता को समझा।

अनंत ने अपने गुरु की प्रतिमा और यमुनाचार्य की प्रतिमा को मंदिर परिसर में स्थापित कराया।

कवि साहित्यकार अनंत आर्य

श्री अनंतार्य को भगवान वेंकटेश्वर की स्तुति में कई भक्तिमय भजनों की रचना करने का भी श्रेय दिया जाता है, जो आज भी भक्तों द्वारा गाए और गाए जाते हैं। उनका सबसे प्रसिद्ध काम अनंत-संसार-समुद्र (संसार का महासागर) है, जो एक भक्ति कविता है जो भगवान वेंकटेश्वर में शरण लेने और भगवान वेंकटेश्वर में शरण लेने की खुशी का वर्णन करती है। श्री अनंतार्य का जीवन और शिक्षाएं भगवान वेंकटेश्वर के भक्तों को प्रेरित करती हैं आज तक, और उनकी भक्ति और विनम्रता श्री वैष्णव परंपरा में मूल्यवान निस्वार्थ भक्ति के उदाहरण के रूप में काम करती है। यहां देवनागरी लिपि में श्री अनंतार्य के अनंत-साहित्य से एक कविता है:

जलधि-निधि-हरेः कथा रुचिरा भवतु मे
सुभगे सरसि-जन्मनि त्वद्वदालयेऽपि वा।
उदयास्तमये स्फुट धिशनके दिशाश्ये वा
नित्यं विष्णु-तत्त्व-विचारपरः स्यां न जीवेत् ॥
लिप्यंतरण: जलधि-निधि-हरेह कथा रुचिरा भवतु मे
सुभगे सरसी-जमानी त्वद-वादालये'पि वा ।
उदयअस्तमय स्फुता दिशानाके दिशान्ये वा
नित्यं विष्णु-तत्व-विचार-परः स्याम न जीवेत ॥

परंपरा के अनुसार, वह तिरु आदि पुरम के दिन (जुलाई-अगस्त) था कि स्वामी अनंतार्य आचार्य के चरण कमलों में पहुँचे। आज भी भगवान श्रीनिवास अपनी पत्नियों के साथ तिरुवदी पुरम की शाम को बगीचे में शोभायात्रा के रूप में आते हैं और उस अवसर पर महा प्रसाद चढ़ाया जाता है। उनकी वापसी के समय, वकुला के पेड़ को भगवान और श्री सतकोपा की ओर से फूलों की पेशकश की जाती है। स्वामी अनंतार्य थिरुमालिगई (जिस घर में अनंतलवन रहते थे) के बाहर, श्री सतकोपा को पवित्र जल (तिरुमज्जन) में स्नान कराया जाता है और लघु संप्रोक्षणम होता है। अर्चक स्नान के लिए स्वामी पुष्करिणी

के पास जाता है। यह परंपरा जो आज भी निभाई जाती है, यह दर्शाती है कि मकिला (वकुला) वृक्ष शायद स्वयं स्वामी अनंतार्य का तिरुमल गिरि पर पुनर्जन्म है।

वह अद्भुत अनुपम बाग जो अनंत ने भगवान की सेवा के लिए अपनी पत्नी के सहयोग से लगाया था, अब भी है। उनके वंशज श्री रंगाचारियार महाराज छब्बीसवीं पीढ़ी के हैं और बताते हैं कि पहले यह उपवन 14 एकड़ का था, पर अब मात्र 1.60 एकड़ का ही बचा है। उनकी लगवाई हुई उनके गुरु रामानुजाचार्य की प्रतिमा तो मंदिर परिसर में उन्होंने स्वयं लगवाई ही थी, उनकी प्रतिमा भी वहाँ है और वह कुदाल भी विराजमान है।

❒

प्रकरण-8

स्वामी पुष्करिणी

पुष्करिणी, जिसे पुष्कर के नाम से भी जाना जाता है, पूरे भारत में कई हिंदू मंदिरों में पाए जाने वाले पवित्र जल सरोवर या पवित्र झील को संदर्भित करती है। "पुष्करिणी" शब्द संस्कृत के शब्द "पुष्प" से लिया गया है जिसका अर्थ है फूल और "कारिणी" का अर्थ 'निर्माता' है, जो फूलों के खिलने के साथ अपने जुड़ाव को दर्शाता है। हिंदू धर्म में पुष्करिणी का अत्यधिक धार्मिक महत्व है और उन्हें पवित्र जल के रूप में दिव्य शरीर माना जाता है, जिन्हें अक्सर पौराणिक कथाओं और देवताओं से जोड़ा जाता है। ये सरोवर आमतौर पर मंदिर परिसर के भीतर स्थित होते हैं और इन्हें मंदिर परिसर का एक अभिन्न अंग माना जाता है।

स्वामी पुष्करिणी, जिसे अलवर पुष्करिणी के नाम से भी जाना जाता है, भारत के आंध्र प्रदेश के तिरुमला में प्रसिद्ध श्री वेंकटेश्वर मंदिर के पास स्थित पवित्र जल कुंड है। यह गहरा आध्यात्मिक महत्व रखता है और मंदिर परिसर का एक अभिन्न अंग है, जो दूर-दूर से भक्तों को आकर्षित करता है।

स्वामी पुष्करिणी तिरुमला में श्री वेंकटेश्वर मंदिर के पास स्थित पवित्र जल कुंड है। स्वामी पुष्करिणी भगवान विष्णु की विहार पुष्करिणी है। इसका मूल स्थान वैकुंठ धाम है। श्री लक्ष्मी और भूदेवी के लिए यह अति प्रिय है। इसकि जल राशि अति-पवित्र, सुगंध युक्त, स्वच्छ, निर्मल और ग्रहणीय है। यह गंगा और अन्य पवित्र नदियों की जन्मधात्री है। गरुड ने इसे बैकुंठ से लाकर श्री विष्णु के विहार के लिए यहाँ स्थापित किया है। यह सभीपापों की परिहारक है। स्वर्ग की विरजा नदी के समान पापों का नाश करती है। समयानुसार उन्नति प्रदान करती है। इसमें नित्य स्नान सभी पापों का नाश होता है। इसके अजल के दर्शन मात्र से स्पर्श मात्र से समस्त भौतिक इच्छाएं पूरी होती हैं। इसका ध्यान मात्र मन में स्फुरण भर देता है।

(वराह पुराण भाग 1, अध्याय 3, श्लोक 17-21)।

दुर्लभं मानुषं जन्म दुर्लभं तत्र जीवनं।
स्वामि पुष्करिणी स्नानं त्रयं अत्यंत दुर्लभं।।

ऐसा माना जाता है कि यह अनेक किंवदंतियों और कहानियों से जुड़ा एक आकाशीय सरोवर है। इसके पवित्र जल में एक अनुष्ठान स्नान करना पवित्र माना जाता है, और भक्त आशीर्वाद लेने और परमात्मा से जुड़ने के लिए विभिन्न भक्ति गतिविधियों में संलग्न होते हैं। स्वामी पुष्करिणी का शांत वातावरण इसके आध्यात्मिक आकर्षण को बढ़ाता है, जिससे यह भगवान वेंकटेश्वर के भक्तों के लिए एक महत्वपूर्ण और पूजनीय स्थल बन जाता है।

सरोवर कई पौराणिक कहानियों और किंवदंतियों से जुड़ा हुआ है। ऐसी ही एक कहानी में कहा गया है कि देवताओं और राक्षसों द्वारा आकाशीय महासागर (समुद्र मंथन) के लौकिक मंथन के दौरान, विभिन्न दिव्य वस्तुएँ निकलीं। ऐसा माना जाता है कि आकाशीय प्राणियों ने गलती से दिव्य अमृत को पुष्करिणी में गिरा दिया, जिससे इसका जल पवित्र हो गया और दिव्य गुणों से युक्त हो गया।

स्वामी पुष्करिणी को दिव्य उत्पत्ति वाला एक आकाशीय सरोवर मानाजाता है। किंवदंती के अनुसार, यह माना जाता है कि यह पवित्र नदी गंगा का प्रकटीकरण है, जिसे स्वयं भगवान विष्णु द्वारा पृथ्वी पर लाया गया था। माना जाता है कि पुष्करिणी के पवित्र जल में शुद्धिकरण और उपचार गुण होते हैं, और कहा जाता है कि इसके जल में डुबकी लगाने से व्यक्ति के पाप धुल जाते हैं और आशीर्वाद मिलता है।

पुष्करिणी में डुबकी लगाने को भक्तों के लिए शुद्ध करने वाला और आध्यात्मिक रूप से उत्थान करने वाला कार्य माना जाता है। ऐसा माना जाता है कि यह पापों को धोता है, आशीर्वाद देता है और आध्यात्मिक रूप से पवित्र करता है। देवता का आशीर्वाद लेने के लिए शुद्धिकरण और तत्परता के प्रतीक के रूप में मुख्य मंदिर में प्रवेश करने से पहले तीर्थयात्री अक्सर पुष्करिणी में एक अनुष्ठानिक स्नान करते हैं।

पुष्करिणी आमतौर पर इसकी परिधि के साथ पैडियों, गोपुरम (ऊंचे प्रवेश द्वार), और मंडप (स्तंभों वाले हॉल) से सुशोभित है। भक्ति के कार्य के रूप में भक्तों को शांत जल पर प्रार्थना और तैरते हुए दीये (मिट्टी के दीपक) या फूलों की पंखुड़ियाँ चढ़ाते देखना भी एक आम दृश्य है।

स्वामी पुष्करिणी को पुष्करिणी कट्टा के नाम से जाने जाने वाले चरणों की एक श्रृंखला द्वारा शामिल किया गया है। पत्थर से बने ये कदम, पानी की धार तक ले जाते हैं और भक्तों को अनुष्ठानिक गतिविधियों और औपचारिक स्नान के लिए सरोवर तक पहुंच

प्रदान करते हैं। सरोवर एक सुंदर नक्काशीदार पत्थर की चारदीवारी से घिरा हुआ है, जो इसके सौंदर्य आकर्षण को बढ़ाता है।

श्री वेंकटेश्वर मंदिर में आने वाले भक्त अक्सर मुख्य मंदिर में प्रवेश करने से पहले स्वामी पुष्करिणी में स्नान करते हैं। इस अधिनियम को एक पवित्र शुद्धिकरण प्रक्रिया माना जाता है, जो भगवान वेंकटेश्वर का आशीर्वाद लेने के लिए भक्त की तत्परता का प्रतीक है। तीर्थयात्री भक्ति और कृतज्ञता के कार्य के रूप में पुष्करिणी के निर्मल जल पर पूजा-अर्चना करते हैं, अनुष्ठान करते हैं, और दीये (तेल के दीपक), फूल और प्रसाद (भक्ति प्रसाद) प्रवाहित करते हैं।

स्वामी पुष्करिणी न केवल धार्मिक महत्व का स्थान है, बल्कि भक्तों के लिए प्रतिबिंबित करने, सांत्वना पाने और परमात्मा से जुड़ने के लिए एक शांत और शांत स्थान भी है। इसका शांत वातावरण, आध्यात्मिक आभा के साथ, शांति और भक्ति की भावना पैदा करता है जो आने वालों के दिलों में बसता है।

स्वामी पुष्करिणी का 'मुक्कोटि पर्व' (तीन करोड़ तीर्थों का मिलन पर्व) धनु-मास के शुल्क द्वादशी को मनाया जाता है। यह दिसंबर–जनवरी के दौरान पड़ता है।

अब एक दंत-कथा सुनते हैं

बहुत पुराने समय में शंखण नामक एक राजा था। उसका राज पाट जाता रहा था। वे स्वामी पुष्करिणी के किनारे एक कुटिया बनाकर रहने लगे। उस कुटिया के पास एक वल्मीक भी था। वे प्रतिदिन पुष्करिणी में पवित्र स्नान करके भगवान वेंकटेश का ध्यान करते थे। राजा की भक्ति से प्रसन्न होकर भगवान भूदेवी और श्री देवी के साथ प्रकट हुए और राजा को उसके राज्य की फिर से प्राप्ति के लिए वरदान दिया। यह भी कहा, 'राजन! जब आपने श्री स्वामी पुष्करिणी में पवित्र स्नान किया तभी आपके सारे पाप धुल गए। इतना ही नहीं आपको आपका राज्य भी मिल गया। इसी प्रकार जो भी इसमें स्नान करता है, उसे इसका सुफल प्राप्त होता है।

इस पुष्करिणी का महत्व एक दूसरे कारण से भी है। इस पुष्करिणी के उत्तर पश्चिम कोने पर पूर्व की ओर मुख करके श्री वराह स्वामी का एक मंदिर है। भगवान महा विष्णु इस संसार में आदिवराह स्वामी के रूप में अवतरित हुए। भू देवी (धरती माता) की रक्षा करते हुएवे (भगवान आदिवराह) पीछे रह गए। इसी मान्यता के कारण यह स्थान आदिवराह क्षेत्र (आदिवराह का निवास स्थान) बन गया। कुछ समय बाद श्रीनिवास पृथ्वी पर अवतरित हुए। श्रीनिवास के पास रहने के लिए कोई जगह नहीं थी। एक अनुरोध के साथ भगवान वे

आदिवराह के पास पहुंचे। उन्होंने उपहार के रूप में 100 वर्ग फुट जमीन मांगी।

स्थलम देह्यवनीकांत यावतकलियुगम भवेत
एथितेना सविग्नपथो वराह वदनो हरिहि,
वुवाचा वचनं देवा स्थलम मौल्येन,
गृह्यतांएथिवाक्यंतत्श्रुत्वाप्रोवाचमधुरंवचः।।

भगवान आदिवराह ने भगवान श्री निवास की इच्छा का आदर करते हुए उन्हें भूमि प्रदान की। साथ ही यह भी अनुरोध किया कि भक्तों को भगवान आदिवराह के दर्शन करने के बाद भगवान श्रीनिवास के दर्शन करने चाहिए। पहली पूजा आदिवराह को करनी चाहिए और उसके बाद भगवान श्रीनिवास को नैवेद्यम (भेंट) चढ़ाना चाहिए। तिरुमाला पर दृढ़ता से किन्तु धीरे-धीरे भगवान श्रीनिवास की पूजा शुरू हुई। समझौते के अनुसार भक्त पहले आदिवराह स्वामी मंदिर जाएं और फिर वेंकटेश्वर मंदिर जाएं।। आज भी आदिवराह स्वामी पहले पूजे जाते हैं। आदिवराह स्वामी को सबसे पहले प्रसाद चढ़ाया जाता है। आदिवराह स्वामी की सभी आवश्यकताओं को मुख्य मंदिर से पूरा किया जाता है।

आप समझ लें कि तिरुमला पहाड़ी पर प्रकट होने वाले पहले देवता श्री वराह स्वामी हैं इसलिए, तिरुमला पहाड़ी को "आदिवराह क्षेत्र" का लोकप्रिय नाम मिला है। आदिवराह स्वामी ने स्वयं भगवान वेंकटेश्वर का रूप धारण किया है। आइए हम श्री श्वेत वराह स्वामी से प्रार्थना करें जो हमारी सभी इच्छाओं को पूरा करने के लिए पर्याप्त उदार हैं।

❒

प्रकरण- 9

श्री वेंकटेश्वर के पाँच रूप: पंच बेरम्

मंदिरों में, आमतौर पर दो प्रकार की मूर्तियाँ होती हैं, एक जो स्थायी होती है और जिसे मूलबेरा कहा जाता है, और दूसरी जो शोभा यात्रा के रूप में विभिन्न उत्सवों आदि में मंदिर प्रांगण से बाहर निकाली जाती है वे उत्सवबेरा कहलाती है। कुछ मंदिरों में अभिषेक, उत्सव आदि के लिए अलग-अलग मूर्तियाँ होती हैं। वैष्णव मंदिरों में पालन किए जाने वाले अनुष्ठानों को निर्धारित करने के निमित्त बने वैखानस आगम ग्रंथ परमात्मा को पांच 'व्यूह' या पहलुओं में विभाजित करते हैं। इन्हे विष्णु, पुरुष सत्य, अच्युत और अनिरुद्ध कहा जाता है। इन पांच पहलुओं को अलग-अलग मूर्ति द्वारा दर्शाया गया है, जिन्हें मूलबेरा, कौतुकबेरा, उत्सवबेरा, स्नैपनाबेरा और बलीबेरा कहा जाता है, प्रत्येक मूर्ति की पूजा एक विशेष उद्देश्य के लिए की जाती है। मूलबेरा की पूजा दुनिया की भलाई के लिए की जाती है यानी लोक कल्याण, व्यक्तिगत उपासक के लाभ के लिए कौतुकबेरा, शोभा यात्राओं के लिए उत्सवबेरा, अभिषेक के लिए स्नैपनाबेरा और प्रसाद के लिए बलीबेरा। इस श्लोक से इस की व्यवस्था और व्याख्या की गई है।

ध्रुव च लोकरक्षार्थ अर्चनार्थम च कौतुकम।
औत्सव उत्सवार्थ च बल्यर्थम बलिबेरकं।
स्नपनं स्नपनार्थ च पंच बेरा: प्रकीर्तिता:।।

इसे कुछ अधिक व्यवस्था देकर कहें तो बेरम का अर्थ है एक मूर्ति या देवता और पंच का अर्थहै पांच। यह शब्द भगवान की उन पांच मूर्तियों को दर्शाता है जो मुख्य मूर्ति (मूल विग्रह) की तरह स्थिर नहीं हैं। ये प्रधान मूर्ति से समान अचल न होकर सचल हैं। तिरुमला मंदिर में कई महत्वपूर्ण मूर्तियों और देवताओं की पूजा की जाती है। पीठासीन देवता भगवान वेंकटेश्वर को पांच देवताओं के साथ दर्शाया गया है जिनमें मुख्य देवता और अन्य देवता शामिल हैं जिन्हें तेलुगु भाषा में 'पंच बेरामुलु' के नाम से जाना जाता है।

भगवान वेंकटेश्वर के अतिरिक्तमंदिर में अन्य देवी देवताओं जैसे कृष्ण और रुक्मिणी, राम, सीता, लक्ष्मण, हनुमान, विश्वक्सेना, सुग्रीव, अंगद और शालिग्राम का भी निवास

है।ये पंच बेरा मूर्तियों से अलग हैं। वैखानस आगम के अनुसार, वेंकटेश्वर का प्रतिनिधित्व मूलविरत सहित पांच देवताओं (बेरम) द्वारा किया जाता है, जिन्हें एक साथ पंच बेरमुलु (पंच का अर्थ है पांच; बेरम का अर्थ देवता) कहा जाता है। ये पांच देवता हैं ध्रुव बेरम (मूलवर), कौतुक बेरम, स्नैपाना बेरम, उत्सव बेरम, बली बेरम। सभी पंच बेरमों को आनंद निलयम विमान के तहत गर्भगृह में रखा गया है।

तिरुमला मंदिर में "पंच बेरम" भगवान वेंकटेश्वर, मंदिर के पीठासीन देवता के पांच अलग-अलग रूपों या अभिव्यक्तियों को संदर्भित करता है। इन पांच रूपों में से प्रत्येक को एक अलग मूर्ति द्वारा दर्शाया गया है और इसका अपना अनूठा महत्व और पौराणिक कथा है। श्री मलयप्पा स्वामी और श्री गोविंदराज स्वामी को भगवान वेंकटेश्वर के प्राथमिक रूप माना जाता है और उनकी पूजा की जाती है। श्री भोग श्रीनिवास मूर्ति को एक ऐसा देवता माना जाता है जो भगवान वेंकटेश्वर को प्रस्तुत किए जाने से पहले भोग प्राप्त करते हैं। श्री कौतुक बेरम भगवान वेंकटेश्वर की एक छोटी मूर्ति है, जिसके बारे में कहा जाता है कि यह स्वयं भगवान वेंकटेश्वर द्वारा संत रामानुज को दी गई थी, जबकि श्री योग नरसिम्हा स्वामी भगवान विष्णु का एक रूप है, जिनकी सुरक्षा और दिव्य कृपा के लिए पूजा की जाती है। तिरुमला मंदिर में इन पांच रूपों की पूजा को दैनिक अनुष्ठानों और परंपराओं का एक महत्वपूर्ण पहलू माना जाता है।

पहले उन मुख्य मूर्तियों के बारे में जान लें जो मंदिर में विराजमान हैं।

- **भगवान वेंकटेश्वर:-** यह मंदिर के मुख्य देवता हैं और इन्हें भगवान विष्णु का अवतार माना जाता है। मूर्ति काले ग्रेनाइट से बनी है और लगभग 9 फीट लंबी है, जिसमें चार भुजाओं में एक चक्र, एक शंख, एक कमल का फूल और एक गदा है।
- **देवी पद्मावती:-** यह भगवान वेंकटेश्वर की पत्नी है और मंदिर परिसर के भीतर एक अलग मंदिर में इसकी पूजा की जाती है।
- **भगवान राम:-** मंदिर में भगवान राम को समर्पित एक अलग मंदिर है, जहां उनकी पत्नी सीता और उनके भाई लक्ष्मण के साथ उनकी पूजा की जाती है।
- **भगवान कृष्ण:-** यहां भगवान कृष्ण को समर्पित एक मंदिर भी है, जहां उनकी बाल रूप (बाल कृष्ण) में पूजा की जाती है।
- **भगवान वराह:-** यह भगवान विष्णु का एक महत्वपूर्ण अवतार है, जिसे एक वराह के रूप में दर्शाया गया है, और मंदिर परिसर के भीतर एक अलग मंदिर में इसकी पूजा की जाती है।
- **भगवान हनुमान:-** यहां भगवान हनुमान को समर्पित एक मंदिर है, जिन्हें भगवान राम का प्रबल भक्त माना जाता है।

ये केवल कुछ मुख्य मूर्तियाँ और देवता हैं जिनकी तिरुमाला मंदिर में पूजा की जाती है। विभिन्न देवी-देवताओं को समर्पित कई अन्य छोटे मंदिर और मूर्तियाँ भी हैं।

भगवान श्री वेंकटेश्वर के स्वयंभू देवता सबसे प्राचीन वैखानस आगम के अनुसार पूजा और प्रसाद प्राप्त करते हैं। भक्त जो कुछ भी उनके लिए प्रासंगिक है उसे भगवान के रूप में प्रस्तुत करते हैं और पूजा की एक निर्धारित विधि (उपासना) का पालन करते हैं। स्नान (अभिषेकम), पूजा (अर्चना), भोजन (नैवेद्यम), जुलूस (ओरेगिम्पु), बिस्तर पर जाना (पंपूसेवा), आदि की नियमित सेवाएं भगवान को अर्पित की जाती हैं। चूंकि पीठासीन देवता स्थिर हैं, इसलिए उनको सभी सेवाओं की प्रस्तुति करना संभव नहीं है, विशेष रूप से इन्हें शोभा यात्राओं में ले जाना या शयन के लिए शय्या पर विश्राम कराना आदि संभव नहीं। इसलिए इन उद्देश्यों की पूर्ति के लिए पांच देवता (पंच बेरम) की महा-मूर्तियाँ हैं।

1. **मूलविरत या ध्रुव बेरम:-** भगवान वेंकटेश्वर की मुख्य प्रतिमा को ध्रुव बेरम कहा जाता है (बेरम का अर्थ है "देवता", और ध्रुव का अर्थ है "ध्रुव तारा" या "स्थिर" देवता आपाद-मस्तक अर्थात मुकुट के शीर्ष तक लगभग 8 फीट (2.4 मीटर) हैं और उन्हें मंदिर के लिए ऊर्जा का मुख्य स्रोत माना जाता है। गर्भगृह के केंद्र में, आनंद निलयम विमान के नीचे, वेंकटेश्वर का मूलविरत कमल के आधार पर खड़ी मुद्रा में देखा जाता है, जिसमें चार भुजाएँ होती हैं, दो शंख और चक्र धारण करते हैं और एक वरद मुद्रा में और दूसरा कटि मुद्रा में होता है। इस देवता को मंदिर के लिए ऊर्जा का मुख्य स्रोत माना जाता है और वैष्णव नाम और वज्र किरीतम (हीरे का मुकुट), मकरकुंडल, नागभरण, मकर कांति, शालिग्राम हरम, लक्ष्मी हरम सहित गहनों से सुशोभित है। वेंकटेश्वर की पत्नी, लक्ष्मी, व्यूह लक्ष्मी के रूप में मूलवीर वक्षस्थल पर विराजमान हैं।
2. **भोग श्रीनिवास या कौतुक बेरम:-** यह एक फुट (0.3 मीटर) चांदी की दिव्यदेव मूर्ति है, जिसे 614 ईस्वी में पल्लव रानी सामवई द्वारा त्योहारों के आयोजन के लिए मंदिर को दिया गया था। भोग श्रीनिवास को हमेशा मूलविरत के बाएं चरण के पास रखा जाता है और हमेशा एक पवित्र संबंध क्रोचा द्वारा मुख्य देवता से जुड़ा रहता है। इस मूर्ति को कभी यहाँ से नहीं हटाया गया। यह देवता मूलवर की ओर से कई दैनिक सेवा (सुख) प्राप्त करता है और इसलिए भोग श्रीनिवास के रूप में जाना जाता है (तेलुगु में भोग का अर्थ है आनंद)। यह देवता प्रतिदिन एकांतसेवा और बुधवार को सहस्रकालभिषेक प्राप्त करते हैं।
3. **उग्र श्रीनिवास या स्नपन बेरम:-** तेलुगु में उग्र का अर्थ क्रोधित भी होता है। भगवान की यह मूर्ति भगवान वेंकटेश्वर के क्रोध या उनकी उग्रता का प्रतिनिधित्व करती है। मूर्ति गर्भगृह के अंदर रहती है,और प्रत्येक वर्ष केवल एक दिन: कैशिका द्वादशी को,

सूर्योदय से पहले बाहर आते हैं। स्नैपाना का अर्थ है "सफाई।" मूर्ति को प्रतिदिन पवित्र जल, दूध, दही, घी, चंदन के पेस्ट, हल्दी आदि से शुद्ध किया जाता है।

4. **मलयप्पा स्वामी या उत्सव बेरमः-** मलयप्पा मंदिर के जुलूस के देवता (उत्सव बेरम) हैं और हमेशा उनकी पत्नी श्रीदेवी और भूदेवी के देवताओं से घिरे रहते हैं।यह भगवान का वह रूप है जो भक्तों को दर्शन देने के लिए स्वयं मंदिर से बाहर आते हैं। इन्हें मलयप्पा स्वामी कहा जाता है, और इनकी पत्नियाँ श्रीदेवी और भूदेवी हैं। ये तीन देव मूर्तियाँ पवित्रतिरुमला पहाड़ियों में मलयप्पन कोनाई नामक एक गुफा में पायी गईं थीं। प्रथमतः मूल रूप से उग्र श्रीनिवास उत्सव बेरम (जुलूस देवता) थे, किन्तु जब भी देवता को शोभायात्रा के लिए निकाला जाता था तो अक्सर विनाशकारी आग लग जाती थी। लोगों ने समाधान के लिए भगवान से प्रार्थना की। भगवान सपनों में प्रकट हुए, और लोगों को उत्सव के लिए पवित्र तिरुमला पहाड़ियों में छिपी हुई मूर्तियों का एक जोड़ा खोजने का आदेश दिया। खोज शुरू हुई,और ग्रामीणों ने मूर्ति को प्राप्त किया।उन्हें पहले मलयप्पा स्वामी की मूर्ति मिली। मलयप्पा का अर्थ है "पहाड़ियों का राजा।" इन मूर्तियों को मंदिर में लाए जाने के बाद, नित्य कल्याणोत्सवम, सहस्र दीपलंकार सेवा, अर्जित ब्रह्मोत्सवम, नित्योत्सवम, डोलोत्सवम, और अन्य को शामिल करने के लिए कार्यक्रमों की संख्या बढ़ गई। इन मूर्तियों को चढ़ावे के रूप में लाखों रुपये के गहने दान किए गए हैं।

5. **कोलुवु श्रीनिवास या बली बेरमः-** यह चांदी की मूर्ति मुख्य देव मूर्ति से मिलती जुलती है, और मंदिर में सभी गतिविधियों और अनुष्ठानों के लिए पीठासीन भगवान का प्रतिनिधित्व करती है। मूर्ति को बाली बेरम भी कहा जाता है। कोलुवु श्रीनिवास को मंदिर का संरक्षक देवता माना जाता है जो इसके वित्तीय और आर्थिक मामलों की अध्यक्षता करता है। खातों की प्रस्तुति के साथ, देवता को दैनिक प्रसाद चढ़ाया जाता है। वित्तीय वर्ष के अंत में प्रत्येक वर्ष जुलाई में भी अनुष्ठान किए जाते हैं।

दैनिक कोलुवु सेवा (तेलुगु: कोलुवु का अर्थ है लगे हुए) सुबह सवेरे आयोजित की जाती है, जिसके दौरान, पिछले दिन के प्रसाद, आय, व्यय के खातों की प्रस्तुति के साथ इस देवता को सूचित किया जाता है। पंचांग श्रवणम भी उसी समय आयोजित किया जाता है जिसके दौरान उस विशेष दिन तिथि, सूर्योदय और सूर्यास्त के समय, नक्षत्र कोभगवान वेंकटेश्वर को सूचित किया जाता है।

❐

प्रकरण-10

आयोजन ब्रह्मोत्सव का

आमतौर पर दक्षिण भारत में मंदिर के देवताओं की मूर्तियों को रेशमी वस्त्र पहनाया जाता है, आभूषणों, मालाओं और अन्य साज-सामान से सजाया जाता है। उन्हें पालकी या रथों पर गर्भगृह से सड़कों तक ले जाया जाता है, जिसके साथ साधकों और भक्तों की भीड़ होती है, जो देवता की पूजा-प्रार्थना करते हैं। तमिलनाडु के प्रमुख मंदिरों, जैसे श्रीरंगम के रंगनाथस्वामी मंदिर, चिदंबरम के नटराज मंदिर और मदुरै के मीनाक्षी मंदिर में ब्रह्मोत्सव बड़े पैमाने पर आयोजित किए जाते हैं। इस उत्सव को आमतौर पर समयावधि के आधार पर तीन श्रेणियों में वर्गीकृत किया जाता है: सात्विक (नौ दिन), राजसिक (सात दिन), और तामसिक (पांच दिन)। यूँ तो तिरुमला में हर पल एक उत्सव का अवसर होता है और यहाँ त्योहारों और अनुष्ठानों का प्रदर्शन एक दैनिक कार्य (नित्य कल्याण) है; फिर भी ब्रह्मोत्सव कहे जाने वाले वार्षिक उत्सवों ने इस तरह के समारोहों में विशेष विशिष्टता और महत्व प्राप्त किया है। तिरुपति बालाजी के तिरुमला श्री वेंकटेश्वर मंदिर में प्रतिवर्ष तमिल माह पुरट्टसई (आश्विन) (सितंबर-अक्टूबर) में नौ दिन (नव रात्रि के दौरान) तक ब्रह्मोत्सव का आयोजन किया जाता है जिसमें बहुत बड़ी संख्या में भक्तगण भाग लेते हैं।

ब्रह्मोत्सव शब्द दो संस्कृत शब्दों-ब्रह्मा और उत्सव (त्योहार) का एक संयोजन है- और ब्रह्मा ने कथित तौर पर पहला त्योहार आयोजित किया। ब्रह्मा का अर्थ "भव्य" या "विशाल" भी होता है। तमिल में ब्रह्मोत्सव को 'तिरुमलई-तिरुणाल' (अंकुरारपर्ण पर्व) भी कहते हैं।

ब्रह्मोत्सव का इतिहास सदियों पुराना है, जिसकी जड़ें हिंदू पौराणिक कथाओं की किंवदंतियों और दिव्य लोककथाओं में हैं। महाभारत में विराट पर्व में एक ब्रह्मोत्सव के आयोजन का जिक्र है, जिसमें भीम और जीमूत नामक दो योद्धाओं के बीच मल्ल-युद्ध का वर्णन है। प्राचीन ग्रंथों के अनुसार, ब्रह्मांड के निर्माता, भगवान ब्रह्मा ने पवित्र पुष्करिणी नामक आकाशीय जल सरोवर के तट पर पहला ब्रह्मोत्सव किया था। उनकी श्रद्धा और

भक्ति से प्रभावित होकर, भगवान विष्णु ने वेंकटेश्वर के रूप में अपने अवतार में, तिरुमला में प्रतिवर्ष समारोह को दोहराने का निर्णय लिया।

तिरुमला की कथा के अनुसार, ब्रह्मा जी स्वयं उत्सव आयोजित करने के लिए पृथ्वी पर उतरते हैं। भगवान श्रीनिवास ने ब्रह्म और तोंडमान को आदेश दिया कि समस्त देवता गण, राजाओं और भक्त-जनों को उस भव्य उत्सव के लिए सादर आमंत्रित करें। जब विधि विधान से प्रथम शोभा यात्रा चली तब भगवान विष्णु ने ब्रह्मा से ठिठोली करते हुए कहा, 'क्या आप वेद मंत्र भूल गए हैं? संकेत पाकर वे वेद पाठ करने लगे। उसी संदर्भ में चारों वेदों के अनुरूप चार रूपों में भगवान वेंकटेश्वर की परिकल्पना हुई। उत्सव श्री निवास (चल मूर्ति), उग्र श्रीनिवास, सर्वाधिक श्रीनिवास (भोग मूर्ति) और कोलुवु श्रीनिवास (लेखाकार) ये चार चल मूर्तियाँ मानों चारों वेदों की प्रतिनिधि हैं। पाँचवी मूर्ति भगवान की मूल-विराट मूर्ति है।

श्री वेंकटेश्वर सहस्रनामस्तोत्र में इंगित किया गया है कि इस उत्सव का तात्पर्य ब्रह्मा के उत्सव से है जिसमें एक छोटे लकड़ी के रथ (ब्रह्मरथ) द्वारा भगवान वेंकटेश्वर को उत्सव मूर्ति के रूप में देवता मलयप्पा की शोभायात्रा निकली जाती है। तिरुमला वेंकटेश्वर मंदिर में इसका पहला उल्लेख 966 ईस्वी का है जब पल्लव रानी सामवई ने इसके लिए जमीन दी और उसके राजस्व के द्वारा मंदिर में यह उत्सव मनाने का आदेश दिया। कहा जाता है कि 1582 तक ब्रह्मोत्सव को वर्ष में 12 बार आयोजित किया जाता था।

ब्रह्मोत्सव के प्रकार:- तिरुमला मंदिर में विभिन्न प्रकार के ब्रह्मोत्सव आयोजित किए जाते हैं। मंदिर में अनुष्ठान, उत्सव और समारोह बारह मास और तीस दिन होते रहते हैं। व्यावहारिक रूप से साल के हर दिन होते हैं। इनमें से कुछ प्रमुख हैं कोइल अलवर, पुष्प यागम, तिरुमंजनम, आस्थानम, वसंतोत्सवम, परिण्योत्सवम, वैकुंठ एकादशी, और ज्येष्ठाभिषेकम। लेकिन, जो वास्तव में वैष्णव मंदिर से जुड़े धूमधाम और भव्यता को प्रदर्शित करता है, वह वार्षिक ब्रह्मोत्सव है। ऐसा कहा जाता है कि विष्णुअलंकार प्रिय (सजावट और अलंकरण के शौकीन) हैं और यह अवसर अद्वितीय भव्यता के साथ देवता को प्रसन्न करने का एक अवसर प्रदान करता है।

1. **नित्य ब्रह्मोत्सव:-** यह वह है जो किसी विशेष नक्षत्र के संयोग के आधार पर वर्ष में विशिष्ट दिनों में मनाया जाता है। ये उत्सव तीन या पाँच या सात या नौ या ग्यारह या तेरह दिनों की अवधि के लिए आयोजित किए जाते हैं। जो वर्तमान में वार्षिक आधार पर तिरुमाला क्षेत्र में आयोजित किया जाता है, उसे नित्य ब्रह्मोत्सव कहा जाता है जो नौ दिनों तक आयोजित किया जाता है।

2. शांति ब्रह्मोत्सव:- यह वह है जो विशेष रूप से सूखा, अकाल, युद्ध के भय, आपदाओं और अन्य सांसारिक समस्याओं आदि के लिए एक उपाय के रूप में माना जाता है। पुराने दिनों में वे अपने राज्यों में रहने वाले लोगों के कल्याण, शांति और समृद्धि के लिए राजाओं द्वारा धारण किए जाते थे। ये आमतौर पर पांच दिनों के लिए आयोजित किए जाते थे।

3. श्रद्धा ब्रह्मोत्सव:- इसे अर्जित ब्रह्मोत्सवम के रूप में भी जाना जाता है, जो किसी भी भक्त द्वारा किसी भी दिन आवश्यक राशि का योगदान करके अपने कल्याण के लिए आयोजित किया जाता है। हम इसे तिरुमला मंदिर में प्रतिदिन आयोजित होने वाली अर्जित सेवा की सूची में पाते हैं।

4. वार्षिक ब्रह्मोत्सव का आयोजन:- ऐसा कहा और माना जाता है कि भगवान विष्णु ने कन्या मास के दौरान श्रवण नक्षत्र में श्रीनिवास (भगवान वेंकटेश्वर) के रूप में तिरुमला क्षेत्र में अवतार लिया था। इसलिए इस मास के दौरान ब्रह्मोत्सव आयोजित करने के पीछे तर्क है। वार्षिक ब्रह्मोत्सव जिसे सालाकतला ब्रह्मोत्सव के नाम से भी जाना जाता है, हर साल सौर मास कन्या मास के दौरान आयोजित किया जाता है; जब सूर्य राशि चक्र में कन्या (कन्या) राशि में गोचर कर रहा है; यह आमतौर पर महालया पितृ पक्ष के तुरंत बाद, चंद्र कैलेंडर के अनुसार आश्विन मास में देवी नवरात्रि उत्सव के साथ मेल खाता है। यह आसवयुजा मास के चंद्र महीने में उज्ज्वल पखवाड़े के दौरान नौ दिनों तक लगातार आयोजित किया जाता है; आमतौर पर शुक्ल प्रतिपदा से शुरू होकर नवमी के दिन समाप्त होता है। त्योहार का नौवां दिन निश्चित रूप से श्रावण नक्षत्र के साथ मेल खाना चाहिए जो ब्रह्मोत्सव अनुसूची के दिनांक का आधार बनता है। हालाँकि, जब भी अधिक मास की घटना होती है, तो यह परंपरा है कि उस वर्ष में दो बार ब्रह्मोत्सव आयोजित किया जाता है और दोनों ब्रह्मोत्सव के समापन का मानदंड श्रवण नक्षत्र है। इस समय के दौरान कोई अर्जित सेवा जैसे कल्याण उत्सव या सहस्रार कलशाभिषेक आदि का आयोजन भी नहीं किया जाता।

प्रत्येक वर्ष, तिरुमला का पवित्र शहर ब्रह्मोत्सव के नौ दिवसीय उत्सव के दौरान चहलपहल से भर जाता है। संपूर्ण वातावरण जीवंत होता है, प्रत्याशा और भक्ति की भावना से भरा हुआ होता है। इस दिव्य दृश्य को देखने और इसमें भाग लेने के लिए दूर-दूर से तीर्थयात्री आते हैं। विस्तृत तैयारी पहले से ही की जाती है, क्योंकि मंदिर भव्य सजावट, उत्तम फूलों और झिलमिलाती रोशनी से भव्यता को बढ़ाता है।

ब्रह्मोत्सवम के दौरान की जाने वाली मुख्य गतिविधियाँ हैं: आलय शुद्धि, मृतसंग्रहण

(मिट्टी का संग्रह), ध्वजारोहण, वाहन सेवा, श्रीवरी कोलुवु, स्नैपन, चूर्णाभिषेक, चक्रस्नान, देवतोद्वासन और ध्वजावरोहण।

ब्रह्मोत्सव के अवसर पर मलयप्पा स्वामी के रूप में जाने जाने वाले भगवान वेंकटेश्वर की उत्सव मूर्ति के लिए पूजा और अन्य अनुष्ठान करने के बाद सुबह और शाम दोनों समय समारोह आयोजित किए जाते हैं। इन नौ दिनों के दौरान (कुछ खास दिनों को छोड़कर) भगवान को शोभायात्रा के साथ उनकी पत्नी श्री देवी और भू देवी के साथ बाहर लाया जाता है। मंदिर परिसर की चार गलियों-माडा गलियों को खूब सजाया जाता है। दैनिक उत्सव के बीच में एक अनुष्ठान जिसे स्नैपाना थिरुमंजनम के नाम से जाना जाता है, उत्सव मूर्तियों के लिए दैनिक आधार पर आयोजित किया जाता है। ये समारोह और अनुष्ठान वैखानससंप्रदाय और आगम शास्त्रों के अनुसार आयोजित किए जाते हैं। त्योहार के प्रत्येक दिन को वाहन के आधार पर एक अद्वितीय नाम से दर्शाया जाता है जिसमें मलयप्पा स्वामी भगवान वेंकटेश्वर के देवता की शोभा यात्रा निकालते हैं। प्रत्येक वाहन का अपना महत्व है और अपने तरीके से यह एक संदेश देता है।

कौन हैं मलयप्पा स्वामी?

तिरुमला मंदिर के संदर्भ में मलयप्पा स्वामी वर्तमान में तिरुमला मंदिर में उपयोग किए जा रही भगवान श्री वेंकटेश्वर की उत्सव मूर्ति का नाम है।

मूल रूप से उत्सव देवता उग्र श्रीनिवास मूर्ति थे, लेकिन, एक उत्सव के अवसर पर आग लगने के कारण, इसे मलयप्पा स्वामी द्वारा दिव्य निर्देशों के अनुसार बदल दिया गया था। यह घटना लगभग 650 साल पहले मलयप्पा कोना में हुई थी। ऐसा माना जाता है कि मलयप्पा स्वामी की मूर्ति आनंद निलय में भगवान वेंकटेश्वर के मूल विग्रह की प्रतिकृति है। उग्र श्रीनिवास मूर्ति की मूर्ति का उपयोग शोभायात्रा में केवल कार्तिक शुक्ल द्वादशी के दिन ही किया जाता है, जीसे जिसे उत्तान द्वादशी के नाम से भी जाना जाता है। भगवान श्रीनिवास (वेंकटेश्वर) के मूल वीरग्रह के अलावा जिसे ध्रुव बेरम के नाम से जाना जाता है; चार और मूर्तियाँ हैं जो निम्न प्रकार से जानी और उपयोग की जाती हैं।

भोग श्रीनिवास को कौतुक बेरम के नाम से भी जाना जाता है जिसका उपयोग दैनिक अनुष्ठानों/नित्य अर्चना के लिए किया जाता है; मलयप्पा स्वामी उत्सव मूर्ति (जुलूस देवता) के रूप में प्रयुक्त; उग्रा श्रीनिवास मूर्ति को अभिषेकम के लिए उपयोग किए जाने वाले स्नैपाना बेरम के नाम से भी जाना जाता है; कोलुवु श्रीनिवास मूर्ति को बली बेरम के रूप में भी जाना जाता है, जो मंदिर में परिवार देवताओं के लिए बली (अन्नदाता) देने के लिए निगरानी करने वाली मूर्ति है।

अंकुरार्पण

नौ दिवसीय उत्सव (ब्रह्मोत्सव) अंकुरार्पण नामक एक अनुष्ठान के साथ शुरू होता है और सेनाधिपति उत्सव ब्रह्मोत्सव के शुरू होने से एक दिन पहले आयोजित किया जाता है, जब भगवान वेंकटेश्वर की सेना के प्रमुख विश्वकसेन को मंदिर की चार सड़कों के चारों ओर एक निश्चित विधि विधान से शोभायात्रा में निकाला जाता है। यह एक प्रतीकात्मक महत्व के रूप में होता है कि त्योहार उनकी देखरेख और नियंत्रण में आयोजित किया जाएगा।

अंकुरार्पण का शाब्दिक अर्थ है शुरुआत या उद्घाटन करना और इसका उद्देश्य त्योहार/अनुष्ठान मनाने और भगवान वेंकटेश्वर की कृपा पाने के लिए एक संकल्प करना है। आगम शास्त्र के अनुसार इसे विशेष रूप से ब्रह्मोत्सव के दौरान शुरू होने वाले महत्वपूर्ण अनुष्ठानों में से एक कहा जाता है और इसका अर्थ है बीज बोना और यह अनुष्ठान शाम को किया जाता है। इस अनुष्ठान के दौरान, नव धान्य के बीज मुख्य पुजारी द्वारा एक बर्तन में बोए जाते हैं और पूरे नौ दिनों तक रखे जाते हैं। माना जाता है कि बीजों से अंकुरित होते हैं जो इस बात का संकेत और सूचना देते हैं कि उत्सव बिना किसी दोष और विघ्न के कितनी अच्छी तरह से आयोजित किया गया था।

प्रथम दिवस: ध्वजारोहण

उत्सव की शुरुआत ध्वजारोहण से होती है, ध्वजस्तंभ (फ्लैगपोल) के ऊपर पवित्र ध्वज फहराया जाता है। ध्वज, जिसे गरुड़ ध्वज के नाम से जाना जाता है, भगवान विष्णु के दिव्य वाहन भगवान गरुड़ का प्रतिनिधित्व करता है। इसका फहराना ब्रह्मोत्सव की शुरुआत का प्रतीक है और जो अपने भक्तों के बीच भगवान वेंकटेश्वर के आगमन की घोषणा करता है। इस दिन भगवान पेड्डा शेष वाहन में सवार होकर निकलते हैं। आंदोलिका में (पालकी जैसा वाहन) भगवान शोभायात्रा में निकलते हैं जिसके साथ ध्वजारोहण होता है।

नौ दिवसीय ब्रह्मोत्सवम उत्सव के पहले दिन सुबह यह ध्वजारोहण समारोह होता है। ध्वज के शीर्ष पर गरुड़ (भगवान विष्णु का वाहन) के चित्र के साथ एक ध्वज (गरुड़ध्वज) फहराया जाता है। ध्वजः स्तम्भ। ब्रह्मोत्सव उत्सव में शामिल होने के लिए सभी देवताओं को औपचारिक निमंत्रण भेजने का एक प्रतीकात्मक महत्व है। आम बोलचाल में 'ध्वजा' के नाम से जाना जाने वाला ध्वजधार्मिक बोलचाल में गर्व के प्रतीक के रूप में निरूपित किया जाता है; यह उस विशेष देवता की मान्यता और प्रतिष्ठा तथा सम्मान का प्रतीक है।

मंगलम भगवान विष्णुः मंगलम मधुसूदनः
मंगलम पुंडरीकाक्षः मंगलम गरुड़ध्वजः:
उत्तिस्तोत्तिष्ठ! गोविंदा! उत्तिष्ठ गरुड़ध्वज!
उत्तिष्ठ कमलाकांता! त्रैलोक्यम मंगलम कुरु;

हर सुबह, देवता को तिरुमला की सड़कों के माध्यम से विभिन्न दिव्य वाहनों में औपचारिक रूप से ले जाया जाता है, जिससे उनके भक्तों को उनके दिव्य वैभव की झलक मिलती है।

द्वितीय दिवसः- दूसरे दिन का प्रातः काल के समय का वाहन चिन्न शेष वाहन होता है। इस तरह आदि-शेष को पहले और दूसरे दिन भगवान का वाहन बनने का सौभाग्य प्राप्त होता है। शाम के समय भगवान हँस वाहन पर सवार होकर निकलते हैं। हंस का अर्थ है 'शुद्ध'। माना जाता है कि हंस के पास एक उच्च बौद्धिक क्षमता है, और वह अच्छे और बुरे के बीच अंतर कर सकता है। भगवान ब्रह्मा न केवल अपने वाहन के रूप में हंस का उपयोग करते हैं, बल्कि वेदों का पाठ करने के लिए भी करते हैं (ऐसा माना जाता है कि वेद विष्णु की आत्मा से निकले हैं)।

तृतीय दिवसः- तीसरे दिन की सुबह, देवताओं को सिंहवाहन पर ले जाया जाता है। सिंह शासन और शक्ति का प्रतीक है। माना जाता है कि भगवान ने राक्षस हिरण्यकशिपु को मारने के लिए नरसिंह (आधा आदमी और आधा शेर) का रूप धारण किया था। इसलिए, भगवान वेंकटेश्वर ब्रह्मोत्सव के तीसरे दिन सिंह को अपने वाहन के रूप में उपयोग करते हैं। रात में उंजाल सेवा का आयोजन किया जाता है। इसके बाद देवता मुतयालपंडीरी वाहन में सवार होते हैं, जिसे मोतियों की छतरी से सजाया जाता है। मोती शुद्धता और भव्यता का प्रतीक है।

चतुर्थ दिवसः- चौथे दिन, देवताओं को सुबह कल्पवृक्ष वाहन में ले जाया जाता है। कल्पवृक्ष एक ऐसा पेड़ है जिसके बारे में माना जाता है कि यह वरदान देता है और भक्तों की इच्छाओं को पूरा करता है। कल्पवृक्ष के आकार का वाहन दर्शाता है कि भगवान वरदान देते हैं और अपने भक्तों की इच्छाओं को पूरा करते हैं। रात में, उंजाल सेवा के बाद, देवताओं को सर्वभूपाल वाहन में ले जाया जाता है। सर्वभूपाल का अर्थ है 'धरती माता के सभी राजा।' भगवान विष्णु की तरह राजाओं को हमेशा अपनी प्रजा की रक्षा करनी चाहिए (न विष्णुहु पृथिवी पथिहि)। भगवान विष्णु को उनके आदर्शों के लिए धन्यवाद देने और उनसे प्रार्थना करने के लिए, दिग्पाल ब्रह्मोत्सव के चौथे दिन सर्वभूपाल वाहन का रूप धारण करते हैं।

पंचम दिवस:- पांचवें दिन, सुबह के समय भगवान के मोहिनी रूप अवतार को ध्यान में रखकर शोभा यात्रा का आयोजन होता है। देवताओं और राक्षसों ने क्षीरसागर मंथन के द्वारा अमृत और अन्य पवित्र रत्न प्राप्त किये। अमृत को पाने के लिए देवताओं और दैत्यों में युद्ध हुआ। भगवान विष्णु ने तब मोहिनी का रूप धारण किया और देवताओं के लिए अमृत प्राप्त किया। भगवान को मोहिनी की तरह तैयार किया जाता है, और उन्हें एक पालकी में ले जाया जाता है। उसी शोभायात्रा में भगवान कृष्ण को भी ले जाया जाता है। रात में उंजाल सेवा के बाद, भगवान और उनकी पत्नियों को गरुड़ वाहन पर बैठाया जाता है। उस दिन भगवान को मकरकांति और अन्य अनेक हीरे के बहुमूल्य हारों और मालाओं से सजाया जाता है। पक्षियों के राजा गरुड़, वेदों (वेदात्मा विहंगमेश्वरः) की प्रतिकृति हैं, जबकि भगवान विष्णु वेदों के देवता हैं। इसलिए, भगवान खुद को गरुड़ में देखते हैं। गरुड पर आसीन भगवान विष्णु के दर्शन मात्र से अनेक पापों का नाश होता है और सुकर्मों का फल मिलता है।

ब्रह्मोत्सव के सबसे विस्मयकारी क्षणों में से एक गरुड़ सेवा है, जहां भगवान वेंकटेश्वर एक सुनहरे मंच पर विराजमान हैं, जिसे हजारों भक्तों द्वारा उठाया जाता है। यह खगोलीय दृष्टि उन भाग्यशाली लोगों के दिलों पर एक अमिट छाप छोड़ती है जो इसे देखने के लिए पर्याप्त हैं, जो अपने समर्पित अनुयायियों के साथ परमात्मा के मिलन का प्रतीक है।

षष्ठ दिवस:- छठे दिन की सुबह, देवताओं को एक सुंदर ढंग से सजाए गए हनुमंत वाहन पर ले जाया जाता है। हनुमान जी भगवान विष्णु के अवतार श्री राम के सबसे बड़े भक्तों में से एक हैं। यदि हनुमंत वाहन पर भगवान की एक झलक भक्त पाते हैं तो वे वास्तव में धन्य हो जाते हैं। छठे दिन उंजाल सेवा नहीं की जाती है। इसके बजाय, वसंतोत्सव मनाया जाता है। रात्रि में भगवान को गज वाहन पर आरूढ़ किया जाता है। गज (हाथी) को सामवेद से उत्पन्न भी कहा जाता है। यह धन का प्रतीक है (गजमतम ऐश्वर्यम)। यह ऐरावत का भी प्रतीक है। इसलिए, भगवान को ब्रह्मोत्सवम के दौरान गज वाहन पर सवार कर ले जाया जाता है। शाम को लुभावने दृश्य देखे जाते हैं जिन्हें रथोत्सव के नाम से जाना जाता है। देवता कीमती रत्नों और जीवंत फूलों से सजे रथ में विराजमान हैं, जिन्हें भक्त बड़े चाव से खींचते हैं। वातावरण भजनों और प्रार्थनाओं की लयबद्ध ध्वनि और भगवान वेंकटेश्वर की महिमा का आनंद लेने वाले भक्तों के हर्षोल्लास से गूंज उठता है।

सप्तम दिवस:- सातवें दिन की सुबह, भगवान सूर्यप्रभा वाहन (सूर्य रथ) पर सवार होते हैं। अदिति के पुत्र सूर्य, भगवान विष्णु (सूर्य नारायण) का दूसरा रूप हैं। हिंदू पौराणिक कथाएँ सूर्य केंद्रित सिद्धांत का समर्थन करती हैं, और मानती हैं कि भगवान विष्णु ब्रह्मांड

के केंद्र हैं (ध्यासदा सावित्रुमंडल मध्यवर्ती)। इसका प्रतीक करने के लिए, भगवान वेंकटेश्वर सूर्यप्रभा वाहन का उपयोग करते हैं। रात में उंजाल सेवा के बाद, भगवान को चंद्रप्रभा वाहन में तिरुमला की चमकदार रोशनी वाली सड़कों पर चारों ओर ले जाया जाता है। चंद्र मन के सेनापति हैं (चंद्रमा मनसो जातः)। वह औषधि के स्वामी भी हैं। ऐसा माना जाता है कि चंद्रप्रभा वाहन में सवारी करना भगवान के लिए सुखद अनुभव है। भगवान की संतुष्टि से भक्तों के मन को शांति मिलती है और अच्छी फसल होती है।

अष्टम दिवस:- आठवें दिन रथोत्सवम मनाया जाता है, जिसमें भगवान को रथ में बैठाया जाता है और सुबह शोभायात्रा में ले जाया जाता है। ऐसा माना जाता है कि जो लोग रथोत्सव के साक्षी होंगे उनका पुनर्जन्म नहीं होगा (रथोत्सवं केशवं दृष्ट्वा पुनर्जन्म न विद्यते)। रथ को भक्तों द्वारा खींचा जाता है, जो गोविंदा... गोविंदा का जप करते हैं। यह एकमात्र अवसर है जब भक्तों को ब्रह्मोत्सव के दौरान भगवान की सेवा करने का मौका मिलता है।

रात में उंजाल सेवा के बाद, देवताओं को अश्व (घोड़ा) वाहन में ले जाया जाता है। घोड़े प्राचीन काल में सैन्य बलों के चार पंखों (रथ, गज, तुरंग और पाड़ा) में से एक थे। अश्वऊर्जा का प्रतीक है, जिसका अर्थ है 'तेज दौड़ने वाला।' भगवान वेंकटेश्वर जब परुवेता के लिए जाते हैं तो घोड़े पर सवार होकर यात्रा करते हैं। हिंदू पौराणिक कथाओं के अनुसार, क्षीर सागर मंथन के दौरान श्री महालक्ष्मी, ऐरावत और अमृत के साथ अश्व की भी प्राप्ति हुई थी।

नवं दिवस:- अंतिम दिन, सुबह पालकी सेवा और चक्रस्नान महोत्सव और शाम को झंडावरोहण किया जाता है। शोभायात्रा की मूर्तियों का तेल, हल्दी और अन्य शुभ सामग्रियों से अभिषेक किया जाता है। सुदर्शन चक्र को स्वामी पुष्करिणी में स्नान कराया जाता है। इसके बाद गरुड़ ध्वज को उतारा जाता है। ब्रह्मोत्सवम का अंतिम दिन चक्र स्नान या भगवान विष्णु के दिव्य चक्र सुदर्शन चक्र का पवित्र स्नान है। पवित्र मंत्रों और अनुष्ठानों के बीच, सुदर्शन चक्र को पुष्करिणी में स्नान कराया जाता है, जो भव्य उत्सव के पूर्ण होने का प्रतीक है। ऐसा माना जाता है कि यह अनुष्ठान आत्मा को शुद्ध करता है और सभी के लिए समृद्धि और कल्याण लाता है।

ब्रह्मोत्सव का महत्व भव्यता और तमाशे के दायरे से परे है। यह बुराई पर अच्छाई की जीत और परमात्मा और भक्त के बीच शाश्वत बंधन का प्रतिनिधित्व करता है। यह भगवान वेंकटेश्वर की परोपकारिता और उनके अनुयायियों के जीवन में उनकी शाश्वत उपस्थिति

की याद दिलाता है। ब्रह्मोत्सव आध्यात्मिक कायाकल्प के रूप में कार्य करता है, भक्तों को भक्ति में डूबने और एक पूर्ण जीवन के लिए आशीर्वाद लेने का अवसर प्रदान करता है।

दक्षिण भारत में एक लोकप्रिय कहावत है: वेंकटाद्रि समस्थानं ब्रह्मांडे नास्ति किंचनः (तिरुमला जैसा कोई स्थान नहीं है और भगवान वेंकटेश्वर जैसा कोई भगवान इस ब्रह्मांड में और नहीं है)। और वास्तव में, ब्रह्मोत्सव के दौरान मंदिर में जाना एक अनूठा अनुभव है–चित्ताकर्षक और आनंदपूर्ण अनुष्ठानों के बीच, भक्ति का ज्वार, आपकी आस्था की परवाह किए बिना, निश्चित रूप से आपको अपनी चपेट में ले लेगा। दक्षिण भारत के प्रतिष्ठित समाचारपत्र 'द हिंदू' में इन दिनों की जो रिपोर्ट प्रकाशित होतीं हैं और लाखों लोगों की भीड़ के रंगीन चित्र दिखाए जाते हैं, उन्हें देख-देख लोग दाँतों तले उँगलियाँ दबा लेते हैं।

ब्रह्मोत्सव के समान मंदिर में अन्य उत्सव भी सम्पन्न होते हैं। ब्रह्मोत्सव को 'तिरुक्कोडि तिरुमाल' भी कहते हैं। 'कोदै तिरुणाल' अप्रैल–मई महीने में बीस दिन तक होता है। इसी प्रकार अध्ययनोत्सव (वैष्णवों के द्वारा पाशुरों का गायन) की व्यवस्था जीयरों द्वारा की गई। 'अन्ना उँजल' में भगवान की चल मूर्ति को हँस के आकर की पालकी में डोलाया जाता है। 'तोपपु तिरुणाल' बाग में मनाया जाता है। कृष्ण जन्माष्टमी के अवसर पर 'उरि–अडि' (तेलुगु में 'उत्तल पंडग') का खेल होता है जिसमें मटकी फोड़ी जाती है। एकादशी का व्रत तो एक उत्सव ही है। 'उगादि', 'पोंगल' आदि न जाने कितने उत्सव और त्योहार हैं जो यहाँ मनाए जाते हैं।

❒

प्रकरण-11

श्रीवारी सुप्रभातं

श्रीवारी सुप्रभातं एक संस्कृत स्तोत्र है जिसका पारंपरिक रूप से तिरुमाला वेंकटेश्वर मंदिर में सुबह-सुबह पाठ किया जाता है। यह मंदिर के पीठासीन देवता भगवान वेंकटेश्वर की जागृति, महिमा और स्तुति का एक स्तोत्र है।

श्रीवारी सुप्रभातं की रचना पंद्रहवीं शताब्दी में महान वैष्णव संत, श्री प्रथिवादी भयानकम अन्नान द्वारा की गई थी। भजन में चार भाग होते हैं– सुप्रभातं,श्री वेंकटेश स्तोत्रम, प्रपत्ति, और मंगलासनं। भजन के सुप्रभातं खंड में 29 छंद हैं और मंदिर के आम भक्तों के लिए खुलने से पहले सुबह में इसका पाठ किया जाता है। ऐसा माना जाता है कि इस भजन का पाठ करने से भक्तों को शांति, समृद्धि और अच्छा स्वास्थ्य मिलता है। तिरुमाला वेंकटेश्वर मंदिर में हर सुबह इस भजन का पाठ किया जाता है और इसे मंदिर के दैनिक अनुष्ठानों का एक पवित्र और अभिन्न अंग माना जाता है। यह भक्तों द्वारा अपने घरों और दुनिया भर के अन्य वेंकटेश्वर मंदिरों में भी लोकप्रिय है। यहां देवनागरी लिपि में श्रीवारी सुप्रभातं का एक छंद है:

उदयस्तमयं विदितो जनताकल्पवृक्षः
कामधेनुः पत्तनिकारः शुभद्रिः
शास्त्रीयविहिंगलवाटजस्तन्ती
स्वदेशोद्भववेणुगोपवनसङ्घः॥

अनुवादः

लोगों की मनोकामना पूर्ण करने वाला वृक्ष, स्वर्गीय गाय कामधेनु, हर मनोकामना देने वाला वृक्ष, सुभद्री और अपने ही देश में दूध देने वाली गायों का समूह, भोर होने के बारे में सभी जानते हैं।

श्रीवारी सुप्रभातं एक विशेष पूजा है जो तिरुमाला बालाजी मंदिर में भगवान वेंकटेश्वर को जगाने के लिए की जाती है। यह पूजा हर सुबह 2:30 बजे शुरू होती है और पुजारी

इसमें भगवान के लिए सुप्रभातम (भक्ति गीत) का पाठ करते हैं। पूजा के बाद, भक्तों को गर्भगृह में भगवान के दर्शन करने की अनुमति मिलती है। यहां कुछ महत्वपूर्ण बिंदु दिए गए हैं:

- **समय:-** सुप्रभात सेवा हर दिन सुबह 2:30 बजे शुरू होती है।
- **स्थान:-** यह पूजा तिरुमाला बालाजी मंदिर के गर्भगृह में की जाती है।
- **भक्ति गीत:-** पूजा में सुप्रभातम नामक भक्ति गीत का पाठ किया जाता है, जो भगवान को जगाने के लिए होता है।
- **दर्शन:-** पूजा के बाद, भक्तों को गर्भगृह में भगवान वेंकटेश्वर के दर्शन करने की अनुमति मिलती है।
- सुप्रभात सेवा के बाद, थोमाला सेवा होती है, जो भगवान का माला शृंगार होती है। सुप्रभात सेवा के लिए टिकट की कीमत 120 रुपये है, जबकि थोमाला सेवा के लिए 220 रुपये है।

❒

प्रकरण-12

श्रीनिवास कल्याणम

श्रीनिवास कल्याणम एक हिंदू विवाह समारोह है जो भगवान श्री वेंकटेश्वर (जिन्हें श्रीनिवास के नाम से भी जाना जाता है) और उनकी पत्नी, देवी पद्मावती (जिन्हें अलमेलुमंगा के नाम से भी जाना जाता है) के दिव्य विवाह का जश्न मनाने के लिए किया जाता है। श्री वैष्णव परंपरा में विवाह समारोह एक महत्वपूर्ण घटना है और माना जाता है कि यह आशीर्वाद और समृद्धि लाता है।

श्रीनिवास कल्याणम समारोह आमतौर पर भगवान श्री वेंकटेश्वर को समर्पित मंदिरों में किया जाता है, विशेष रूप से भारत के आंध्र प्रदेश में तिरुमाला वेंकटेश्वर मंदिर में। इस समारोह में वैदिक भजनों का पाठ और विभिन्न अनुष्ठानों का प्रदर्शन शामिल है, जिसमें वर-वधू के बीच माला का आदान-प्रदान, वधू के गले में पवित्र धागा (मंगलसूत्र) बांधना और अंगूठियों का आदान-प्रदान शामिल है।

समारोह के दौरान, वर-वधू को भगवान श्री वेंकटेश्वर और देवी पद्मावती का प्रतिनिधित्व माना जाता है, और उनका मिलन दो दिव्य शक्तियों के मिलन का प्रतीक माना जाता है। समारोह के समय आमतौर पर सभी अभ्यागतों के लिए एक भव्य भोज (प्रसाद) का आयोजन होता है।

श्रीनिवास कल्याणम श्री वैष्णव परंपरा में एक महत्वपूर्ण उत्सव है, क्योंकि यह भगवान श्री वेंकटेश्वर और देवी पद्मावती के दिव्य युगल के मिलन के महत्व और उनके द्वारा नव-वधू और वर को उनके परिवारों को मिलने वाले आशीर्वाद का कारण बनता है।

कल्याण श्रीनिवास-श्रीनिवास मंगलपुरम

श्री कल्याण वेंकटेश्वर स्वामी का मंदिर चित्तूर जिले के पश्चिम तिरुपति से लगभग12 किमी दूर श्रीनिवास मंगापुरम में स्थित है। इस मंदिर में उत्सव और अनुष्ठान बहुत लंबे समय से यहां किए जा रहे हैं। श्री कल्याण वेंकटेश्वर स्वामी मंदिर को तिरुमाला मंदिर के बगल में पवित्र माना जाता है। जो लोग तिरुमाला जाने में असमर्थ हैं, वे अपनी मनोकामना पूरी

करने के लिए भगवान श्री कल्याण वेंकटेश्वर स्वामी के दर्शन कर सकते हैं। जैसा कि नाम से संकेत मिलता है, यह मंदिर नवविवाहित जोड़ों के लिए महत्व रखता है। नवविवाहित जोड़े सबसे पहले इस मंदिर में पूजा करते हैं क्योंकि यही वह स्थान है जहां भगवान श्री कल्याण वेंकटेश्वर स्वामी देवी पद्मावती देवी के साथ शादी के ठीक बाद छह महीने तक रहे थे।

कल्याण उत्सवम

कल्याण उत्सवम तिरुमला और तिरुचनूर के मंदिरों में एक महत्वपूर्ण उत्सव है। कल्याण उत्सवम एक धार्मिक आयोजन है जो भगवान वेंकटेश्वर (जिन्हें भगवान बालाजी के नाम से भी जाना जाता है) की दिव्य पत्नी, देवी पद्मावती के साथ अलौकिक विवाह का स्मरण कराता है। उत्सव में आमतौर पर विस्तृत अनुष्ठान, जुलूस और सांस्कृतिक कार्यक्रम शामिल होते हैं। कल्याण उत्सवम के दौरान, देवताओं को उत्तम गहनों और पारंपरिक शादी की पोशाक से सजाया जाता है। उत्सव का मुख्य आकर्षण "कल्याणोत्सवम" समारोह है, जहां दिव्य विवाह को बड़ी भक्ति और उत्साह के साथ फिर से दिखाया जाता है। इस पवित्र घटना को देखने के लिए भक्त बड़ी संख्या में इकट्ठा होते हैं और भगवान वेंकटेश्वर और देवी पद्मावती का आशीर्वाद लेते हैं।

उत्सव वैशाख (मई) के महीने में शुक्ल पक्ष के 9वें दिन शुरू होता है और 11वें दिन विवाह समारोह के साथ समाप्त होता है। 9वें दिन, भगवान वेंकटेश्वर और देवी पद्मावती के देवताओं को उनके संबंधित मंदिरों से बाहर लाया जाता है और मंदिर के प्रांगण में मंडपम या मंडप में रखा जाता है। देवताओं को तब फूलों और मालाओं से सजाया जाता है, और पुजारी उनकी पूजा या अनुष्ठान करते हैं।10वें दिन, तिरुपति की सड़कों से देवताओं का जुलूस निकलता है। देवताओं को एक सजाए गए रथ पर ले जाया जाता है, और शोभा यात्रा संगीत और नृत्य के साथ होती है। शोभायात्रा मंदिर पर समाप्त होती है, जहां देवता-गणों की उत्सव-मूर्तियों को फिर से मंडपम में रखा जाता है।11वें दिन विवाह की रस्म होती है। देवताओं को एक सिंहासन पर बैठाया जाता है, और पुजारी विवाह की रस्में निभाते हैं। पुजारी मंत्रों का जाप करते हैं, और देवताओं को प्रार्थना और उपहार भेंट किए जाते हैं। समारोह के बाद, देवताओं को उनके संबंधित मंदिरों में वापस ले जाया जाता है।

तिरुपति के पास स्थित तिरुचनूर में पद्मावती अम्मावरी मंदिर स्थित है, जो देवी पद्मावती को समर्पित है। तिरुमला में मुख्य उत्सव के अलावा, तिरुचानूर मंदिर में भी समारोह आयोजित किए जाते हैं, जो तिरुपति से लगभग 10 किलोमीटर की दूरी पर स्थित है। ऐसा माना जाता है कि वह यहां अपने मूल रूप में निवास करती हैं। तिरुचानूर में उत्सव तिरुमला के समान हैं, लेकिन वे छोटे पैमाने पर हैं।

अथ श्री पद्मावती कथा

रामानुज दर्शन में, श्री भगवान का स्त्री रूप है, और अक्सर देवी लक्ष्मी से जुड़ा होता है। उन्हें शुभ, सुंदर और वांछनीय सभी के अवतार के रूप में देखा जाता है। उन्हें उस शक्ति के रूप में भी देखा जाता है जो ब्रह्मांड को बनाए रखती है और इसके विकास को लाती है। रामानुज का मानना था कि श्री भगवान का एक अनिवार्य रूप हैं और उन्हें उनसे अलग नहीं किया जा सकता है। उन्होंने तर्क दिया कि उपनिषद, हिंदू धर्म के पवित्र ग्रंथ, स्पष्ट रूप से कहते हैं कि भगवान पुरुष और महिला दोनों हैं। बृहदारण्यक उपनिषद में, उदाहरण के लिए, यह कहा गया है कि भगवान "अर्ध नारीश्वर" हैं। "आत्मा आधा पुरुष और आधी स्त्री है। पुरुष दाहिनी ओर है, स्त्री बाईं ओर है। स्वयं दोनों है। स्वयं पुरुष और स्त्री दोनों हैं।"

यह कथन बृहदारण्यक उपनिषद के चौथे अध्याय से है, और यह याज्ञवल्क्य और उनकी पत्नी मैत्रेयी के बीच वास्तविकता की प्रकृति के बारे में चर्चा का हिस्सा है। इस मार्ग में, याज्ञवल्क्य समझा रहे हैं कि आत्मा, या आत्मान, परम वास्तविकता है। उनका कहना है कि आत्मा पुरुष और स्त्री दोनों है, और यह द्वैत ब्रह्मांड में परिलक्षित होता है। शरीर का दाहिना भाग पुरुष सिद्धांत से जुड़ा है, और शरीर का बायां भाग स्त्री सिद्धांत से जुड़ा है। ये दो सिद्धांत अविभाज्य रूप से जुड़े हुए हैं, और ये दोनों ब्रह्मांड के निर्माण और जीविका के लिए आवश्यक हैं। बृहदारण्यक उपनिषद का यह मार्ग हिंदू धर्म में श्री की अवधारणा के विकास में सबसे महत्वपूर्ण ग्रंथों में से एक है। यहीं पर हम पहली बार इस विचार को देखते हैं कि ईश्वर नर और नारी दोनों हैं। यह विचार सदियों से कई हिंदू दार्शनिकों और धर्मशास्त्रियों द्वारा विकसित और विस्तृत किया गया है, और यह आज भी हिंदू धर्म में एक महत्वपूर्ण अवधारणा है।

रामानुज का यह मानना था कि श्री ही वह साधन है जिसके द्वारा मनुष्य मोक्ष, या जन्म और मृत्यु के चक्र से मुक्ति प्राप्त कर सकता है। उन्होंने तर्क दिया कि श्री का ध्यान करके और उनकी शिक्षाओं का पालन करके, मनुष्य ईश्वर को जान सकते हैं और उनसे मिलन प्राप्त कर सकते हैं।

श्री की अवधारणा रामानुज दर्शन के केंद्र में है, और इसका हिंदू धर्म के विकास पर गहरा प्रभाव पड़ा है। श्री को आशा, प्रेम और करुणा के प्रतीक के रूप में देखा जाता है, और वह दुनिया भर में लाखों लोगों को प्रेरित करती रहती हैं।रामानुज दर्शन में श्री की कुछ प्रमुख विशेषताएं इस प्रकार हैं:

1. श्री भगवान का स्त्री रूप है।
2. वह उन सभी का अवतार है जो शुभ, सुंदर और वांछनीय हैं।

3. वह वह शक्ति है जो ब्रह्मांड को बनाए रखती है और इसके विकास को लाती है।
4. वह ईश्वर का एक आवश्यक पहलू है और उसे उससे अलग नहीं किया जा सकता है।
5. वह साधन है जिसके द्वारा मनुष्य मोक्ष प्राप्त कर सकता है।
6. वह आशा, प्रेम और करुणा का प्रतीक है।

श्री की अवधारणा एक समृद्ध और जटिल है, और आज भी विद्वानों द्वारा इसका अध्ययन और बहस जारी है। हालाँकि, इसमें कोई संदेह नहीं है कि यह सनातन धर्म में एक महत्वपूर्ण और प्रभावशाली अवधारणा है, और दुनिया भर के लाखों लोगों के जीवन पर इसका गहरा प्रभाव पड़ा है।

यमुनाचार्य 12वीं शताब्दी के एक भारतीय दार्शनिक और धर्मशास्त्री थे, जिन्हें विशिष्टाद्वैत दर्शन के विकास में सबसे महत्वपूर्ण व्यक्तियों में से एक माना जाता है। उनका जन्म श्री पेरंबुदूर, तमिलनाडु, भारत में हुआ था और उन्होंने अद्वैत दार्शनिक आदि शंकराचार्य के अधीन अध्ययन किया था। यमुनाचार्य अंततः शंकराचार्य के दर्शन से असहमत हो गए, और उन्होंने अपनी विचार प्रणाली विकसित की, जिसे उन्होंने विशिष्टाद्वैत कहा।

विशिष्टाद्वैत एक गैर-द्वैतवादी दर्शन है जो मानता है कि ब्रह्म, परम वास्तविकता, एक और कई दोनों हैं। ब्रह्म इस अर्थ में एक है कि यह समस्त अस्तित्व का आधार है, और यह इस अर्थ में अनेक है कि यह स्वयं को अनेक रूपों में अभिव्यक्त करता है। विशिष्टाद्वैत के अनुसार संसार एक भ्रम नहीं है, बल्कि यह ब्रह्म की एक वास्तविक अभिव्यक्ति है। यमुनाचार्य का दर्शन उपनिषदों, भगवद गीता और ब्रह्म सूत्र पर आधारित था। उन्होंने श्री वैष्णव परंपरा की शिक्षाओं को भी आकर्षित किया, जो एक वैष्णव संप्रदाय है जो विष्णु को सर्वोच्च मानते हैं। यमुनाचार्य का सबसे महत्वपूर्ण काम आगम प्रमाण्यम है, जो आगम या शास्त्रों के अधिकार पर एक ग्रंथ है।

यमुनाचार्य धन और समृद्धि की देवी श्री की स्तुति में अपनी चतुष्लोकी, या चार छंदों के लिए जाने जाते हैं। चतुष्लोकी एक सुंदर और मार्मिक कविता है जो यमुनाचार्य की श्री के प्रति गहरी भक्ति को व्यक्त करती है। ये पद्य विशिष्टाद्वैत दर्शन में भक्ति के महत्व की याद दिलाते हैं, और यह कई लोगों के लिए प्रेरणा का स्रोत है।

श्री विश्व की ज्योति हैं,
वो है सब खुशियों की जननी,
वह सभी सुंदरता का अवतार है,
वह वह है जो सभी इच्छाओं को प्रदान करती है।

यमुनाचार्य की चतुष्लोकी विशिष्टाद्वैत दर्शन का एक उत्कृष्ट उदाहरण है। विद्वान गुरु इस विचार को व्यक्त करते हैं कि श्री एक भ्रम नहीं है, बल्कि ब्रह्म की वास्तविक अभिव्यक्ति हैं। यमुनाचार्य की चतुष्लोकी एक सुंदर और प्रेरक कविता मात्र नहीं है जिसका कई भाषाओं में अनुवाद किया गया है, बल्कि यह हिंदुओं के बीच एक लोकप्रिय प्रार्थना है, और अक्सर त्योहारों और अन्य धार्मिक समारोहों के दौरान इसका पाठ किया जाता है। ये चार-श्लोक 'श्री' की भक्ति के महत्व की याद दिलाती है।

श्री स्तुति

'श्री स्तुति' देवी लक्ष्मी की स्तुति में 13वीं शताब्दी के हिंदू दार्शनिक वेदांत देसिक द्वारा रचित एक 25 श्लोकों की स्तुति है। यह भक्त की लक्ष्मी जी के प्रति गहरी भक्ति की एक सुंदर और मार्मिक अभिव्यक्ति है। यह विशिष्टाद्वैत दर्शन का एक उत्कृष्ट उदाहरण भी है। स्तुति में लक्ष्मी जी की सर्वोच्च देवी, सभी अच्छी वस्तुओं का स्रोत और सभी इच्छाओं को पूरा करने वाली देवी के रूप में स्तुति की जाती है। फिर भक्त-कवि लक्ष्मी माता के कई गुणों का वर्णन करता है, जिसमें उसकी सुंदरता, उसकी करुणा और उसकी बुद्धि शामिल है। कवि विष्णु की पत्नी के रूप में लक्ष्मी जी की 'श्री' भूमिका पर भी जोर देता है, जो विशिष्टाद्वैत दर्शन में सर्वोच्च माना जाता है। स्तुति लक्ष्मी जी से उनके आशीर्वाद के लिए प्रार्थना करने के साथ समाप्त होती है। वे देवी जी को सभी कष्टों से बचाने के लिए, उसे मोक्ष (जन्म और मृत्यु के चक्र से मुक्ति) प्रदान करने और अनेक आध्यात्मिक लक्ष्यों को प्राप्त करने में सहायता करने के लिए कहता है।

श्री स्तुति एक सुंदर और प्रेरक स्तोत्र है। यह भक्तों के बीच एक लोकप्रिय प्रार्थना भी है, और अक्सर त्योहारों और अन्य धार्मिक समारोहों के दौरान इसका पाठ किया जाता है। यहाँ श्री स्तुति का एक अंश हिंदी अनुवाद के साथ दिया जा रहा है:

धन और समृद्धि की देवी श्री को नमस्कार
वह जो सभी अच्छी चीजों का स्रोत है,
वह जो सभी इच्छाओं को प्रदान करता है,
जो सब दुखों को दूर करता हैं,
वह सभी सुंदरता का अवतार है,
वह सभी प्राणियों की रक्षा करने वाली,
वह वह है जो सभी अच्छी चीजों को प्रदान करती है,
वह वह हैं जो सभी प्रशंसा के योग्य है।

मैं श्री श्री को प्रणाम करता हूँ,
धन और समृद्धि की देवी,
क्या वह मुझे वह सब दे सकती है जो मैं चाहता हूं,
और क्या वह मुझे मुक्ति के मार्ग पर ले जा सकती है।
वह वह है जो सभी प्रशंसा के योग्य है।

वेंकटद्वारी 17वीं सदी के एक भारतीय संत और विद्वान थे, जो कांचीपुरम शहर में रहते थे। श्री वेंकटधवरी का जन्म कांचीपुरम के पास अरसानीपलाई में हुआ था और वे श्री वेदांतदेसिका के अनुयायी थे। उन्हें कविता और लेखन में महारत हासिल थी। वह संस्कृत के एक महान विद्वान थे और गजवाल के राजा के दरबार में एक संस्थागत विद्वान भी थे। वह एक वैष्णव ब्राह्मण और विष्णु के अवतार भगवान वेंकटेश्वर के भक्त थे। वेंकटद्वारी एक विपुल लेखक थे और उन्होंने दर्शन, धर्म और साहित्य सहित विभिन्न विषयों पर कई रचनाएँ कीं। राम कथा पर आधारित चंपू ग्रंथ की रचना के तुरंत बाद, श्री वेंकटअध्वरी स्वामी ने अपनी दृष्टि खो दी। उन्होंने स्वीकार किया कि चंपू में भागवतों के प्रति उनके अनजाने में किए गए अपराध के कारण उनकी आंखों की रोशनी चली गई थी। स्वामी ने श्री पद्मासनी थायार (थिरुच्चानुर के अलारमेल मंगई) से प्रार्थना की और 25 स्थापकमों में स्थापित 1018 सुंदर श्लोकों की रचना की। थायर के कारुण्यम के कारण, स्वामी ने अपनी खोई हुई दृष्टि वापस पा ली।

वेंकटद्वारी के सबसे प्रसिद्ध कार्यों में से एक लक्ष्मी सहस्रम है, जो देवी लक्ष्मी की स्तुति में 1,000 श्लोकों का एक भजन है। लक्ष्मी सहस्रम एक सुंदर और हृदयस्पर्शी कविता है जो धन, समृद्धि और सौभाग्य की देवी लक्ष्मी के गुणों का गुणगान करती है। कविता को 10 छंदों के 100 सेटों में बांटा गया है, जिनमें से प्रत्येक लक्ष्मी की महानता के एक अलग पहलू का वर्णन करता है। लक्ष्मी सहस्रम एक लोकप्रिय भक्ति पाठ है जो पूरे भारत में हिंदुओं द्वारा पढ़ा जाता है। इसका उपयोग सौभाग्य और समृद्धि के लिए प्रार्थना के रूप में भी किया जाता है। कविता लक्ष्मी की शक्ति और उनकी पूजा करने वालों को आशीर्वाद देने की उनकी क्षमता की याद दिलाती है।

यहाँ लक्ष्मी सहस्रम का एक अंश है:

हे लक्ष्मी, आप सभी अच्छे और सुंदर के अवतार हैं। आप इच्छित सभी के दाता हैं। आप समस्त सुख-समृद्धि के स्रोत हैं।

धन और प्रचुरता की देवी, हे लक्ष्मी, मैं आपको नमन करता हूं। मैं प्रार्थना करता हूं कि आप मुझे अपनी कृपा से आशीषित करें।

आप मेरे जीवन को अपने आशीर्वाद से भर दें। क्या मेरे पास खाने और पीने के लिए हमेशा पर्याप्त हो सकता है। मैं हमेशा स्वस्थ और खुश रहूं। मैं हमेशा प्यार और दोस्तों से घिरा रहूं।

मैं आपका विनम्र सेवक हूं। मैं प्रार्थना करता हूं कि आप हमेशा मेरे साथ रहेंगे।

जय लक्ष्मी!

❐

प्रकरण-13

श्री वेंकटेश्वर के गुणानुवाद गायक

श्री वेंकटेश के दर्शन मात्र से भक्त भाव विभोर हो जाता है। अनेक भक्तों, कवियों और संतों ने श्री वेंकटेश्वर की स्तुति अपने अपने शब्दों में की है। अनगिनत संत अनेक वर्षों से भगवान का गुणानुवाद गायन करते हैं।

आलवार (तमिल 'भगवत भक्ति' में डूबा हुआ) तमिल कवि एवं सन्त थे। इनका काल छठी से नौवीं शताब्दी के बीच रहा। उनके पदों का संग्रह "दिव्य प्रबन्ध" कहलाता है जो 'वेदों' के तुल्य माना जाता है। आलवार सन्त दक्षिण में भक्ति आन्दोलन के जन्मदाता माने जाते हैं। तमिल वैष्णव भक्तों की संख्या 12 है: (1) पोय्गै आलवार (2) भूतत्तालवार (3) पेयालवार (4) तिरुमालिसै आलवार(5) नम्मालवार,(6) मधुरकवि आलवार(7) कुलशेखरालवार (8) पेरियालवार (9)आण्डाल (10) तोण्डरडिप्पोड़ियालवार (11) तिरुप्पाणालवार(12) तिरुमंगैयालवार।

इन भक्तों ने भगवान का कीर्तन किया है। इनके कीर्तनों को तमिल में 'पाशुरम्' कहते हैं। ये पाशुरम् चार हजार हैं। इनमें विष्णु और उनके अनेक अवतारों के गुणों का बखान है। इनको तमिल में 'नालायिर दिव्य प्रबंधम्' कहते हैं। आलवारों में से पहले तीन को 'मुदल आलवार' कहते हैं। इनकी प्रतिष्ठा और सेवा को ही आगे चलकर श्री रामानुजाचार्य और उनके अनुयायियों ने प्रतिष्ठित किया।

तिरुपति के प्रारंभिक इतिहास पर इन चार हजार प्रबंधों से काफी प्रकाश भी पड़ता है। तमिल कविता के इस 4,000 छंदों के संग्रह में विष्णु के पवित्र 108 पूजा स्थलों को एक निश्चित संख्या में बताया जाता है। यूँ तो इन कविताओं का रचनाकाल चाहे ठीक से न पता हो लेकिन विद्वानों ने इन रचनाकारों को समूहों में जरूर बाँट लिया है। पहले तीन आलवार मूल तमिल (शेन तमिल) के कवि हैं। इसके बाद चार प्रारम्भिक आलवार हैं जिनके बारे में कम पता है किन्तु इन्होंने भक्ति और पाँचरात्र आगम को प्रतिष्ठा दिलाई। इन्होंने कुछ रीति-नीति का निर्धारण किया। इन्होंने स्वयं कभी नहीं चाहा, न ही इसका प्रयास किया कि

लोग उनके पदों को जानें। ये आलवार संत भिन्न-भिन्न जातियों में पैदा हुए थे, परंतु संत होने के कारण इन सबका समान रूप से आदर है।

इन्हीं के कथनानुसार,"संतों का एक अपना ही कुटुम्ब होता है, जो सदा भगवान में स्थित रहकर उन्हीं के नामों का कीर्तन करता रहता है। वास्तव में नीच वही है, जो भगवान नारायण की प्रेम सहित पूजा नहीं करते।"

आलवार संत स्वामी, पिता, सुहृद, प्रियतम तथा पुत्र के रूप में नारायण को ही भजते थे। और नारायण से ही प्रेम करते थे। एक कवि कहते हैं ''मेरा हृदय स्वप्न में भी उनका साथ नहीं छोड़ता है। जब तक मैं अपने स्वरूप से अनभिज्ञ था, तब तक 'मैं' और 'मेरे' के भाव को ही पुष्ट करता रहता था। परंतु अब मैं देखता हूँ कि जो तुम हो वही मैं हूँ, मेरा सब कुछ तुम्हारा है, अत: हे प्रभो! मेरे चित्त को डुलाओ नहीं, उसे सदा अपने पादपद्मों से दृढ़तापूर्वक चिपकाए रखो।' 'आलवार संतों की वाणी तथा भक्ति इसी प्रकार की थी।

भक्तिन आन्डाल

इन आलवारों में एक से एक बड़े रचनाकार हैं। इनकी कविताओं में भगवान की स्तुति है। यदि एक का ही उल्लेख करना हो तो आन्डाल पर दृष्टि रुकती है। इनकी भक्ति की तुलना राजस्थान की प्रख्यात कृष्णभक्त कवयित्री मीरा से की जाती है। प्रसिद्धि है कि वयस्क होने पर भगवान श्रीरंगनाथ के लिए जो माला यह गूँथतीं, भगवान् को पहनाने के पूर्व उसे स्वयं पहन लेतीं और दर्पण के सामने जाकर भगवान से पूछतीं, प्रभु, मेरे इस शृंगार को ग्रहण कर लोगे? तत्पश्चात् उक्त उच्छिष्ट माला भगवान् को पहनाया करतीं। विश्वास है कि इन्होंने अपना विवाह श्री रंगनाथ के साथ रचाया और उसे बड़ी धूमधाम से संपन्न किया। विवाह के उपरांत यह मतावली होकर श्रीरंगनाथ जी की शय्या पर चढ़ गईं और इनके ऐसा करते ही मंदिर में सर्वत्र एक आलोक व्याप्त हो गया। इतना ही नहीं, तत्काल इनके शरीर से भी विद्युत के समान एक ज्योतिकिरण फूटी और अनेक दर्शकों के देखते देखते यह भगवान के विग्रह में विलीन हो गई। इस घटना से संबद्ध विवाहोत्सव अब भी प्रति वर्ष दक्षिण के मंदिरों में मनाया जाता है।

आज से कोई तेरह सौ साल पहले श्रीविल्लीपुत्तूर में एक आलवार भक्त रहते थे। उनका असली नाम वैसे विष्णुचित्त था, किन्तु लोग उनको पेरियालवार कहते थे। पेरियालवार शब्द का अर्थ ही होता है—महान आलवार। आंडाल उन्हीं की पालिता कन्या थी। पेरियालवार बड़ें ही ज्ञानी भक्त थे। अपनी कुटिया के आगे उन्होंने एक फुलवारी लगा रखी थी। रंग-बिरंगे फूल उसमें खिला करते थे। फूलों को खिलते देखकर उनको

लगता, जैसे भगवान ही प्रसन्न होकर मुस्करा रहे हैं। रोज बड़े तड़के वे उठते और फुलवारी में जाकर ताजे फूल तोड़ते।

भगवान के लिए उन फूलों को माला वह अपने-आप तैयार करते थे। भगवान की पूजा-अर्चना करना और उनकी महिमा गाना ही उनका रोज का काम था।

सदा की तरह एक दिन पेरियालवार बड़े सवेरे उठे। फुलवारी में उस दिन बहुत सारे फूल खिले थे। सुबह की ठंडी हवा और फूलों की मधुर गंध ने उनके मन को पुलकित कर दिया था। फूल तोड़ते समय वह भावों में डूबकर भगवान की महिमा का गान करने लगे। फूलों की डलिया भर चली थी कि अचानक उन्होंने एक तुलसी के पौधे के नीचे किसी चीज को हिलते-डुलते देखा। उनको बड़ा कौतूहल हुआ। पास जाने पर उन्होंने देखा तो उनके अचरज का ठिकाना न रहा। वहां एक नवजात बच्ची पड़ी हुई थी। फूल की तरह उस कोमल बच्ची को उन्होंने पुलकित हो तुरंत गोद में उठा लिया।

वह भागे-भागे मंदिर में गये और भगवान की मूर्ति के सामने उस बच्ची रखकर कहने लगे, “हे प्रभो, मैं आज एक अनूठा फूल तुम्हारे लिए लाया हूँ। यह बच्ची तुमने दी है, तुमको ही भेंट करता हूँ।” पेरियलवार को उसी समय आकाशवाणी सुनाई दी, “इसका नाम गोदा रखना और अपनी बेटी की तरह इसका पालन-पोषण करना।”

तमिल में ‘गोदा’ शब्द का अर्थ होता है- ‘फूलों की माला-सी सुन्दर।’ गोदा वास्तव में वैसी ही सुन्दर थी।

भक्तराज की पुत्री होने के कारण गोदा के मन पर भक्ति के संस्कार शुरू से ही जमते गये। फूल तोड़ना, माला गूंथना, पूजा की सामग्री जुटाना आदि सब कामों में वह अपने पिता की मदद करती। पिता जब गाते, तब वह भी उनके साथ गाती। भगवान की आराधना के सिवा बाप-बेटी को और कोई काम नहीं था। इस सबका असर धीरे-धीरे गोदा पर यह पड़ा कि उसने मान लिया, उसका जीवन केवल भगवान के लिए है। वह दिन-रात भगवान के ही बारे में सोचा करती। उनको कौन-सा फूल पसन्द आयेगा, कैसी माला पहनकर वे प्रसन्न होंगे—इसी तरह की बातों पर वह घंटों विचार किया करती थी।

एक दिन मंदिर के पुजारी ने पेरियालवार से कहा, “आपको माला भगवान की पूजा के योग्य नहीं है, क्योंकि किसी ने उसे पहनकर अपवित्र कर दिया है।”

पेरियालवार को इस पर सहसा विश्वास नहीं हुआ, लेकिन उन्होंने कुछ कहा नहीं। ताजे फूलों की दूसरी माला तैयार की और भगवान को चढ़ाई। लेकिन दूसरे दिन भी वही बात हुई। जो माला वह घर से पूजा के लिए ले गये थे, उसे लेने से पुजारी ने फिर इन्कार कर दिया। यही नहीं, उसने माला में से एक बाल निकालकर दिखाते हुए कहा, “आप स्वयं

देख लीजिये। इस माला को किसी ने पहना है। कई फूलों की पंखुड़ियां भी मसली हुई-सी लगती हैं।"

पेरियालवार यह सुनकर चिंता में पड़ गये। भगवान को चढ़ाई जाने वाली माला कौन पहन सकता है! माला तो गोदा तैयार करती है। वह पहन लेगी, ऐसा सोच भी नहीं जा सकता। फिर बात क्या है? प्रभु की यह कैसी माया है! इस तरह के विचारों में काफी देर तक खोये रहे।

दूसरे दिन पेरियालवर जरा पहले ही स्नान करके मंदिर जाने के लिए तैयार हो गये। गोदा कुटिया के अन्दर थी। उन्होंने आवाज दी, "बेटी, माला तैयार हो गई क्या?"

लेकिन कोई उत्तर नहीं मिला। पेरियालवार ने झांककर देखा तो स्तब्ध रह गये। पुजारी के कथन की सचाई उनकी आंखों के आगे थी। गोदा शीशे के सामने बैठी थी। भगवान के लिए जो माला उसने तैयार की थी, वह उसके गले में झूल रही थीं वह उस माला को देखती, उसकी शोभा को निहारती, धीरे-धीरे कुछ बुदबुदाती जा रही थी। पेरियालवार ने झुँझलाकर कहा, "अरी नासमझ! तू यह क्या कर रही है?"

गोदा का ध्यान भंग हुआ। वह चौंकी, फिर पिता को देखकर तुरन्त संभल गई। गले से माला निकालते हुए वह बोली, "कुछ नहीं पिताजी, देखिये, आज मैंने कितनी सुन्दर माला बनाई है!"

भोली गोदा का यह उत्तर पिता के नहीं भाया। जीवन में पहली और शायद आखिरी बार उन्हें क्राध आया था। वह गरज उठे, "तूने सर्वनाश कर डाला! भगवान की माला पहनकर अपवित्र कर दी। ऐसी मूर्खता आखिर तूने कैसे की?"

गोदा इतनी भोली थी कि पिता के क्रोध से डरने के बदले खिल-खिलाकर हंस पड़ी। बोली, "पिताजी, आप इतने नाराज क्यों होते हैं? आज यह कोई नई बात तो नहीं है। मैं तो रोज ही माला गूंथती हूं और पहनकर देख लेती हूं कि अच्छी बनी या नहीं। जो माला मुझे ही नहीं जंचेगी, वह भला उन्हें कैसे पसन्द आयेगी?"

पेरियालवार ने गोदा का यह जवाब सुनकर अपना सिर पीट लिया—"इस मूरख से बात करना व्यर्थ है। भगवान मुझे कभी क्षमा नहीं करेंगे। महीनों से मैं अपवित्र माला ही उनको चढ़ाता रहा हूं। आखिर दोष मेरा ही है। प्रभु के लिए माला तो मुझे स्वयं अपने हाथों से गूंथनी थी!" इतना कहते-कहते वह बहुत अशान्त हो उठे और जल्दी-जल्दी दूसरी माला गूंथने लगे, क्योंकि पूजा का समय पास ही था।

पिता का ऐसा रंग-ढंग देखकर गोदा को लगा कि कोई बड़ी चूक हो गई है। वह पत्थर की मूर्ति की तरह खड़ी-की-खड़ी रह गई। उसके हाथ से वह माला छूटकर नीचे जा गिरी,

जिसे उसने बड़े जतन से तैयार किया था। इतनी सुन्दर माला इससे पहले वह कभी नहीं गूंथ पाई थी। भगवान इसे पाकर कितने प्रसन्न होंगे, यही सोचकर वह मगन थी, लेकिन यह क्या हो गया अचानक! उसके माला पहन लेने मात्र से भगवान क्यों नाराज होने लगे! यह सोचते सोचते वह विचलित हो उठी। इसी बीच पेरियालवार ने दूसरी माला तैयार कर ली। वह गोदा से कुछ बोले बिना ही मंदिर चले गये। उसको साथ चलने के लिए भी नहीं कहा। यह देखकर उसकी आंखों में आंसू उमड़ आये। बड़ी देर तक वह सामने पड़ी हुई माला को अपने आंसुओं से भिगोती रही।

पेरियालवार दिन-भर बहुत ही उदास रहे। कुछ खाया-पिया भी नहीं। रात में बड़ी देर तक उनको नींद नहीं आई। आधी रात बीते जब उनकी आंख लगी तो उन्होंने एक सपना देखा। श्रीरंगम के शेषशायी भगवान रंगनाथ कह रहे थे, "भक्तराज, व्यर्थ क्यों दुखी होते हो! तुमने कोई अपराध नहीं किया है। मैं गोदा के प्रेम के वश में हूं। उसकी पहनी हुई माला मुझे बहुत प्रिय है। आगे से मुझे वही भेंट करना!"

विष्णुभक्त पेरियालवार मारे आनन्द के गदगद् हो उठे। भगवान के चरणों में गिरने को उन्होंने जो चेष्टा की, तो सहसा उनकी आंख खुल गई। वह हड़बड़ाकर उठ बैठे। उन्होंने उसी समय गोदा की ओर देखा। वह एक कोने में चटाई पर पड़ी सो रही थी। चेहरा देखने से ऐसा लगता था, मानो वह काफी रात गये तक जागती और आंखू बहाती रही है। पेरियालवार दीपक के मंद प्रकाश में एकटक उसको देखते रहे। उन्हें सहसा ख्याल आया कि इसने भी आज दिन-भर कुछ खाया-पिया नहीं होगा। स्नेह और करुणा का सागर उनके हृदय में लहराने लगा। तुरंत उन्होंने गोदा को जगाया और आनंद के आंसू बरसाते हुए बोले, "बेटी, तू धन्य है! तेरे कारण आज मैं भी धन्य हो गया। अभी स्वयं भगवान ने मुझे दर्शन दिये हैं। अब मैं जान पाया कि तूने उन्हें अपने प्रेम के वश में कर लिया है। गोदा की जगह आज से मैं तुझे आंडाल कहूंगा।"

बस, गोदा उसी समय से आंडाल के नाम से प्रसिद्ध हुई। 'आंडाल' शब्द का अर्थ होता है—'अपने प्रेम से दूसरे को वश में करनेवाली।'

उसी रात भगवान ने मंदिर के पुजारी को भी सपने में आदेश दिया कि आगे से गोदा की पहनी हुई माला को लेने से इन्कार न करे।

आंडाल अब सयानी हो गई थी। भगवान के प्रति उसका प्रेम-भाव इतना गहरा हो गया था कि वह कुमारी कन्या की तरह भगवान के साथ अपने विवाह की कल्पना करने लगी। वह रहती थी श्रीविल्लीपुत्तूर में, लेकिन उसका मन सदा गोकुल की गलियों और वृन्दावन के कुंजों में विहार करता था। वह सोचा करती कि कृष्ण ही मेरे पति हैं और उन्हीं

के साथ मेरा ब्याह होगा। भावविभोर होकर वह कृष्ण की लीलाओं का गान करने लगती। उस समय उसके मुंह से अपने-आप नये-नये पद निकलने लगते। ये मधुर पद ही आगे 'तिरुप्पावै' और 'नाच्चियार तिरुमोलि' के पद कहलाये।

वे गोविंद के गुणों का एक पद में इस प्रकार कीर्तन करती हैं–

श्री लक्ष्मी को अपने वक्षस्थल पर स्थान देने वाले श्रीपति! मेरी कामना है कि आप मुझे भी इसी प्रकार आलिंगन बद्ध करें। हिरण्याक्ष के हृदय को चीरने वाली उंगलियों के हाथों से छूटी हुई चूड़ियाँ लाकर मुझे पहनाएंगे। महाबलि से इस पृथ्वी को उपहार के रूप में पाने वाले वामन और तिरुवेनगदम के स्वामी क्यों उनके दिल के चोर हैं? उनके मन में क्यों बसे हैं? बड़े मच्छर के समान क्यों उन्हें सता रहे हैं?

एक रात आंडाल ने सपना देखा कि भगवान कृष्ण के साथ उसके विवाह का समय समीप आ गया है। धूमधाम से उसके विवाह की तैयारियां हो रही हैं और मण्डप सजाया जा रहा है। सवेरे जागने पर उसने यह बात अपनी सखियों से कही। विवाह के अवसर पर जो प्रथाएं उन दिनों प्रचलित थीं, उन पर कई मधुर पर रच डाले। आज भी तमिलनाडु में विवाह के मंगल अवसर पर वे पद गाये जाते हैं।

पेरियालवार को अब आंडाल के विवाह की चिंता सताने लगी। एक रात भगवान ने फिर स्वप्न में उन्हें दर्शन दिये और कहा, "भक्तराज, आंडाल अब विवाह-योग्य हो गई है। उसको लेकर श्रीरंगम के मन्दिर में आओ। मैं उसका पाणिग्रहण करूंगा।"

पेरियालवार अपने आराध्य का आदेश कैसे टाल सकते थे! भगवान की धरोहर भगवान को सौंप दी जाय, यह उनके लिए बड़ी प्रसन्नता की बात थी। उन्होंने यात्रा की तैयारियां शुरू कर दीं।

मदुरै में उन दिनों पांड्य राजा राज करते थे। एक रात उन्हें भगवान ने स्वप्न में आदेश दिया कि वह आंडाल को श्रीविल्लीपुत्तूर से श्रीरंग ले आयें। इसी तरह का स्वप्न श्रीरंगम के मंदिर के पुजारियों को भी आया फिर क्या था, सब-से-सब श्रीविल्लीपुत्तूर आ धमकें विष्णुप्रिया आंडाल चरणों की धूल सबने अपने सिर पर ली और राजसी धूमधाम से उसकी सवारी निकली। वह सजी-सजाई दुलहिन की भांति डोली में बैठी थी। पेरियालवार एक सजे हुए हाथी पर बैठे भगवान की महिमा गाते जा रहे थे। आगे-पीछे रथों, हाथियों, घोड़ों और पैदल सैनिकों की लंबी कतारें थीं। तरह-तरह के बाजे बज रहे थे। दसों दिशाओं से लोगों की भीड़ उमड़ रही थी। मार्ग में लोग छतों से फूलों की वर्षा कर रहे थे। ऐसा लगता था, मानो कोई राजकुमारी अपने पति के देश जा रही हो।

मीलों की यात्रा करके वह जुलूस श्रीरंगम पहुंचा। कावेरी के किनारे पर स्थित भगवान रंगनाथ के मंदिर के सामने जाकर वह रुका। आंडाल डोली से उतरी। मंदिर के गर्भ-गृह में उसने प्रवेश किया। शेषशायी भगवान रंगनाथ की मूर्ति को देखते ही वह रोमांचित हो उठी। धीरे-धीरे वह आगे बढ़ी और भगवान के चरणों में बैठ गई। लेकिन यह क्या! लोगों ने दूसरे ही क्षण चकित होकर देखा कि आंडाल वहां नहीं है। वह सबके देखते-देखते अदृश्य हो गई। भगवान की मूर्ति में समा गई।

कहते हैं मीराबाई भी इसी तरह भगवान की मूर्ति में समा गई थीं। भक्ति-भाव की यह चरम सीमा है, जब भगवान और भक्त एकाकार हो जाते हैं।

पेरियालवार का हृदय इस घटना से व्याकुल हो उठा। कुछ भी हो, आखिर उन्होंने आंडाल को अपनी बेटी की तरह पाला था। वह शोक के महासागर में डूब गये। उन्होंने अपने-आपको संभाला और सब भगवान की लीला है ऐसा समझकर संतोष किया।

उस अवसर पर उन्हें यह आकाशवाणी सुनाई दी थी, "भक्तराज, तुमने आंडाल को नहीं पहचाना। उसके रूप में तो स्वयं भूदेवी ने जन्म लिया था। तुम व्यर्थ क्यों दुःखी होते हो! मेरी प्रिया आंडाल मुझसे आ मिली है, इससे तो तुमको प्रसन्न होना चाहिए। तुम भी अब जल्दी ही मुझसे आ मिलोगे।"

आंडाल के कारण श्रीविल्लीपुत्तूर की महिमा बहुत बढ़ गई। वहां हर साल रंगनाथ की (आंडाल) और रंगनाथ (भगवान विष्णु) का विवाहोत्सव आज भी बड़ी धूमधाम से मनाया जाता है।

रंगनाथ के साथ ही रंगनायकी के रूप में आज आंडाल की पूजा दक्षिण में सब जगह होती है।

दक्षिण के हर विष्णु-मंदिर में उसकी प्रतिमा मिलती है। वहां ऐसा घर शायद ही मिलेगा, जिसकी दीवार पर उसके चित्र न हों। 'तिरुप्पावै' और 'शूडिकोडुत्त नाच्चियार तिरुमोलि' के मधुर पदो के कारण तो वह अमर रहेगी। 'गोदा' का दूसरा अर्थ 'वाणी की देवी' करें, तो वह भी उन पर सत्य चरितार्थ हुआ। आंडाल ने कुल मिलाकर 183 पद रचे। पहले के तीस पद 'तिरुप्पवै' के पद कहलाते हैं और बाकी 153 पद 'शुडिकोडुत्त नाच्चियार तिरुमोलि' के।

तमिलनाडु में मार्गशीर्ष (अगहन) मास का विशेष महत्व है। यह महीना वहां 'तिरुप्पावै' का महीना माना जाता है। 'तिरुप्पावै' शब्द 'तिरु' और 'पावै' शब्दों के मिलने से बना है। तमिल में 'तिरु' का अर्थ 'श्री' होता है और 'पावै' का अर्थ है 'व्रत' या 'त्योहार।' अतः 'तिरुप्पावै' को हम 'श्रीव्रत' भी कह सकते हैं। मार्गशीर्ष महीने में यह त्योहार हर साल बड़े

उत्साह से मनाया जाता है। यह त्योहार खासकर महिलाओं के लिए है। विवाहित स्त्रियां सुख-सुहाग के लिए और कुमारियाँ मनचाहे वर के लिए इस व्रत को रखती हैं। सुबह सवेरे उठकर वे स्नान के लिए जाती हैं और 'तिरुप्पावै' के पद गाती हैं। जगह-जगह पर कथाएं होती हैं। भगवान की महिमा के साथ ही आंडाल के यश का गान होता है।

तिरुप्पावै त्योहार से सम्बन्धित होने के कारण आँडाल के तीस पदों को 'तिरुप्पावै' कहा जाता है। भागवत में गोपिकाओं के एक व्रत का वर्णन है। शायद आन्डाल को उसी से प्रेरणा मिली। गोपिकाओं के जीवन से ही मिलता-जुलता उसका अपना जीवन था। गोपिकाओं की तरह ही उसके जीवन का एक मात्र उद्देश्य था अपने प्रियतम कृष्ण को प्रसन्न रखना।

'तिरुप्पावै' के पद 'प्रभाती' या 'जागरण-गीत' जैसे हैं। उनमें कुछ सखियों द्वारा दूसरी सखियों, कृष्ण और नन्दगोप आदि को जगाने का वर्णन है।

आन्डाल के जिक्र की साथ ही श्री कृष्णदेव राय (1471-1529) का जिक्र भी होना लाज़मी है। कृष्णदेवराय श्री वैष्णव थे और निश्चित रूप से एक शक्तिशाली राजा थे, लेकिन वे किसी पारंपरिक अर्थ में क्षत्रिय नहीं थे। वह विजयनगर दरबार में नवागंतुक थे और उन्होंने अपने पूरे जीवन और लेखन में वर्ग, समाज और अपने आसपास की दुनिया पर अपने समय से आगे का दृष्टिकोण प्रदर्शित किया। इतिहास हमें बताता है कि उनका जन्म नरसा नायक और नागम्बा नाम की एक तुलु महिला से हुआ था। वे तेलुगु क्षेत्र में पैदा नहीं हुए थे। कृष्णदेवराय केवल एक किसान थे और, अगर किंवदंतियों पर विश्वास किया जाए, तो वह निम्न-जाति के किसान थे। इसलिए वे अपने राज दरबार में यदा कदा ब्राह्मणों का आदर सत्कार करते थे, और कभी कभार वे उन्हें परोक्ष रूप से फटकार भी लगा देते थे। उनके दरबार में अष्ट दिग्गज अर्थात उस समय के आठ महान व्यक्तित्व थे। सम्राट स्वयं एक प्रसिद्ध लेखक थे, जिन्होंने संस्कृत में मदालसा चरित्र, सत्यवदु परिणय, रसमंजरी और जाम्बवती कल्याण लिखा था।

अमुक्तमाल्यदा एक तमिल कवि-संत अंडाल की कहानी बताती है, जिन्हें विष्णु की पत्नी लक्ष्मी का अवतार माना जाता है। कविता में अंडाल के विष्णु के प्रति प्रेम और अंततः उससे उसके विवाह का वर्णन किया गया है। यह कविता प्रकृति के सुंदर वर्णन और विष्णु की पूजा करने वाले हिंदू संप्रदाय वैष्णववाद में अंतर्दृष्टि के लिए भी उल्लेखनीय है। अमुक्तमाल्यदा को तेलुगु साहित्य के सबसे महान कार्यों में से एक माना जाता है। इसका अंग्रेजी, हिंदी और संस्कृत सहित कई भाषाओं में अनुवाद किया गया है। यह कविता अभी भी दुनिया भर के लोगों द्वारा पढ़ी और पसंद की जाती है। अमुक्तमाल्यदा महाकाव्य

शैली में लिखा गया है, जो एक लंबी कथात्मक कविता है जो आमतौर पर एक नायक या नायिका की कहानी बताती है। कविता 30 सर्गों या अध्यायों में विभाजित है, और इसमें 10,000 से अधिक छंद हैं। अमुक्तमाल्यदा एक मूल्यवान ऐतिहासिक स्रोत है, क्योंकि यह विजयनगर साम्राज्य की संस्कृति और समाज के बारे में अंतर्दृष्टि प्रदान करता है।

एक बहुत ही दिलचस्प किस्सा है, जो श्री कृष्ण देव राय की अमर रचना 'अमुक्त माल्यदा' से जुड़ा है, जो उन्होंने तेलुगु में लिखी थी। 1516 में कलिंग अभियान के दौरान, कोंडाविडु, कोंडापल्ली पर विजय प्राप्त करने के बाद, उन्हें आंध्र महा विष्णु की महिमा का पता चला, और कृष्णा में श्रीकाकुलम में स्थित उनके मंदिर में उन्होंने दर्शन और विश्राम किया। आंध्र महा विष्णु प्राचीन काल के एक महान योद्धा थे, जिन्हें कई लोग भगवान विष्णु का अवतार मानते थे और उन्होंने श्रीकाकुलम में उनके सम्मान में एक मंदिर का निर्माण किया। श्रीकाकुलम गाँव में रहने के दौरान, कृष्णदेव राय ने एकादशी व्रत किया था, और तब आंध्र महा विष्णु उनके सपने में प्रकट हुए थे।

स्वप्न में आन्ध्र विष्णु उनके सम्मुख आए। उसका शरीर दीप्तिमान श्याम वर्ण का था जो वर्षा के बादल से भी काला था। उनके नेत्र बड़े बड़े और जगमगाते थे और इनकी शोभा कमल को भी लज्जित करती थी। वे अति सुंदर सुनहरे रेशमी कपड़े पहने हुए थे जो उनके दिव्य वाहन गरुड़ के पंखों से भी महीन थे। उनके वक्ष स्थल पर कौस्तुभ मणि सूर्य की आभा सी चमक रही थी। आंध्र विष्णु ने श्री कृष्ण देव राय को तेलुगू में श्री रंगम में अपने भक्त आन्डाल के साथ अपने विवाह की कहानी लिखने का आदेश दिया। कहा जाता है कि इस पर उन्होंने भगवान से कहा था कि चूंकि वे तेलुगु वल्लभुंडा (तेलुगुओं के शासक) हैं, इसे तेलुगु में लिखा जाना चाहिए, और उन्होंने इसके पक्ष में तर्क भी दिए।

तेलुगाडेलयन्ना, देसंबु तेलुगेनुतेलुगू वल्लभूनदा तेलुगोकानदा।
येल्ला नृपुलु गोल्वा नेरुगवे बसादि देस भासलेंदु तेलुगू लेस्सा।।

"यदि आप मुझसे पूछते हैं कि तेलुगु में क्यों, मैं तेलुगु भूमि का तेलुगु शासक हूं, आपके अधीन काम करने वाले सभी राजा तेलुगु हैं, तो आपको पता चल जाएगा कि तेलुगु यहां की सभी भाषाओं में सबसे श्रेष्ठ है।" उनका मतलब यह था कि चूंकि वह आंध्र क्षेत्र के एक बड़े हिस्से पर शासन करते हैं, जहां उनकी प्रजा और सामंत तेलुगु में बोलते हैं तो यह बेहतर होगा कि वह तेलुगु में ही अपनी रचना का प्रणयन करें। इस तरह श्री कृष्णदेव राय ने "अमुक्त माल्यदा" लिखी जिसमें शृंगार और भक्ति से सरोबार आन्डाल की अमर कथा है। 'आमुक्तमाल्यदा' अर्थात 'वह युवती जो स्वयं धारण की हुई माला समर्पित करती है' यह संबोधन तमिल भाषा के 'शुडिकोडुत्त नाच्चियार' का संस्कृत अनुवाद है। श्रीकृष्णदेवराय

ने 'आमुक्तमाल्यदा' में आमुक्तमाल्यदा या गोदादेवी रंगनाथ के विवाह का सुंदर चित्रण किया है। उन्होंने दिव्यप्रबंधम से इसका वर्णन लिया है। "और अपने बालों के नीचे, वह एक माला पहनती थी और बस कुछ मिनट एक तालाब के किनारे टकटकी लगाकर अपना प्रतिबिंब देखती थी और दूर जाने से पहले अपनी इच्छा को पूरा करती थी और पहनी हुई माला को फूलों की टोकरी में वापस रख देती थी।" सम्राट कृष्णदेवराय की महाकाव्य कविता मध्ययुगीन वैष्णव कवि के जीवन को दर्शाते हुए भगवान विष्णु के प्रति उनकी भावुक भक्ति को प्रकट करती है। कृष्णदेवराय की अनूठी काव्य कल्पना, रचनात्मकता, हास्य और जीवंत प्राकृतिक सुंदरता से भरी एक आकाशीय दुनिया को जीवंत करती है। सांसारिकता को दिव्य बना दिया जाता है और साधारण को असाधारण बना दिया जाता है; दैनिक जीवन की नियमित गतिविधियाँ स्वर्गीय कार्यों के लिए अभिव्यंजक रूपक बन जाती हैं, जबकि स्वर्ग के उच्च देवताओं को जीवित व्यक्तियों के रूप में कल्पना की जाती है। सबसे सामान्य गतिविधियों में दिव्यता देखने की कवि की क्षमता उनके शक्तिशाली विश्वास का विस्तार है कि भगवान हर जगह, हर चीज में, हर समय उपस्थित हैं। विशिष्टाद्वैत के दर्शन को स्थापित करने के लिए कवि विष्णुचित्त, यमुनाचार्य, खंडिख्य और केशध्वज की कथाओं का परिचय भी प्रस्तुत करता है।इसलिएइसे 'विष्णुचित्तेयमु' के नाम से भी जाना जाता है।

श्री कृष्ण देव राय भगवान वेंकटेश्वर के परम भक्त थे। उन्होंने सात बार तिरुमला आकर अपना भक्ति भाव प्रदर्शित किया और बहुत सा दान भी दिया। अपनी दो पत्नियों चिन्नम्मा देवी और तिरुमला देवी के साथ वे भगवान के दर्शन करने जाया करते थे। अपनी पुस्तक 'अमुक्त माल्यदा' को उन्होंने अपने इष्ट देव श्री वेंकटेश्वर को समर्पित की है। आमुक्त या अमुक्त माल्यदा के आधार पर ही मैंने आन्डाल की कथा दी है।

सुर सम्राट

'अन्नमय्या' 1997 में प्रदर्शित तेलुगु भाषा की एक फिल्म है जो के. राघवेंद्र राव द्वारा निर्देशित और वी. दोरास्वामी राजू द्वारा वीएमसी प्रोडक्शंस बैनर के तहत निर्मित की गई है। फिल्म में नागार्जुन ने 15 वीं शताब्दी के संगीतकार अन्नमाचार्य की भूमिका निभाई है। यूट्यूब पर यह हिंदी में भी देखी जा सकती है। फिल्म में एम. एम. कीरावनी द्वारा रचित संगीत है। रिलीज होने पर, फिल्म को सकारात्मक समीक्षा मिली और आठ नंदी पुरस्कार, तीन फिल्मफेयर पुरस्कार और दो राष्ट्रीय फिल्म पुरस्कार जीते। इस फिल्म को भारत के 29वें अंतर्राष्ट्रीय फिल्म महोत्सव में मुख्यधारा के वर्ग में प्रदर्शित किया गया था।

भगवान की स्तुति गान करने वाले संगीतकार दुर्लभ होते जा रहें है, लक्ष्मी जी से यह सुनकर भगवान अपनी तलवार नंदक को मृत्यु लोक में भेजते हैं। कडप्पा जिले के तल्लापाका गाँव में एक निःसंतान दंपत्ति-नारायण सूरी और लक्कम्बा को अन्नमाचार्य (अन्नमय्या) के रूप में जन्म होता है। एक सामान्य युवक के रूप में बड़े होते हुए, अन्नमय्या अपनी 2 चचेरी बहनों तिमक्का और अक्कलम्मा से प्यार करते हैं और सोचते हैं कि वे भगवान की सबसे सुंदर रचना हैं।

भगवान विष्णु वेश बदलकर अन्नमय्या के सामने प्रकट होते हैं और उनसे एक चुनौती स्वीकार करने के लिए कहते हैं कि वे इन दो सुंदर कन्याओं की तुलना में किसी दूसरे अधिक सुंदर को दिखा सकते हैं। सुंदरता की खोज करने के लिए अन्नमय्या एक अलग दुनिया में खो जाता है और अपने माता-पिता को सूचित किए बिना तिरुमला वेंकटेश्वर मंदिर की तीर्थयात्रा करता है। जैसे ही वह तीर्थयात्रियों को पवित्र पहाड़ियों (सप्तगिरि) में प्रवेश करते हुए पाता है, वह उनके साथ अपनी यात्रा शुरू कर देता है। लेकिन वह मार्ग में खो जाता है। भूखा प्यासा वह जब भटक रहा होता है तो देवी लक्ष्मी एक बूढ़ी महिला के रूप में प्रकट होकर उसे बताती हैं कि उसके जूते उसकी प्रगति को रोक रहे हैं। वह अपने जूते भी उतार फेंकता है और चलता चल जाता है। उपवास से कमजोर अन्नमय्या लक्ष्मी जी से लड्डू स्वीकार करता है। वह लड्डू स्वयं भगवान द्वारा अभिषेक किए गए भोजन से एक प्रसाद था। तिरुमला पहुंचने पर, वह भगवान की सुंदरता से मंत्रमुग्ध हो जाता है और भगवान की स्तुति में भजन लिखने और गाने के लिए वहां बस जाता है।

श्री अन्नमाचार्य का जन्म 1408 में हुआ था। और उन्होंने 32000 भजन गाए जिसमें से 12000 अभी तक मिल सके हैं और 800 के करीब गाए जाते हैं। वह "संकीर्तन लक्षणामु" नामक संगीत ग्रंथ के लेखक भी हैं। अन्नमय्या ने अपनी रचनाओं को वेंकटेश्वर को पुष्पांजलि माना।

अपनी कविताओं में वे देवता की स्तुति करते हैं,उनके प्रति अपने प्रेम का वर्णन करते हैं भगवान के साथ बहस और झगड़ा करते हैं, भक्त की विफलताओं और आशंकाओं को स्वीकार करते हैं, और खुद को वेंकटेश्वर के सामने आत्मसमर्पण कर देते हैं। उनके गीतों को आध्यात्मिक और शृंगार संकीर्तन शैलियों में वर्गीकृत किया गया है। 'शृंगार' शैली में उनके गीत वेंकटेश्वर और उनकी पत्नी अलामेलु की प्रेम पूर्ण लीला का वर्णन करते हुए वेंकटेश्वर की पूजा करते हैं, जबकि अन्य आध्यात्मिक कीर्तनों में वे भक्तों की भक्ति का वर्णन करते हैं।

अपने बाद के कीर्तनों में, उन्होंने नैतिकता, धर्म और धार्मिकता जैसे विषयों का प्रचार

भी किया। वे उन पहले कुछ लोगों में से एक थे जिन्होंने अपने युग में अछूत जातियों के प्रति सामाजिक कलंक का विरोध किया था। अपने संकीर्तनों के द्वारा वे यह समझाते हुए प्रतीत होते हैं कि ईश्वर और मानव के बीच का संबंध रंग, जाति और वित्तीय स्थिति के बावजूद समान है। उनके विलक्षण साहित्यिक लेखन ने उन्हें तेलुगु साहित्य के सर्वकालिक महान लोगों में स्थान दिलाया।

जबकि उन्होंने अपने दिनों में खूब लोकप्रियता और सम्मान प्राप्त किया। उनकी रचनाओं को तीन शताब्दियों तक भुला दिया गया। 1849 में उनकी रचनाएं तांबे की प्लेटों पर उकेरे हुए पाई गईं। येतिरुमला में श्री वेंकटेश्वर मंदिर के अंदर हुंडी के ठीक सामने एक बहुत छोटे से कमरे में यूँ ही छिपी हुई रखीं थीं। लोग इनको भूल सा गए थे।

इस क्षेत्र कवि के गीतों को नया स्वर और नई भंगिमा देने का काम तिरुमला तिरुपति देवस्थानम ने किया। टीटीडी इनकी रचनाओं की समृद्ध विरासत को संरक्षित करने का प्रयास कर रहा है। वर्ष 1950 में, आंध्र प्रदेश की राज्य सरकार ने एक समिति बनाई और महान संगीतकार स्वर्गीय डॉ. एम.बालमुरलीकृष्ण को इसका प्रमुख नियुक्त किया। उन्होंने अन्नमाचार्य की 800 से अधिक रचनाओं को संगीत बद्ध किया जो आज भी भक्तों के बीच लोकप्रिय हैं। वे दो दशकों तक तिरुपति के तिरुमला मंदिर के स्थान गायक थे। उन्हें शास्त्रीय शैली में भक्ति संगीत, विशेष रूप से अन्नमाचार्य संकीर्तन के प्रतिपादन में एक मिसाल माना जाता है। 1979 में, महान गायिका श्रीमती एम. एस. सुब्बुलक्ष्मी का एल्बम 'बालाजी पंचरत्न माला' के नाम से निकला। अन्नमाचार्य कीर्तन जैसे वंदे वासुदेवम, भवमुलोना, श्रीमन नारायण और कई अन्य गीत बड़े लोकप्रिय हुए। अन्नमाचार्य की रचनाओं को देश के कोने-कोने तक ले जाया गया। उत्तर भारत में जैसी प्रतिष्ठा सूरदास की है, दक्षिण में इनकी है।

1. गहरी नींद में व्यक्ति के लिए, उसके सपने में आने वाले दृश्यों का कोई महत्व नहीं हो सकता है।
2. इस अवस्था में राजा या सैनिक की दृष्टि का कोई अर्थ नहीं होगा।
3. वह यह नहीं पहचान सकता कि वह जो आदमी देखता है वह तथाकथित उच्च जाति से है या निम्न तबके से है।
4. क्या वह स्वप्न देखते हुए रात और दिन में भेद कर सकता है या वस्तु गरीब है या धनवान?
5. इसी तरह, धरती माता की सतह पर चलने वाला व्यक्ति पवित्र या दुष्ट हो सकता है लेकिन उसके द्वारा कोई भेदभाव नहीं किया जाता है।

6. भगवान के सामने सभी एक समान हैं क्योंकि वह सबके हृदय में निवास करते हैं। फिर भेदभाव का सवाल कहां उठ सकता है?
7. भगवान एक संत और पापी के पास आते हैं और वे पहले का स्वागत करते हैं और बाद वाले को सुधारते हैं।

श्री अन्नमाचार्य को ठीक ही 'क्षेत्र कवि' कहा जाता है, जिन्होंने 32000 से अधिक गीतों की रचना की, जिनमें से केवल 12000 को ही खोज निकाला जा सका है और उनमें से केवल 800 को ही आज गाया जाता है। उन्होंने ताड़ के पत्तों पर संकीर्तन लिखे और बाद में उनके पुत्र तिरुमलाचार्य ने उन्हें ताम्रपत्र पर उत्कीर्ण करवाया। लेकिन इनमें से अधिकांश तांबे की प्लेटें तिरुमाला मंदिर में हुंडी के सामने एक चट्टान निर्मित कक्ष में 400 से अधिक वर्षों से छिपी हुई थीं। 1922 में, लगभग 14,000 संकीर्तन और कुछ अन्य कार्यों से युक्त पच्चीस सौ तांबे की प्लेटें, एक चट्टान निर्मित सेल में पाई गईं, जिसे बाद में हुंडी (दान पेटी) के सामने संकीर्तन भंडारम नाम दिया गया।

उन्हें 'टोली तेलुगु वाग्गेयकारा' या तेलुगु साहित्य के पहले गीतकार, संगीतकार और गायक के रूप में भी जाना जाता है। ऐसा माना जाता है कि वह श्री हरि विष्णु की तलवार नंदक के अवतार थे। उन्हें व्यापक रूप से आंध्र पद कविता पितामह (तेलुगु कविता के दादा) के रूप में माना जाता है। भारत रत्न एमएस सुब्बुलशमी ने इनमें से कुछ गीत गाए और भक्तों के साथ एक दिव्य संगीत राग को छुआ। आइए जानते हैं तल्लापक अन्नमाचार्य के बारे में जिन्हें अन्नामय्या के नाम से जाना जाता है।

वे एक रहस्यवादी संत संगीतकार हैं जिनका जन्म 1408 CE में आंध्र प्रदेश के वर्तमान कडप्पा जिले के तल्लापाका नामक एक छोटे से गाँव में हुआ था। उनका जन्म तेलपाका परिवार में हुआ था-एक तेलुगु ब्राह्मण परिवार जिसने 15वीं और 16वीं शताब्दी के दौरान आंध्र प्रदेश में वैष्णव मत को लोकप्रिय बनाया था। राजा, जिसने उसे संरक्षण दिया था, चाहता था कि वह उसकी प्रशंसा में सिर्फ एक गीत गाए लेकिन उन्होंने मना कर दिया, जिसके लिए उन्हे कैद कर लिया गया।

'अदिवो अल्लादिवो श्री हरिवासमु' गीततिरुमला की पवित्र पहाड़ियों को देखते ही परमानंद में अनायास रचा गया था। यह गीत उनकी सबसे प्रमुख और सबसे लोकप्रिय रचनाओं में से एक है। भगवान की पावलिम्पा सेवा (शयन-समय) के दौरान यह आज भी गाया जाता है। 'पिदिकिता ताम्ब्राला पेल्लीकुटुरु' एक और अद्भुत रचना है जिसे भगवान वेंकटेश्वर और देवी पद्मावती के कल्याणोत्सवम (विवाह उत्सव) के दौरान गाया जाता है। 'क्षीरब्दी कन्याक्कु' उनकी सबसे लोकप्रिय रचनाओं में से एक है जिसे आरती के समय गाया जाता है।

❐

प्रकरण-14

सवाल जवाब पट्टी

इस प्रकरण का शीर्षक कुछ अजीब है। आपको अजीब लग सकता है, पर यह मंदिर के साथ बहुत समय से जुड़ा हुआ है। जब भारत में अंग्रेजों का राज जमने लगा तो उन्होंने धार्मिक मामलों में भी दखल देना शुरू कर दिया। मंदिर का स्वामित्व अपने हाथ में लेने के बाद अंग्रेजी सरकार ने मंदिर की व्यवस्था को सुचारु रूप से चलाने के लिए एक प्रश्नावली बनाकर मंदिर के सभी कर्मचारियों को दी। इसको सवाल–जवाब पट्टी कहा गया। कुल सवाल14 थे। इसके अलावा एक 'दित्तम पुस्तिका' भी बनवाई गई। इनके आधार पर 14 अगस्त 1819 को इनको लागू किया गया। इसका आज भी अनुपालन होता है। 1911 में हिसाब किताब रखने का 198 पेज का जो मैनुअल बनाया गया, वह आज भी आदर्श है। भगवान की कौड़ी-कौड़ी का हिसाब रखना तभी तो बिना किसी व्यवधान के चलता है।

कुछ लोगों से सुनी और कुछ इधर-उधर पढ़ी जानकारी से यदि आप भी कोई सूची बनाना शुरू करें तो श्री वेंकटेश्वर भगवान और तिरुपति के बारे में कई अचरज भरे किस्से और नमक मिर्च लगे दृष्टांत सामने आ खड़े होंगे। कुछ सच होंगे और कुछ झूठ। अब आप ये कुछ बातें देख खुद जाइए। इनका उस पुरानी सवाल जवाब पट्टी से कोई लेना देना नहीं है।

1. मुख्यद्वार के दाएं बालरूप में बालाजी को ठोड़ी से रक्त आया था, उसी समय से बालाजी के ठोड़ी पर चंदन लगाने की प्रथा शुरू हुई।
2. भगवान बालाजी के सिर पर रेशमी केश हैं, और उनमें गुत्थिया नहीं आती और वह हमेशा ताजा रहते है।
3. मंदिर से 23 किलोमीटर दूर एक गांव है, उस गांव में बाहरी व्यक्ति का प्रवेश निषेध है। वहां पर लोग नियम से रहते हैं। वहीं से लाए गए फूल भगवान को चढ़ाए जाते हैं और वहीं की ही अन्य वस्तुओं को चढाया जाता है जैसे- दूध, घी, माखन आदि।

4. भगवान गर्भगृह के मध्य भाग में खड़े दिखते हैं लेकिन, वे दाई तरफ के कोने में खड़े हैं बाहर से देखने पर ऐसा लगता है।

5. भगवान को प्रतिदिन नीचे धोती और ऊपर साड़ी से सजाया जाता है।

6. गर्भगृह में चढ़ाई गई किसी वस्तु को बाहर नहीं लाया जाता, प्रतिमा के पीछे एक जलकुंड है उन्हें वहीं पीछे देखे बिना उनका विसर्जन किया जाता है।

7. प्रतिमा की पीठ को जितनी बार भी साफ करो, वहां गीलापन रहता ही है, वहां पर कान लगाने पर समुद्र घोष सुनाई देता है।

8. विष्णु भगवान की इस देव मूर्ति के वक्षस्थल पर लक्ष्मीजी निवास करती हैं। हर गुरुवार को निजरूप दर्शन के समय भगवान बालाजी की चंदन से सजावट की जाती है उस चंदन को निकालने पर लक्ष्मीजी की छबि उस पर उतर आती है।

9. बालाजी के जलकुंड में विसर्जित पूजा सामग्री तिरूपति से 20 किलोमीटर दूर वेरपेडु में बाहर आती हैं।

10. गर्भगृह मे जलने वाले दीपक कभी बुझते नही हैं, वे कितने ही हजार सालों से जल रहे हैं किसी को पता भी नही है।

इस पुस्तक के पाठ से कुछ प्रश्नों का उत्तर तो आपको पता चल ही गया होगा? पता नहीं क्यों हम भगवान से अधिक उनके चमत्कारों से प्रभावित होते हैं?

वास्तव में हम ईश्वर का सही अर्थ ही नहीं जानते। महर्षि पतंजलि योगसूत्र के 11 श्लोकों में 'ईश्वर' शब्द का प्रयोग करते हैं। बहुत से विद्वानों ने इस बात पर बहस और टिप्पणी की है कि ईश्वर कौन है या क्या है? इन टिप्पणियों में ईश्वर को एक "व्यक्तिगत भगवान" से लेकर "विशेष आत्म" तक "कुछ या कोई भी जो किसी व्यक्ति के लिए आध्यात्मिक महत्व का है" को भगवान या ईश्वर परिभाषित किया जाता है। पतंजलि के संक्षिप्त पदों की व्याख्या आस्तिक या गैर-ईश्वरवादी दोनों के रूप में की जा सकती है।योग दर्शन के अनुसार ईश्वर "आध्यात्मिक मुक्ति के मार्ग पर योगी की सहायता के लिए परिवर्तनकारी उत्प्रेरक या मार्गदर्शक" के रूप में कार्य करता है। पतंजलि 'ईश्वर' को श्लोक 24 में "एक विशेष स्व" के रूप में परिभाषित करता है। (क्लेश कर्म विपाकाशयैःपरामृष्टः पुरुषविशेष ईश्वरः ॥24॥)

फिर ईश्वर से चमत्कार की अभिलाषा क्यों? कहीं इनके पीछे अंध विश्वास और अंध श्रद्धा का छिपा हुआ हाथ तो नहीं? हाँ, यह जरूर है कि कोई भी जब इस महा मूर्ति को देखता है तो बस देखता रह जाता है। चमत्कारी शक्ति है तो वह क्या है? आप भी विचार करें और हम भी करते हैं। फिलहाल कुछ दूसरे प्रश्नों के उत्तर देखते हैं। इनको जानबूझकर

14 सवाल–जवाबों तक सीमित रखा गया है। ये भी उस पुरानी सूची में नहीं हैं। सवाल आप जैसे पाठकों के हैं और जवाब मेरे जैसे लेखक के।

प्रश्न: क्या तिरुमला की देव मूर्ति शिव जी की है, विष्णु जी की नहीं?

तिरुमला-तिरुपति श्री वेंकटेश्वर शिव–विष्णु विवाद पर यहाँ अलग से कुछ कहना विषयांतर न होगा। कुछ पाठकों के लिए यह रोचक और अनूठा भी हो सकता है क्योंकि जिस विवाद को रामानुज ने बहुत हद तक समाप्त कर दिया था, वह कमोबेश आज भी चला आता है। बहुत से वाग-वीर इस वाद-विवाद में खूब रस लेते हैं। दलित-ई-फोरम के श्री के जमुना दास ने एक किताब लिख डाली यह सिद्ध करने के लिए कि यह एक बौद्ध मंदिर है। कई लोग इसे जैन मंदिर भी कह डालते हैं और तर्क-कुतर्क भी करते हैं। देव–प्रतिमा के वक्षस्थल पर श्रीवत्स का चिन्ह बायीं तरफ के बजाय, दाहिनी और कंधे के पास है जैसा कि विष्णु प्रतिमाओं के साथ होता है। पर यह मूर्ति तराशने वालों द्वारा जल्दबाजी और अपूर्ण निष्पादन को दर्शाता है। यह सही है कि केवल जैन प्रतिमाओं में दाहिनी ओर वक्षस्थल पर श्रीवत्स का अंकन होता है।

मैं जब श्री साधु सुब्रह्मण्यम शास्त्री की पुस्तक का हिंदी में अनुवाद कर रहा था तो मैंने यह देखा कि उन्होंने भी इस विषय पर विस्तार से चर्चा की है। डॉ. रामाराव और डॉ. अयांगार दोनों इस विषय में एक मत हैं कि रामानुजाचार्य के समय में विवाद था। एकमात्र प्रमाण जिसके आधार पर यह दावा किया जाता है कि तिरुमला की पहाड़ी पर रामानुज से पहले विष्णु का मंदिर था, वह 'पहाड़ी पर भगवान' का जिक्र करते हुए 'सिलप्पादिगारम' का एक पद है। यह रचना पहली शताब्दी ए.डी. की मानी जाती है। डॉ. आयंगार अपनी थीसिस के लिए मुख्य रूप से इस पुस्तक पर भरोसा करते हैं कि तिरुमला मंदिर पहली शताब्दी ईस्वी से विष्णु का मंदिर था। यह भी कि 'मंदिर के संस्थापक' तोंडाइमन चक्रवर्ती और कोई नहीं बल्कि टोंडिमन इलन तिरैयन हैं।

ए एफ कॉक्स "नॉर्थ अर्काट डिस्ट्रिक्ट मैनुअल"(1880) में इस प्रकार लिखते हैं, "इसमें कोई उचित संदेह नहीं हो सकता है कि मूल रूप से मूर्ति को शिव के रूप में पूजा जाता था। इसका किसी ने खंडन नहीं किया है और कहानी यह है कि रामानुज ने जोर देकर कहा कि यह सब एक गलती थी, और यह कि देवता विष्णु थे, उन्होंने सोने का एक शंख और एक चक्र खरीदा, जिसे उन्होंने मूर्ति के सामने रखा और मंदिर के दरवाजे बंद कर दिए। जब उन्हें अगले दिन खोला गया, तो ये चिन्ह मूर्ति के हाथों में पकड़े हुए पाए गए, जिसे इस बात का प्रमाण माना गया कि वे विष्णु थे। शंख और चक्र पत्थर की मूर्ति के हिस्से नहीं हैं, बल्कि सोने से बने हैं और दोनों हाथों पर लगे हैं, जो ऊपर की ओर इशारा करते

हैं। जटा या उलझे हुए द्रव्यमान के रूप में बालों की व्यवस्था, शरीर पर उकेरे गए सर्प-नाग और कई अन्य विशिष्टताओं से साबित होता है कि मूर्ति का शिव का प्रतिनिधित्व करने की संभावना थी। संभवतः, जिस देवता की पहाड़ी पर कोई पत्नी नहीं है, वह अविवाहित सुब्रह्मण्य थे।"

श्रीपेरंबदूर से प्राप्त एक पांडुलिपि से ज्ञात होता है कि रामानुज के समय तक देव-मूर्ति की शिव के रूप में पूजा की जाती थी और रामानुज ने पूजा के रूपों की स्थापना की, प्रसाद-भोजन की व्यवस्था की, स्नान आदि को व्यवस्थित कराया और अन्य समारोह प्रारंभ कराए जो अभी भी चल रहे हैं।' एक संदर्भ से यह भी पता चलता है कि मंदिर में किए जाने वाले विशेष उत्सवों में से एक शिवरात्रि छत्र पालक उत्सव (संभवतः क्षेत्रपालक था-पवित्र स्थान के संरक्षकों के लिए किए जाने वाले समारोह) कहलाता था। पहले के वैष्णवों को न केवल यह स्वीकार करने में कोई आपत्ति नहीं थी कि यह स्थान शिव का है, बल्कि वे इतने उदार थे कि वे शैव भावना का सम्मान करते थे। शिव के सम्मान में विशेष उत्सव करते थे।

'बायोग्राफिकल स्केचेस ऑफ डेक्कन पोएट्स' नामक एक पुस्तक, प्राचीन और आधुनिक दोनों तरह के कई प्रख्यात कवियों के जीवन के संस्मरण हैं, जो भारतीय प्रायद्वीप के विभिन्न प्रांतों में फले-फूले हैं। कैवेली वेंकट रामास्वामी नामक विद्वान ने इसे संपादित संकलित किया है। कलकत्ता में प्रकाशित और 1888 में मेसर्स हिगिनबोथम एंड कंपनी द्वारा पुनर्मुद्रित यह पुस्तक एक दुर्लभ ग्रंथ है। कैवेली रामास्वामी कंपनी-सरकार के कॉलिन मैकेंज़ी के सहायकों में से एक थे और पांडुलिपियों के अनुवाद कार्य में निपुण थे। इस पुस्तक में उन्होंने 149 कवियों के जीवन के रेखाचित्र दिए हैं जिनमें श्री शंकराचार्य का जीवन भी शामिल हैं। वह तिरुमला मंदिर में श्री शंकराचार्य की यात्रा का उल्लेख करता है। उन्हीं के शब्दों में, "महान दार्शनिक के जीवन और कार्यों का निम्नलिखित विवरण मुख्य रूप से शंकरविजय नामक संस्कृत भाषा में लिखी गई पुस्तक से लिया गया है। उपर्युक्त कृति से संबंधित सभी अद्भुत और अलौकिक प्रदर्शनों को रूढ़िवादी हिंदुओं द्वारा निर्विवाद रूप से माना जाता है। इसलिए मेरे लिए सामग्री के एक शब्द को बदलना या छोड़ देना मेरे लिए शायद अधर्म होगा। मैं एक ऐसे भविष्यद्वक्ता और संत की इस जीवनी को संकलित भर कर रहा हूँ जो एक ऐसे युग में फला-फूला, जो ईसाई युग से पहले पुरातनता का दावा करता था।' फिर वह अपने जन्म, गोविंदा स्वामी के तहत अपनी शिष्यता, और अपनी मां से संन्यासी बनने की अनुमति प्राप्त करने, बौद्धों के अपने विश्वास, काशी की अपनी यात्रा और फिर तिरुपति की यात्रा का सामान्य विवरण देता है। "उन्होंने एक तांबे के आसन पर

देवी कामाक्षी की एक प्रतिमा स्थापित की और अथर्ववेद में निर्धारित नियमों के अनुसार विभिन्न परिसरों में रहस्यमय अक्षरों को उकेरा और देवी की स्तुति में आठ संस्कृत छंदों की रचना की, जिन्हें काकाक्षी अष्टक कहा जाता है। उन्होंने काशी में एक शिव-लिंग भी स्थापित किया और इसे एकामेश्वर को समर्पित किया, जिसके बाद से इस स्थान को शिव काशी कहा जाता है। श्री शंकराचार्य तब तिरुपति गए जहां वे फिर से धार्मिक शास्त्रार्थ में लग गए थे और इसमें उन्होंने बहुत से विद्वान पंडितों पर विजय प्राप्त की और वेंकटेश्वर की छवि के रूप में एक स्फटिक लिंग स्थापित किया और इसे चंद्रमौलेश्वर या चंद्र-मुकुट वाले भगवान का नाम दिया। मंदिर एक पहाड़ी पर एक विशिष्ट स्थिति में था जहां शिव और विष्णु के बीच कोई भेद नहीं होने का सिद्धांत सिखाया जाता था। उन्होंने अपने शिष्यों को वेंकटेश्वर के रथ के जुलूस में उपस्थित प्रत्येक तीर्थयात्री से योगदान एकत्र करने का निर्देश दिया और कहा कि आगंतुकों और भक्तों के लिए भोजन की समुचित व्यवस्था की जानी चाहिए। उपर्युक्त ऋषि ने चंद्रमौलेश्वर और वेंकटेश्वर के सम्मान में 27 श्लोकों की रचना की और उन्हें नक्षत्रमाला का नाम दिया और उन्होंने निर्देश दिए कि शिव लिंग की एक महीने तक बिल्व पत्रों से पूजा की जानी चाहिए। इस स्थान से, श्री शंकराचार्य ने काशी के लिए प्रयाण किया।"

इस जीवनी से हमें पता चलता है कि श्री वेंकटेश्वर का नाम सबसे पहले शंकराचार्य द्वारा पीठासीन देवता के लिए लागू किया गया था। उनके द्वारा मंदिर में स्थापित स्फटिक लिंग का जिक्र भी है। इस तरह एक देव के मंदिर के अस्तित्व का यहाँ कोई संदर्भ नहीं है।यहाँ केवल उस स्थान को संदर्भित किया गया है जहां शिव और विष्णु के बीच अंतर माना ही नहीं जा रहा था।

वैष्णवों का कहना था कि देव-प्रतिमा शंख और चक्र के बिना थी और रामानुज ने देवता को इनसे सुशोभित किया। शंख और चक्र युक्त दो ऊपरी हाथों के साथ दुर्गा की आकृति का प्रतिनिधित्व, वरद मुद्रा में निचला दाहिना हाथ (पृथ्वी की ओर इशारा करते हुए) और कात्यावलम्बिता (कूल्हे को पकड़े हुए) मुद्रा में निचला बायां हाथ तिरुवंजिकलम मंदिर में शिव मूर्ति में पाया जाता है रामानुज को इस देवी को एक पुरुष देवता में परिवर्तित करने और देवता के लिए पद्मावती में एक पत्नी की खोज करने का श्रेय जाता है, जो कथित तौर पर आकाशराज की बेटी थी। श्रीवैष्णववाद पर एक पुस्तक में, यह परंपरा भी दर्ज की गई है कि रामानुज को वेंकटेश्वर का ससुर माना जाता है क्योंकि उन्होंने पद्मावती को उन्हें और देवता के आचार्य को उपहार में दिया था, क्योंकि उन्होंने उन्हें शंख और चक्र प्रदान किया था।

शैव पुजारियों को भगवान की पूजा करने के लिए कहा गया। वैखानस पुजारियों के अचानक अनुपलब्ध होने के बारे में जानने वाले राजा ने नए पुजारियों को निर्बाध रूप से पूजा करने के लिए नियुक्त किया। धीरे-धीरे समय के साथ शैवों ने पवित्र पहाड़ियों के बारे में अपने आधे अधूरे ज्ञान से राजा को प्रभावित करना शुरू कर दिया। कुछ काल के उपरांत उन्होंने जोर दिया और तर्क-कुतर्क से सिद्ध करना शुरू किया कि यह मंदिर शिव का है और यह जो प्रतिमा है वह शिव जी की है। उनका एक तर्क था कि पुष्करिणी (मंदिर के बाहर स्थित जलाशय) का नाम भी स्वामी पुष्करिणी है। अपना रुख स्पष्ट करने के लिए, उन्होंने वामन पुराण के कई उद्धरण प्रस्तुत किए।शैवों ने राजा से यही कहा: "ओह! महान राजा! स्वामी पुष्करिणी (पवित्र सरोवर) के दक्षिणी भाग में जो देव-मंदिर है और उसमें जो प्रतिमा है वह वास्तव में भगवान स्कंद (सुब्रह्मण्य) हैं। उन्हें वैकल्पिक रूप से कुमारस्वामी कहा जाता है-और सरोवर को स्वामी पुष्करिणी कहा जाता है क्योंकि यह उन स्वामी का सरोवर है। जैसे भीमसेन को "भीम" और सत्यभामा को "भामा" कहा जाता है, वैसे ही यह अनुमान लगाना आसान है कि "स्वामी" कुमारस्वामी का ही संक्षिप्त नाम है।

वेंकट शास्त्री नामक विद्वान जुलाई 1936 में अपने 66 वे जन्मदिन पर बंधु-बांधवों के साथ तिरुपति में दर्शन करने आए। अनेक काव्य ग्रंथों के रचना कार ने उस अवसर पर गदगद होकर कविता करते हुए कहा, "उत्तर भारत से जो तीर्थ यात्री आपके दर्शन के लिए आते हैं, वे आपको बालाजी कहते हैं, इससे आप शक्ति (बाला और बल) के प्रतीक बन जाते हैं। संभवतः आप तब मेरे लिए मातृ तुल्य भी हो जाते हैं। आपको बहुत से भक्त 'सुब्रह्मण्यम' भी कहते हैं अर्थात आप मेरे लिए अग्नि युक्त शिव भी हो जाते हैं। क्यों भक्त आपको भिन्न-भिन्न नामों से पुकारें? आप सबमें हैं और इसमें किसी को क्या संदेह हो सकता है? कहते हैं कि भक्त रामानुज ने आपको हरि (विष्णु) के रूप में देखा जबकि बहुत से शिव भक्तों ने इस इस स्थान को शिव पुरी के रूप में निहारा। लेकिन मैं नहीं जानता कि यह सत्य है या नहीं। इस विरोधाभास का वेदांतियों पर क्या प्रभाव पड़ेगा जो यह मानते हैं कि जीवात्मा और परमात्मा दोनों एक दूसरे के समान है और पूरक भी। जो यह मानते हैं कि 'जगन्नास्ति' सूत्र सही है और जिनके लिए प्रत्येक वस्तु 'ब्रह्म' का स्वरूप है, उनके लिए क्या? मुझे अपने बचपन में एक डोला (पालना) मिल हुआ था और अब बुढ़ापे में मुझे अब एक डोली (पालकी) में आपके दर्शन के लिए लाया गया है। मेरे प्रपितामह के अनुज महान कवि नरस कवि, जिन्हें आप जानते होंगे, ने आपके सम्मान में एक शतक 'वेंकटेश्वर विलासमु' लिखा था। मुझे गर्व है कि मैं उनका वंशज हूँ। मेरी प्रार्थना है कि आप मुझ पर कृपा कटाक्ष कर कृतार्थ करें।"

प्रश्न 2: तिरुपति लड्डू इतना प्रसिद्ध क्यों है?

तिरुमला पहाड़ी की चोटी पर स्थित वैष्णव मंदिर, जिसे श्रीवारी मंदिर भी कहा जाता है, विष्णु के अवतार भगवान वेंकटेश्वर को समर्पित है। मंदिरों के शहर तिरुपति की तीर्थ यात्रा श्रीवारी मंदिर में दर्शन किये बिना अधूरी मानी जाती है, और इस पूजा स्थल की यात्रा तब तक पूरी नहीं होती जब तक भक्त तिरुपति लड्डू के प्रसाद का स्वाद नहीं चखते हैं। तिरुपति लड्डू भारत के आंध्र प्रदेश के तिरुमला मंदिर में भगवान वेंकटेश्वर को चढ़ाया जाने वाला एक प्रसिद्ध मीठा व्यंजन है। यह भारत में सबसे लोकप्रिय प्रसाद में से एक माना जाता है और अपने अनूठे स्वाद और बनावट के लिए जाना जाता है।

न केवल सुगंधित पुष्पों और आभूषणों के लिए बल्कि स्वादिष्ट भोजन के लिए भी भगवान श्री वेंकटेश्वर की लालसा प्रसिद्ध है। भगवान श्री वेंकटेश्वर स्वादिष्ट भोजन पसंद करते हैं और उसे प्रसाद के रूप में अपने भक्तों के साथ प्रसन्नता पूर्वक साझा भी करते हैं। श्री कृष्ण देव राय के दरबारी कवि तेनाली रामकृष्णा ने भगवान के भोजन के सेवन का आकलन करने में असमर्थ होने के पश्चात भगवान को 'थिंडीमेंदय्या' (भोजन भट्ट) की उपाधि तक दे डाली थी। भगवान के लिए लड्डू का प्रसाद शुद्ध घी से तैयार किया जाता है। ऐसा माना जाता है कि एक दिन में लड्डू तैयार करने के बाद बचा हुआ घी इतना होता है जिससे साल भर आसपास के छोटे मंदिरों में प्रसाद तैयार किया जा सकता है।

भगवान वेंकटेश्वर को भोजन या नैवेद्यम चढ़ाने की परिपाटी तिरुमला मंदिर में अनंत काल से मौजूद है।जब भगवान विष्णु ने अर्चा रूप में या एक मूर्ति के रूप में पृथ्वी पर उतरने का फैसला किया, तब उन्होंने ऋषि वैखानस को प्राचीन धार्मिक ग्रंथ 'आगम शास्त्र' तैयार करने के लिए नियुक्त किया। आगम शास्त्र तिरुमला मंदिर में किए जाने वाले अनुष्ठानों का विस्तृत विवरण देता है। प्रसाद तैयार करने के लिए उपयोग की जाने वाली सामग्री, पुजारी द्वारा पालन की जाने वाली प्रक्रिया, बरती जाने वाली सावधानियां सब का निर्देश दे दिया गया है। प्रत्येक चरण पर वेद मंत्रों का पाठ किया जाता है।

तिरुपति लड्डू का चलन 18 वीं शताब्दी में देखा जा सकता है, जब थोंडाईमन नाम का एक स्थानीय शासक भगवान वेंकटेश्वर को एक अनोखा मीठा व्यंजन चढ़ाना चाहते थे। उन्होंने देवता के लिए उपयुक्त एक विशेष भोग बनाने के लिए कई रसोइयों को आमंत्रित किया। रामुडू नाम के एक रसोइये ने लड्डू बनाकर प्रस्तुत किया जो जल्द ही इस मंदिर में एक लोकप्रिय प्रसाद के रूप में प्रतिष्ठा पा गया।

कहते हैं कि भगवान को पहला लड्डू अगस्त 2,1715 को प्रस्तुत किया गया था। कुछ पुराने रिकार्डों में 'मनोहरम' नामक एक मिष्ठान्न का जिक्र है जो लड्डू ही था, यह

कहना मुश्किल है। वेंकटेश्वर विश्वविद्यालय के इतिहास विभाग के प्रोफेसर वी थिम्मप्पा के अनुसार तिरुपति-लड्डू के निर्माता का नाम कल्याणम अयंगर हैं। उन्होंने लड्डू तैयार करने के लिए मिरासिदारी प्रणाली की शुरुआत की। रसोई (पोटू) में लड्डू बनाने वालों को गमेकर मीरासीदार कहा जाता था। मिरासीदारों को सन् 2001 तक लड्डू तैयार करने और अपना हिस्सा प्राप्त करने का विशेषाधिकार प्राप्त था। 51 लड्डू के प्रत्येक लॉट में से 11 मिरासी ब्राह्मण परिवारों को दिए जाते थे। टीटीडी प्रबंधन ने मिरासी व्यवस्था को खत्म करने के लिए सुप्रीम कोर्ट में कानूनी लड़ाई जीत ली। 2001 में इस प्रणाली को समाप्त कर दिया गया, जिससे आंध्र प्रदेश सरकार ने प्रसाद तैयार करने में वंशानुगत ट्रस्टियों के अधिकारों को समाप्त कर दिया।

तिरुपति लड्डू बेसन, चीनी, शुद्ध देशी घी और काजू आदि मेवों के संयोजन का उपयोग करके बनाया जाता है। लड्डू बनाने के लिए बेसन का घोल बनाकर उसकी नुगदी (बूंदी) बनाई जाती हैं जिन्हें देशी घी में सीधे तला जाता है और फिर चीनी की चाशनी में डुबोया जाता है। इसमें सूखे मेवों और किशमिश आदि को मिलाया जाता है, जिसे बाद में छोटी गेंदों में आकार दिया जाता है। यही लड्डू है। इसको बनाने के काम में 600 से अधिक हलवाई रोज लगे रहते हैं। मंदिर के पोटु (रसोई घर) में 2021-22 में कुल 6 करोड़ लड्डू बनाए गए। जिसमें से 4.5 करोड़ बेचे गए, बाकी प्रसाद के रूप में मुफ़्त दिए गए। हिसाब लगाकर देखने वाले बताते हैं कि औसतन सवा लाख लड्डू हर रोज 50 रुपये प्रति लड्डू की दर से भक्तों के द्वारा खरीदे जाते हैं। यह तो कोरोना के ठीक बाद के वक्त का आंकड़ा है। अब तो यह जरूर बढ़ गया होगा। यदि लड्डू बनाने और बेचने का कारोबार अलग से किया जाता तो यह 350 करोड़ रुपए का व्यवसाय होता!

तिरुपति लड्डू इतना प्रसिद्ध क्यों है इसका एक कारण यह है कि इसे भगवान वेंकटेश्वर की दिव्य ऊर्जा से युक्त प्रसाद माना जाता है। कई भक्त प्रसाद के रूप में एक लड्डू प्राप्त करना एक बड़ा सम्मान मानते हैं, और कुछ तो उन्हें एक पवित्र वस्तु के रूप में इकट्ठा और संरक्षित भी करते हैं।इसके अतिरिक्त, तिरुपति लड्डू अपने अनोखे स्वाद और बनावट के लिए भी प्रसिद्ध है। बेसन, चीनी और घी का मिश्रण इसे एक समृद्ध, मीठा स्वाद देता है, जबकि काजू एक कुरकुरे स्वाद को जोड़ता है जो खाने के लिए बहुत ही आनंददायक है। कुल मिलाकर, तिरुपति लड्डू एक प्रिय प्रसाद है जो तिरुमला मंदिर की समृद्ध विरासत और परंपराओं से जुड़ा है। यह भगवान वेंकटेश्वर के लिए भक्तों की भक्ति और प्रेम का प्रतीक है, और मंदिर की सांस्कृतिक और धार्मिक प्रथाओं का एक महत्वपूर्ण हिस्सा बना हुआ है। 2009 में तिरुपति लड्डू को जी आई रजिस्ट्रेशन भी मिल गया। अब इस प्रसाद

की नकल करना अपराध होगा।

उगादि (युगादि-नववर्ष) जैसे विशेष अवसरों पर, कर्मचारी विशेष लड्डू तैयार करते हैं और उन्हें भगवान को अर्पित करते हैं। अब तक भगवान वेंकटेश्वर को चढ़ाया जाने वाला सबसे बड़ा लड्डू 32 किलो का था। यह विशेष लड्डू वंशानुगत पुजारियों द्वारा तैयार किया गया था।

तिरुमला मंदिर में तीन तरह के लड्डू तैयार किए जाते हैं। स्थानम लड्डू, कल्याणोस्तवम लड्डू और प्रोक्तम लड्डू। इन तीनों लड्डुओं में अंतर यह है:

स्थानम लड्डू:- यह विशेष उत्सव के अवसरों पर बनाए जाते हैं। इन्हें केवल भारत के राष्ट्रपति, प्रधानमंत्री, राष्ट्रपतियों और अन्य देशों के प्रधानमंत्रियों जैसे विशेष अतिथियों को ही वितरित किया जा सकता है। इनका वजन 750 ग्राम होता है। इन लड्डुओं को बनाने में अधिक मात्रा में देशी घी, काजू, बादाम, किशमिश आदि सूखे मेवे के साथ ही केसर का इस्तेमाल किया जाता है।

कल्याणोत्सव लड्डू:- कल्याणोत्सव और अर्जित सेवा में भाग लेने वाले गृहस्थों को लड्डू बांटे अलग से लड्डू दिए जाते हैं। छोटे लड्डू की तुलना में यह अधिक स्वादिष्ट होता है। जो लोग कल्याणोत्सव लड्डू चाहते हैं वे नियत धन राशि देकर इसे प्राप्त कर सकते हैं।

प्रोक्तम् लड्डू:- यह छोटा लड्डू है जो तिरुमला मंदिर में आम तीर्थयात्रियों को वितरित किया जाता है। लड्डू का वजन 175 ग्राम होता है। टीटीडी के रिकॉर्ड के अनुसार प्रत्येक लड्डू की तैयारी के लिए अधिक धन लगता है फिर भी टीटीडी इसे दर्शन करके आए भक्तों में रियायती दरों के साथ वितरित किया जाता है। आम श्रद्धालुओं को इससे फायदा होता है। जिन तीर्थयात्रियों ने अपने दर्शन पूरे कर लिए हैं, वे कम कीमत पर दो लड्डू प्राप्त कर सकते हैं।

सामग्री की सूची और जिस अनुपात में उनका उपयोग किया जाना है, उसे दित्तम कहा जाता है। लड्डू बनाना आसान काम नहीं है। इसके लिए अत्यधिक देखभाल की आवश्यकता होती है। दितम के अनुसार-750 ग्राम विशेष लड्डू में 23.5 ग्राम काजू, 12.5 ग्राम किशमिश, 8.2 ग्राम बादाम और 6.2 ग्राम मिश्री होनी चाहिए। नमी की मात्रा केवल 12% होनी चाहिए। बढ़ती मांग को पूरा करने के लिए दित्तम में अब तक छह बार बदलाव किए गए। हाल ही में, टीटीडी प्रबंधन ने मूल डिट्टम के विनिर्देशन पर टिके रहने का फैसला किया है क्योंकि लड्डू के टिकने और खराब न होने के बारे में कई शिकायतें आई हैं। इसके वजन पर भी निरंतर ध्यान रखा जाता है जिससे किसी को कोई शिकायत न हो।

प्रश्न 3: वडा प्रसाद क्या है ?

लड्डू श्री वेंकटेश्वर के मंदिर का मुख्य प्रसाद है। तिरुमला का नाम सुनते ही लड्डू का ख्याल आता है। पौष्टिक वड़ा अगले स्थान पर आता है। फिर भी यदि आप दक्षिण भारत से नहीं हैं तो सवाल ही पैदा नहीं होता कि आपने निम्नलिखित तमिल पंक्तियों को सुन रखा हो?

थिरुवरंगम नडई अज़हगु

थिरुवेंकटम वडई अज़हगु

थिरुक्कत्ची कोडई अजहगु

थिरुनारायणपुरम मुड़ी अजहगु

इनका अर्थ और निहितार्थ आप अब मुझसे सुनें।

श्री वेंकटेश्वर के लिए लड्डू के मुख्य प्रसाद बनने से बहुत पहलेवड़ा यहाँ भगवान के लिए पारंपरिक प्रसाद था। यहाँ तक कि इस देवता और इस क्षेत्र को एकल शब्द 'वडाई' द्वारा भी संदर्भित किया जाता है। यही नहीं यह भगवान विष्णु के लिए जो चार प्रमुख दिव्य क्षेत्र हैं उनमें कमोबेश यह शब्द विशेषण और संज्ञा दोनों बनकर प्रयोग किये जाते हैं।

1. श्रीरंगम में, जहां भगवान श्री रंगनाथ की बारात, नदई सुंदर और विशेष है।
2. कांचीपुरम, जहां भगवान वरदराज की छतरी, कोदई बड़ी और खास है।
3. तिरुमला, जहां भगवान वेंकटेश्वर का प्रसादम, वडई स्वादिष्ट, स्वास्थ्यवर्धक और विशेष है।
4. मेलकोट, जहां भगवान थिरुनारायण का मुकुट, मुडी (मुड़ई) जटिल और विशेष है।

वड़ा केवल अर्जित सेवा टिकट धारकों को दिया जाता है और ब्रह्मोत्सव के दौरान ऐसी सभी सेवा रद्द कर दी जाती हैं।

प्रश्न 4: तिरुपति में मुंडन क्यों कराया जाता है?

तिरुमला में मुंडन या मुंडन का कार्य हिंदू धर्म की धार्मिक और सांस्कृतिक परंपराओं में बहुत महत्व रखता है। मोत्ताई या मुंडन तिरुमला में एक महत्वपूर्ण अनुष्ठान है जो भक्तों के लिए गहरा आध्यात्मिक और सांस्कृतिक अर्थ रखता है। यह लोगों के बीच एकता और समानता को बढ़ावा देने के साथ-साथ भक्ति, समर्पण और अहंकार को खत्म करने का प्रतिनिधित्व करता है। यहाँ पुरुष ही नहीं स्त्रियाँ भी अपने बाल अर्पित करती हैं।

तमिल भाषा में एक शब्द है– मुड़ी चूडम विज़। इसका अर्थ है मुकुट से सुशोभित राजा। जिस राजा का अभी राज्याभिषेक न हुआ हो वह होगा–मुड़ी चूड़ा मन्नान। मुड़ी का अर्थ है केश। चूडम का अर्थ है सुशोभित। बाल सिर पर मुकुट के समान शोभित होते हैं।

बाल किसी व्यक्ति के मस्तक पर मुकुट के समान शोभायमान होते हैं। जब कोई भक्त अपने इष्ट देव की शरण में जाता है तो साष्टांग प्रणाम या दंडवत करता है। इसी प्रकार अपनी 'मुड़ी' को अर्पित करना पूर्ण समर्पण का प्रतीक है। यह अहं को त्यागने के जैसा है। और हाँ, यदि मंदिर में

लड्डू-बिक्री से 350 करोड़ रुपये सालाना प्राप्त होते हैं तो बालों की बिक्री से 120 करोड़ की कमाई होती है। इसे कहेंगे–आम के आम और गुठलियों के दाम। तिरुमला में मुंडन के महत्व के बारे में कुछ प्रमुख पहलू इस प्रकार हैं:

भक्ति और समर्पण:- मुंडन को देवता के प्रति समर्पण और भक्ति का कार्य माना जाता है। अपने बालों की पेशकश करके, भक्त प्रतीकात्मक रूप से भगवान वेंकटेश्वर को अपने अहंकार और सांसारिक मोहभावों को समर्पित करते हैं। ऐसा माना जाता है कि यह कार्य आध्यात्मिक शुद्धता प्राप्त करने और परमात्मा से जुड़ने में मदद करता है।

मन्नत पूरी करना:- कई भक्त मन्नतें पूरी करते हैं या भगवान वेंकटेश्वर से एक इच्छा के बदले में या पहले से पूरी हुई इच्छा के लिए आभार व्यक्त करने का वादा करते हैं। बाल मुंडवाना भक्तों द्वारा किया जाने वाला एक ऐसा ही आम व्रत है। एक बार जब उनकी इच्छा पूरी हो जाती है, तो वे अपने बाल मुंडवाकर अपनी मन्नत पूरी करने के लिए मंदिर जाते हैं।

घमंड का त्याग:- सिर मुंडवाने का कार्य घमंड और भौतिकवादी आसक्तियों के त्याग को दर्शाता है। ऐसा माना जाता है कि बाल किसी के अहंकार और गर्व से जुड़े होते हैं, और इसे हटाकर भक्त इन अहंकारी लक्षणों को खत्म करना चाहते हैं और अपनी आध्यात्मिक यात्रा पर ध्यान केंद्रित करना चाहते हैं।

समानता और एकता:- तिरुमाला में मुंडन एक ऐसी प्रथा है जिसका अनुसरण जीवन के सभी क्षेत्रों के लोग करते हैं, भले ही जाति, पंथ या सामाजिक स्थिति कुछ भी हो। यह भक्तों के बीच समानता और एकता के विचार को बढ़ावा देता है, इस बात पर जोर देता है कि हर कोई परमात्मा की दृष्टि में समान है।

बाल दान करना:- तिरुमला में मुंडन से एकत्रित बालों को पवित्र माना जाता है और विभिन्न प्रयोजनों के लिए उपयोग किया जाता है। मंदिर के अधिकारी बालों को इकट्ठा करते हैं और उसकी नीलामी करते हैं, जिससे काफी राजस्व प्राप्त होता है। नीलामी से उत्पन्न धन का उपयोग विभिन्न धर्मार्थ गतिविधियों, मंदिर के रखरखाव और सामाजिक कल्याण कार्यक्रमों के समर्थन के लिए किया जाता है।

प्रश्न 5: तमिलनाडु में दुनिया का सबसे बड़ा विष्णु मंदिर श्रीरंगम होने के बावजूद तमिलनाडु के लोग तिरुपति क्यों जाते हैं?

तमिल समान उत्साह के साथ तिरुपति और श्रीरंगम जाते हैं और यदि आप विष्णु/थिरुमल/पेरुमल या किसी अन्य नाम की भक्ति के बारे में थोड़ा भी जानते हैं जिसका आप उपयोग करना चाहते हैं-तो आपको पता होना चाहिए कि इसका बड़े या छोटे आकार के मंदिरों से कोई लेना-देना नहीं है!

वैष्णवों के लिए "दिव्यदेशम" के रूप में जाने जाने वाले 108 मंदिर हैं। 108 मंदिरों में से 105 भारत में हैं, एक नेपाल में है, और अंतिम दो परलोक में माने जाते हैं!!! भारत में, वे तमिलनाडु (85), केरल (11), आंध्र प्रदेश (2), गुजरात (1), उत्तर प्रदेश (4), उत्तराखंड (3) राज्यों में फैले हुए हैं। मुक्तिनाथ, शालिग्रामम नेपाल में एकमात्र दिव्य देशम है। अंतिम दो थिरुपलकदल और परमपदम हैं। तिरुपलक्कडल दूध का सागर है और परमपदम वैकुंठम है जहां भगवान विष्णु निवास करते हैं। कुछ बड़े मंदिरों जैसे तिरुपति, श्रीरंगम, पार्थसारथी मंदिर@थिरुवलिककेनी चेन्नई आदि को छोड़कर दिव्यदेशम मंदिरों का विशाल बहुमत छोटा है और छोटे शहरों में स्थित है। इससे उनका महत्व कुछ भी कम नहीं होता है! सभी108 दिव्यदेसमों में दर्शन करना और पूजा करना हर भक्त विष्णु भक्त का सपना होता है।

थिरुमलाई पहाड़ी मंदिर और थिरुपाधि (तलहटी) मंदिर की दीवारों पर तमिल शिलालेख और आसपास के क्षेत्रों में अन्य तमिल शिलालेख हमें बताते हैं कि अति प्राचीन काल से तमिल वहां के मूल निवासी थे। पहाड़ी मंदिर का निर्माण तमिल थोंडाइमान राजा, इलंधिरैयान द्वारा किया गया था और 14 वीं शताब्दी सीई तक तमिल राजघरानों, (चोझाओं और पांडियाओं) द्वारा दान किया गया था। सबसे पुराने मौजूदा मंदिर शिलालेख तमिल में हैं और वे 8 वीं शताब्दी सीई के हैं और तमिल शिलालेख सैकड़ों की संख्या में कन्नड़ और तेलुगु जैसी अन्य भाषाओं के शिलालेख हैं, जो केवल विजयनगरम काल और बाद के हैं।

ऊपर वर्णित तथ्य और उन तमिलों का दृढ़ विश्वास, जो "येझुमलाई आंदावन" (सात पहाड़ियों के भगवान) के प्रबल भक्त हैं, कि मंदिर में उनकी हर यात्रा उन्हें उनके पापों से मुक्ति दिलाती है और उन्हें अच्छा स्वास्थ्य प्रदान करती है। समृद्धि, उन्हें जितनी बार संभव हो मंदिर जाने दें। तमिलनाडु में श्रीरंगम मंदिर और थिरुमलाई मंदिर दोनों 11वीं सदी के तमिल वैष्णव संत सह समाज सुधारक, रामानुजर के दौरे और प्रवास से पवित्र हुए थे। तमिल पहाड़ी मंदिर या आसपास के मंदिरों के साथ अपने गर्भनाल के संबंध को नहीं तोड़ सकते।

यहाँ वेदांत देसिकन का तमिल में एक सुंदर थानियान (निवेदन) है:

सीर ओन्ड्रू टोप्पुल तिरुवेंगदमुदयअनपर ओन्ड्रा छोन्ना पझामोझियुएल।

याओन्द्रुतेनेअमायादोतारानियिलवाज़्वारक्कुवानएरापोमालवुमवाज़्वु।।

इस छंद के लेखक का कहना है कि देसिकन (या ओन्ड्रू ताने अमायाडो) के कई कार्यों में से एक का अध्ययन और पाठ करना भी मोक्ष प्राप्त करने के लिए पर्याप्त है। तो सवाल उठता है, अगर एक ही काफी है तो सब क्यों सीखें? जब हम छोटे के साथ आसानी से कर सकते हैं तो बड़े के साथ संघर्ष क्यों करें?

हमारे बुजुर्ग इसका जवाब मिठाई की उपमा देकर देते हैं। अगर किसी को मीठा खाने की इच्छा हो तो वह गुलाब जामुन, बर्फी, सोन पापड़ी या ऐसी कोई भी मिठाई खाना पसंद कर सकता है। लेकिन हम उन सभी को खाते हैं, क्योंकि भले ही वे मीठे होते हैं, लेकिन उनकी अपनी विशेषता और विशिष्टता होती है। हम प्रत्येक मिठाई की विशेषता का आनंद लेना चाहते हैं, इसलिए हम कई तरह की मिठाइयाँ खाते हैं। इसी तरह, हम उनकी सुंदरता का आनंद लेने के लिए देसिकन के कार्यों को सीखते हैं और सराहना करते हैं कि ये कार्य कितने विविध और अद्भुत हैं।

यहां पूछे गए प्रश्न के समान समानता को बढ़ाया जा सकता है। श्रीरंगम और तिरुमाला दोनों भगवान विष्णु के मंदिर हैं, लेकिन वे एक जैसे नहीं हैं। हां दोनों मंदिरों में "भू लोक वैकुंठम" विशेषण लगा है, लेकिन उनकी अपनी विशिष्टता है। श्रीरंगम पंचरात्र आगम का अनुसरण करता है, और इसके अपने विशेष उत्सव हैं, जबकि तिरुमला वैखानस आगम का अनुसरण करता है, और इसके अपने उत्सव हैं, जिनमें से कुछ कई स्थानों पर भी हुआ करते हैं। कोई श्रीरंगम में कल्याणोत्सवम देखने में सक्षम नहीं हो सकता है, लेकिन तिरुमला में वही देख सकता है। इसी तरह, श्रीरंगम में वैकुंठ एकादशी उत्सवम का इससे कोई लेना-देना नहीं है। यह कहने पर कोई रोक नहीं है कि सिर्फ इसलिए कि श्रीरंगम तमिलनाडु में है, यानी स्थानीय लोगों को उस मंदिर से ही संतुष्ट होना चाहिए। और जैसा कि अन्य उत्तरों में उल्लेख किया गया है, दोनों मंदिरों का तमिल शास्त्रों में दिव्य प्रबन्धम जैसे उल्लेख मिलता है, और तमिल शिलालेख भी हैं, और एक ही समय में एक ही राज्य का हिस्सा थे। यहां तक कि वेदांत देसिकन भी दोनों स्थानों की अलग-अलग तरह से प्रशंसा करते हैं-उन्होंने सात पहाड़ियों के भगवान के बारे में दया शतकम की रचना की है, जबकि उन्होंने श्रीरंगम के भगवान की दिव्य चरण पादुकाओं के बारे में 1000 छंदों की रचना की, जिन्हें 'पादुका सहस्रम' के नाम से जाना जाता है।

प्रश्न 6: गुरुवार और शुक्रवार के दर्शन क्यों इतने स्पेशल माने जाते हैं?

गुरुवार की शाम को भगवान वेंकटेश्वर का गहनों से श्रृंगार नहीं किया जाता। उनके तिलक को छोटे आकार में कर दिया जाता है ताकि भगवान की सुंदर आँखें अपने पूरे रूप में दिखाई दें। इस दिन भक्तों को मिलने वाले दर्शन को 'नेत्र दर्शन' भी कहा जाता है। ऐसी मान्यता है कि गुरुवार की शाम को भगवान के नेत्र खुलेंगे और वे इस दिन सभी भक्तों के दर्शन करेंगे। यह एक अर्जित सेवा है। गुरुवार को भगवान का मूल विग्रह न पट्टु और न पीतांबर धारण करते हैं।

पूलंगी सेवा (नेत्र दर्शन) के लिए हर गुरुवार की शाम, एकांगी जन, जीयर और आचार्यों द्वारा फूलों से भरी पांच बड़ी टोकरियाँ लायी जाती हैं। इसके साथ ही तुलसी पत्र भी होते हैं। इसमें 23 प्रकार के पुष्प होते हैं। भगवान सोने, हीरे, कीमती पत्थरों और अन्य कीमती मानव निर्मित आभूषणों के बिना प्रकट होते हैं। वेंकटेश्वर सरल–सहज दिखते हैं और मूलवर (गर्भगृह में अचल मूर्ति) को केवल फूलों की माला पहनाई जाती है।गर्भगृह के पूरे क्षेत्र में फूल अपनी सुगंध बिखेरते हैं। क्षेत्र की मधुर सुगंध भक्तों को ऐसा महसूस कराती है कि वे वैकुंठ में खड़े हैं। भक्तों का मानना है कि फूलों की सुगंध दोगुनी हो जाती है क्योंकि भगवान उन फूलों को धारण करते हैं।

यह भी विशेष है कि जब भगवान के तिलक को घटाकर आकार में आधा किया जाता है तब भगवान के जो दिव्य दर्शन होते हैं वह अद्भुत होते हैं। आपको जानना चाहिए कि यह तिलक- नमम या थिरुमन जो भगवान के मस्तक पर लगाया जाता है वह भगवान के नेत्रों से निकलने वाले अति तेज से भू लोक को बचाने के लिए है। इस तिलक से भगवान शांत रहते हैं। उनके नेत्रों का तेज कुछ कम हो जाता है। शुक्र वार को अभिषेक के पश्चात ही जब तिलक लगाया जाता है तब वह अगली नेत्र दर्शन सेवा तक लगा रहता है।

एक दूसरी अर्जित सेवा को निज रूप दर्शनम् भी कहते हैं। इस समय भक्त गण भगवान के चरण-युगल अच्छी तरह से देख सकते हैं। यह सेवा बंगारु वकीली और अन्नकूटोत्सवम के सामने होती है। जहां पुलिहोरा (इमली में पके चावल) का ढेर लगा दिया जाता है। जैसे ही भगवान का तिलक हटाया जाता है वे खुली आखों से पहले पुलिहोरा का ढेर देखते हैं और फिर उनकी दृष्टि हम नश्वरों पर पड़ती है। भगवान के नेत्रों का यह तेज भोज्य पदार्थों पर पड़कर शमित हो जाता है।

शुक्रवार को जो अर्जित सेवा होती है उसे निज पाद दर्शनम् कहते हैं। इस समय आप भगवान के चरण युगलों को स्पष्ट देख सकते हैं। कोई शृंगार नहीं होता और न कोई आभूषण। भवान श्वेत धोती में होते हैं। दूसरे दिनों में भगवान के चरण तुलसी–दल से ढंकें

रहते हैं। विष्णु भगवान के चरणारविंद के दर्शन की अभिलाषा भला कौन भक्त न पूर्ण करना चाहेगा? रोग-शोक का नाश करके परम-पद पाने का इससे आसान मार्ग कोई नहीं।

प्रश्न 7: अर्जित सेवा क्या है?

अर्जित का अर्थ है मंदिर प्रबंधन द्वारा निर्धारित शुल्क के भुगतान पर भगवान के दर्शन या सेवा। शुल्क के भुगतान पर किसी विशेष सेवा में प्रवेश को "आमंत्रणोत्सवम" के रूप में जाना जाता है। अर्जित सेवा एक विशेष सेवा है जिसमें भक्त हजारों रुपये की दक्षिणा देकर शामिल हो सकते हैं। कुछ दर्शनों के लिए 10-15 साल की प्रतीक्षा सूची होती है।

प्रश्न 8: नैवेद्य क्या है?

नैवेद्यम [भोजन का प्रसाद] देवता को दिन में चार से पांच बार दिया जाता है। लड्डू नैवेद्यम की सूची पर स्थायी वस्तुओं में से एक है, जिसमें 10-15 अन्य चीजें जैसे जलेबी, डोसा, वड़ा और सात प्रकार के चावल (मुदगन्नम, घी पोंगल), टिंट्रिनिरसनम (इमली के चावल-पुलिहोरा) दध्योधनम (दही चावल), गुडनम (गुड़ वाले चावल, चक्र पोंगल), सकानम (सब्जियों से बने कदंबम चावल), शकरननम (रवाकेसरी) आधारित व्यंजन हैं। वह सारा प्रसाद बाद में भक्तों में बांट दिया जाता है। मंदिर में प्रतिदिन दो टन चावल का प्रसाद पकाया जाता है और भक्तों को वितरित किया जाता है। तीन प्रमुख प्रसाद हैं बाल भोगम, राज भोगम और शयन भोगम। इन तीन नियमित प्रसादों के साथ-साथ विशेष अवसरों के लिए भी कई अन्य नैवेद्यम बनाए जाते हैं।

प्रश्न 9: मंदिर में चढ़ाए गए फूलों का क्या होता है?

पुष्प और पुष्प मालिकाएं तिरुमला के इतिहास में एक महत्वपूर्ण भूमिका निभाते आए हैं और उनमें से प्रत्येक की मंदिर की किंवदंतियों और परंपरा में एक विशिष्ट पहचान है। प्रतिदिन औसतन 500 किलो फूल और 5 किलो सुगंधित पत्तों का उपयोग माला बनाने में किया जाता है। हर दिन प्रधान देवता और श्रीवारी मंदिर के अन्य क्षेत्रों में फूलों की सजावट की जाती है। प्रतिदिन कम से कम 20 महिलाएं देवता के लिए माला बनाती हैं, जिसे मंदिर परिसर में वातानुकूलित कक्षों में सजावट के बार-बार बदलने और उत्सव की मूर्तियों के दौरान भी रखा जाता है। तिरुमला पर फूलों के बगीचे स्थापित करने का विचार संत रामानुज को आया था जिन्होंने अपने शिष्य अनंतालवन को यहाँ भेजा था। यह उद्यान तिरुमला और उसके आसपास के विभिन्न मंदिरों को प्रतिदिन 500 किलोग्राम फूलों की आपूर्ति करता है।

श्रीवारी मंदिर में प्रतिदिन भगवान वेंकटेश्वर को सजाने के लिए आठ विशेष पुष्प मालाओं का उपयोग किया जाता है। 100 फीट लंबी माला इष्ट देवता को सुशोभित करती

है जिसमें 27 प्रकार के फूल, 7 प्रकार के सुगंधित पत्ते शामिल हैं। देवता को सुशोभित करने वाली प्रमुख मालाएँ हैं- शिखामणि, शालिग्राम माला, वक्ष स्थल लक्ष्मी, शंकु चक्रम, कथासरी सरम आदि, जिनकी लंबाई तीन गज से लेकर आठ गज तक होती है। आगम ग्रंथों में प्रत्येक माला का एक विशेष उद्देश्य और संदेश है। कुछ को दैनिक उपयोग के लिए भी डिज़ाइन किया गया है क्योंकि माला देवता को पैर के अंगूठे से लेकर सिर और कंधों तक और पूरे शरीर और हाथों को भी सुशोभित करती है।

इन पुष्प मालाओं और सैकड़ों किलो ग्राम फूलों को यूँ ही विसर्जित नहीं कर दिया जाता। इनसे अगर बत्तियाँ बनाकर बेची जाती हैं। इनसे विविध चित्र और चित्रकारियाँ बनाकर बेची जाती हैं। इस कार्य में आसपास की सैकड़ों औरतें लगी हैं। कोई भी फूल पत्ती बेकार नहीं फेंकी जाती और उसका उपयोग हस्तकला की विविध वस्तुओं को बनाने के लिए किया जाता है। इन कलात्मक चित्रों की तो इतनी मांग है कि आपूर्ति ही नहीं हो पाती।

प्रश्न 10: मोक्षदा एकादशी को श्री वेंकटेश्वर के दर्शन का क्या महत्व है?

यद्यपि सभी 24 एकादशी तिथियां (प्रत्येक चंद्र माह में 2- प्रत्येक पक्ष या चंद्र चरण में 1. शुभ मानी जाती हैं और भक्त श्री नारायण के नाम पर उपवास रखते हैं। अधिक मास वर्ष के मामले में हमें 2 अतिरिक्त मिलते हैं, इसलिए कुल 26 एकादशी तिथियां होती हैं। मोक्षदा एकादशी अमावस्या के पश्चात ग्यारहवां दिन है जो पंचांग के अनुसार मृगशिर महीने के शुक्ल पक्ष एकादशी तिथि को होता है। वैकुंठ एकादशी (शाब्दिक अर्थ 'वैकुंठ का ग्यारहवां दिन') एक व्रत और त्योहार है। यह मुख्य रूप से वैष्णवों द्वारा मनाया जाता है जो इसे एक विशेष एकादशी मानते हैं। यह धनु के सौर माह के बढ़ते चंद्र पखवाड़े के 11 वें चंद्र दिवस पर मनाया जाता है। यह ग्रेगोरियन कैलेंडर में 16 दिसंबर से 13 जनवरी के बीच आता है। ब्रह्मवैवर्त पुराण के अनुसार, भगवान कृष्ण ने राजा युधिष्ठिर को मोक्षदा एकादशी व्रत के महत्व और महत्व के बारे में बताया था।

हालाँकि ऐसा कहा जाता है कि वैकुंठ एकादशी का व्रत आत्मा को सभी पापों से मुक्ति दिलाता है और उसे भगवान विष्णु के करीब ले जाता है। इसलिए इसका विशेष महत्व है। यह भी कहा जाता है कि द्वापर युग में भगवत गीताभगवद्गीता को आज ही के दिन कुरुक्षेत्र के युद्ध के मैदान में श्री कृष्ण ने अर्जुन को बताया था। विष्णु पुराण के अनुसार इस दिन वैकुंठ (भगवान विष्णु का निवास) के द्वार खुलते हैं।

तिरुमला वेंकटेश्वर मंदिर में भी मुक्कोटि एकादशी मनाने की परंपरा है। तेलुगु भाषी क्षेत्रों इसे इसी नाम से जाना जाता है। तिरुमला में एक विशेष प्रवेश द्वार है जिसे वैकुंठ द्वारम कहा जाता है जो गर्भगृह को घेरता है। द्वारम (प्रवेश द्वार) केवल वैकुंठ एकादशी को खोला

जाता है, और यह माना जाता है कि कोई भी व्यक्ति जो इस विशेष दिन 'वैकुंठ द्वारम' से गुजरता है, वैकुंठ प्राप्त करता है।

तिरुपति का तिरुमला मंदिर भी इस पर्व को बड़े आनंद और भक्ति के साथ मनाता है। मंदिर की सुंदरता और दिव्यता से सजाया जाता है जैसे असली वैकुंठ लोक को माना जाता है और एक द्वार प्रकार की संरचना बनाई जाती है। वैकुंठ द्वार या द्वार भक्तों के लिए श्री वेंकटेश्वर स्वामी के दर्शन करने और दर्शन करने के लिए खोला जाता है। यह भक्तों के भगवान से मिलने का उत्सव है। एक सामान्य प्रथा के रूप में, लोग एकादशी का उपवास करते हैं और वैकुंठ एकादशी का उपवास अर्जित पुण्य के मामले में सभी वर्ष की एकादशियों के उपवास के बराबर माना जाता है। मंदिर में वैकुंठ एकादशी के लिए तीर्थयात्रियों और गणमान्य व्यक्तियों की भारी आमद देखी जाती है।

प्रश्न 11: भगवान वेंकटेश्वर के हाथों की मुद्रा इस तरह क्यों हैं ?

भगवान श्री वेंकटेश्वर अपने आनंद निलय दिव्य विमान में बीचो-बीच विराजमान हैं। सुवर्ण मणिमय किरीट धारण किये हुए हैं। मरकत मणि वक्ष स्थल पर शोभित है। तेलुगु नव वर्ष 'उगादि' (युगादि), आणीवर आस्थानं, ब्रह्मोत्सव आदि के विशिष्ट अवसर पर भगवान नवीन वज्र किरीट से शोभित होते हैं। कर्पूर 'नामम्' (ऊर्ध्व पुंड्र) से अधिक आकर्षक दिखाई देते हैं। यह तिलक उनकी आँखों को कुछ अधिक ही ढाँकता है। शुभ्र धवल कांतियों से भासित कर्पूर तिलक की बीच कस्तूरी तिलक उनके ललाट पर अत्यंत शोभायमान होता है। त्रिपुण्डाँकित कमल नयन का दर्शन भक्तों का मन मोह लेता है। जगमगाते मकराकृति कुण्डलों की शोभा वर्णनातीत है। चिबुक (ठोड़ी) पर अंकित कर्पूर चूर्ण मुखारविंद की शोभा को द्विगुणित कर देता है।

ऊंचे उठे दक्षिण हस्त में मणि जड़ित चक्र और उसके समांतर विलसित वाम भाग में शंख शोभायमान है। उसी प्रकार पद कमलों की ओर संकेत करता एक दाहिना हाथ, ऐसा सूचित और आश्वस्त कर रहा है कि मुक्ति पाने का एक मात्र सरल स्थान उनके पद पंकज हैं। भगवान का एक बायां हाथ कटि प्रांत में विलसित होकर भक्त गणों को यह संकेत दे रहा है कि उनके चरणारविंदों में पहुँचने वाले भक्त को संसार–सागर कटि तक की गहराई वाला ही प्रतीत होगा। अर्थात संसार रूपी सागर में प्रवेश करने पर सागर का जल (कष्टों का घेराव) मात्र उनकी कटि तक ही (पार करने योग्य) होगा। चतुर्भुजी भगवान का रक्षा मुद्रा में यह रूप आकर्षक लगता है।

प्रश्न 12: श्री पद्मावती का मंदिर नीचे त्रिचनारूर में क्यों है?

भगवान वेंकटेश्वर को श्री निवास भी कहते हैं। इसका अर्थ है भगवान के हृदय में श्री

अर्थात लक्ष्मी जी का निवास है। ये दोनों एक हैं। पद्मावती देवी इनके अनेक नामों में से एक है। श्री की भगवान के जीवन में अनेक भूमिकाएं हैं। वे भगवान के भक्तों के प्रति अति उदार हैं और जो भक्त गण तिरुपति पर भगवान के दर्शन के लिए आते हैं उन्हें तिरुमला की अगम्य सी कठिन चढ़ाई से हतोत्साहित करने से बचाने के लिए वे नीचे रहती हैं और आने वाले यात्रियों को उत्साह प्रदान करती हैं। इसलिए आगम में यह नियम बना दिया गया है कि जो भक्त गण तिरुमला में देव दर्शन के लिए आते हैं वे पहले त्रिचनारूर के मंदिर में आकर अपनी उपस्थिति दर्ज कराएं। आज तो तिरुमला तक जाने का सुभीता है पर वर्षों पहले यहाँ घना जंगल था जिसमें वन्य प्राणियों का भी भय था। यात्री गण बहुधा पैदल ही आते थे। सुरम्य वातावरण से अधिक उन्हें दुर्गम चढ़ाई का भय रहता था। इसलिए अपने पुत्रों को अभय दान देने के लिए श्री पद्मावती भगवान से अलग नीचे ठहर कर अपने भक्तों के आगमन की प्रतीक्षा करती हैं। यह भी सच है कि भीड़-भाड़ में भगवान वेंकटेश के तो हम दर्शन पूरी तरह से नहीं कर पाते और उनकी केवल झलक मात्र देख पाते हैं किन्तु यहाँ देवी पद्मावती के मंदिर में वे अपनी अरदास और कहानी विस्तार से कह सकते हैं। यहाँ अपेक्षाकृत भीड़ कम होती है। केवल यहाँ ही ऐसा प्रबंध है। दूसरे स्थानों पर देवी लक्ष्मी की अलग सन्निधि हो सकती है किन्तु बहुत दूर नीचे मंदिर यहीं है। पद्मावती मंदिर का अपना ब्रह्मोत्सव भी होता है। उनकी हँस वाहन पर शोभा यात्रा निकाली जाती है। यह कार्यक्रम भी एक सप्ताह चलता है जिसमें विविध वाहनों पर देवी की सचल मूर्ति अपने भक्तों को दर्शन और आशीर्वाद देती हैं।

प्रश्न 13: वैखानस संप्रदाय क्या है?

वैखानस एकप्रमुख प्राचीन भारतीय सम्प्रदाय है। इसके अनुयायी विष्णु एवं उनके अवतारों की पूजा करते हैं। वे प्रायः कृष्ण यजुर्वेद की तैतरीय शाखा तथा वैखानस कल्पसूत्र के अनुयायी ब्राह्मण हैं। इस पंथ की आचार्यपरंपरा विखनस मुनि से आरंभ होती है। 'वैखानस' शब्द 'विखनस' से बना है।वैखानस आगम वैदिक परंपरा के अनुसार विष्णु मंदिरों में पूजा से संबंधित है। ऋषि श्री वैखानसाचार्य इस प्रणाली के संस्थापक शिक्षक हैं। उन्होंने नैमिषारण्य आकर इस आगम को चार शिष्यों ऋषि भृगु, मरीचि, अत्रि और कश्यप को पढ़ाया। इन ऋषियों ने अट्ठाईस पुस्तकें लिखी हैं और उन्हें वैखानस भागवत शास्त्र या श्री शास्त्र के नाम से जाना जाता है। इन ग्रन्थों में मंदिरों के निर्माण, प्रतिमाओं की तैयारी, प्रतिमाओं की स्थापना, दैनिक पूजा और उत्सव आदि के बारे में विस्तार से बताया गया है। ये अष्टांग योग और अर्चना यानी भक्ति मार्ग की भी व्याख्या करते हैं।

'वैखानस भागवत् शास्त्र' तिरुमला के वेंकटेश्वर मंदिर के कर्मकाण्ड का मुख्य आधार है।इसके अनुसार परमात्मा की चार मूर्तियाँ "विष्णु", "महाविष्णु", "सदाविष्णु", तथा "सर्वव्यापी" नाम की होती है जिनसे फिर चार अंश क्रमश: "पुरुष", "सत्य", "अच्युत", एवं "अनिरुद्ध" उत्पन्न होते हैं और इन्हीं से युक्त रहकर नारायण "पंचमूर्ति" कहे गए हैं जिनके नामजप, हुत, ध्यान एवं अर्चन द्वारा जीवों का मायाबंधन दूर किया जा सकता है। इन विष्णु वा नारायण की वैसी मूर्ति की स्थापना के लिए विशिष्ट मंदिर के निर्माण का विधान है जहाँ पर, वैदिक मंत्रों द्वारा उनकी सम्यक् आराधना करके "आमोद", "प्रमोद", "संमोद", एवं "वैकुंठ" नामक लोकों तक पहुँचा जा सकता है तथा क्रमश: सालोक्य, सामीप्य, सारूप्य एव सायुज्य मुक्ति की प्राप्ति भी होती है। यहाँ पर अमूर्त की आराधना से समूर्त के पूजन को श्रेष्ठ ठहराया गया है और अवतारों की चर्चा भी प्राय: गौण रूप से ही की गई मिलती है।

प्रश्न 14: पंचरात्र और पाँचरात्र क्या है?

पंचरात्र वैष्णव सम्प्रदाय के आगम ग्रन्थ हैं जो संस्कृत में हैं। 'पंचरात्र' का शाब्दिक अर्थ है-' पाँच रातें।' पञ्चरात्र आगम, रामानुज के श्रीवैष्णव सम्प्रदाय के सबसे महत्वपूर्ण ग्रन्थ हैं। इनके अन्तर्गत 200 से अधिक ग्रन्थ आते हैं जिनकी रचना तृतीय शताब्दी ईसापूर्व से लेकर 850 ईं तक की अवधि में हुई है। 'पंचरात्र' शब्द शतपथ ब्राह्मण में भी आया है। नारायण ने पाँच रातों तक एक यज्ञ किया। पञ्चरात्र सम्प्रदाय का मत है कि सृष्टि के 5 कारण हैं- पुरुष, प्रकृति, स्वभाव, कर्म और दैव।

पाँचरात्र मत वैष्णव सम्प्रदाय का ही एक रूप है। इस मत के मूल आधार नारायण हैं। स्वयंभू मन्वन्तर में "सनातन विश्वात्मा से नर, नारायण, हरि और कृष्ण चार मूर्तियाँ उत्पन्न हुईं। नर-नारायण ऋषियों ने बदरिकाश्रम में तप किया। नारद ने वहाँ जाकर उनसे प्रश्न किया। इस पर उन्होंने नारद को पाँचरात्र धर्म सुनाया। इस मत के सिद्धान्तानुसार सृष्टि की सब वस्तुएँ पुरुष, प्रकृति, स्वभाव, कर्म और देव'-इन पाँच कारणों से उत्पन्न होती हैं। पाँचरात्र मत को पाँच प्रकार की ज्ञानभूमि पर विचारित होने के कारण 'पाँचरात्र' कहा गया है- 'रात्रं च ज्ञानवचनं ज्ञानं पंचविधं स्मृतम्'। हिन्दू धर्मकोश (लेखक: डॉ. राजबली पाण्डेय) के अनुसार पाँचरात्र मतानुसार वासुदेव, संकर्षण, प्रद्यम्न और अनिरुद्ध का श्री कृष्ण के चरित्र से अति घनिष्ठ सम्बन्ध है। इसी आधार पर पाँचरात्र का चातुर्व्यूह सिद्धान्त गठित हुआ है। 'व्यूह' का शाब्दिक अर्थ है 'विस्तार', जिसके अनुसार विष्णु का विस्तार होता है। वासुदेव स्वयं विष्णु हैं, जो परम तत्त्व हैं। वासुदेव से संकर्षण (महत्तत्त्व, प्रकृति), संकर्षण से प्रद्युम्न (मनस्, विश्वजनीन), प्रद्युम्न से अनिरुद्ध (अहंकार, विश्वजनीन आत्मचेतना) और अनिरुद्ध

से ब्रह्मा (स्रष्टा, दृश्य जगत् के) की उत्पत्ति होती है। पाँचरात्र मत में वेदों को पूरा-पूरा महत्व तो दिया ही गया है, साथ ही वैदिक यज्ञ क्रियाएँ भी इसी तरह मान्य की गई हैं। हाँ, यज्ञ का अर्थ, अहिंसायुक्त वैष्णव यज्ञ है। कहा जाता है कि यह निष्काम भक्ति का मार्ग है, इसी से इसे 'ऐकान्तिक' भी कहते हैं।

❑

प्रकरण-15

उपसंहार

पुनःदर्शन प्राप्तिरस्तु

पुनः दर्शन-पुनः दर्शन-पुनः दर्शन मिले स्वामी।

यही है भावना स्वामी- यही है प्रार्थना स्वामी।।

भगवान वेंकटेश्वर के दर्शन किसी बड़े आदमी, नेता, अभिनेता से मिलने, अपनी समस्याएं बताने और उन्हें तुरंत दूर करने जैसा नहीं है। बालाजी का दर्शन पवित्र मन से किया जाना चाहिए। यह दर्शन सुदर्शन होना चाहिए। 'सु' का अर्थ है अच्छा, 'दर्शन' का अर्थ है (ज्ञान ज्ञान) फल देने वाला। श्री महाविष्णु के पास जो चक्र है, उसका सार्थक नाम 'सुदर्शन' है, क्योंकि यह असुरों को सही मार्ग पर ले जाता है। भगवान कृष्ण ने गीता में कहा है- "ये यथा माम् प्रपद्यन्ते तमस्तथैव भजाम्यहम्" जिस भाव से कोई भक्त मेरी पूजा करेगा, मैं उसे उसी भाव से आशीर्वाद दूंगा। जैसी भावना होती है वैसा ही फल मिलता है। किसी ने ठीक ही कहा है कि जैसी जिसकी भावना वैसा ही उसका दर्शन। इस जगत में अनंत भंडार भरे हैं। मनुष्य अपनी भावना के अनुसार उसकी प्रतीति करता है। इसलिए ज्ञान प्राप्त करने का प्रयास करें। बोध से सुबोध और दर्शन से 'सुदर्शन' में परिष्कृत करें।

प्राचीन काल में कुछ सेवाओं या पूजा के पूरा होने के बाद, भक्त गण आशीर्वाद और अनुमति की आकांक्षा करते हुए पंडितों को प्रणाम करते थे। इच्छा यह रहती थी कि वे उन्हें भगवान के पुनः दर्शन का आशीर्वाद दें। इसलिए इसे एक कहावत के रूप में आज भी कहा जाता है कि "भले ही वरदान ईश्वर द्वारा दिया गया हो, इसे पंडित के माध्यम से भी दिया जाना चाहिए।" यदि पंडित-पुजारी नहीं, तो पारंपरिक शिक्षक या वयोवृद्ध यह आशीर्वाद देते थे। वेंकटेश्वर स्वामी से अलगाव होने की बात करना भी बहुत कठिन है। कहा जाता है कि अलवार कवि और भक्तगण जब भगवान के दर्शन के पश्चात जाने लगते थे तो भगवान से अलग होने के भाव से बहुत रोते थे। इसके अनेक उदाहरण 'पासुरस' (गीतों) में मिलते हैं। गोदादेवी का अपने आराध्य से वियोग का वर्णन भी यही है। श्री कृष्णदेव राय का कई

बार तिरुमला पहाड़ी पर आना हुआ, क्योंकि पुनः दर्शनम के लिए कोई उपयुक्त सुविधाएं नहीं थीं। स्वामी का आकर्षण इतना अधिक और प्रखर है कि हर कोई पुनः दर्शन की इच्छा और अभिलाषा रखता है। रामायण के सुन्दरकाण्ड के अंत में एक प्रसंग है। सीता जी ने हनुमान जी से कहा, "रावण द्वारा मेरे लिए निर्धारित समय केवल दो महीने है। अब केवल एक महीना बचा है। किसी तरह मैं एक महीने तक ही अपनी जान बचा सकती हूँ। एक महीने के बाद मैं एक क्षण भी जीवित नहीं रहूंगी। राम जी को इसी महीने में आकर मुझे बचाना होगा। इसकी सूचना आपमेरे रामजी को दे दो।" हनुमान जी भगवान राम को सीता द्वारा बताई गई अवधि की बात बताई। तब राम ने कहा, "सीता के लिए कोई संकट नहीं है। यदि वह एक महीने तक मेरे दर्शन के बिना जीवित रहती हैं,तो वे किसी भी अवधि तक जीवित रह सकती हैं। लेकिन मैं एक क्षण के लिए भी उनसे अलग होना सहन नहीं कर सकता। चलो चलते हैं।"

चिरं जीवति वैदेही यदि मासं धरिष्यति।
क्षणं सौम्य न जीवेयं विना तामसितेक्षणाम्।।5.66.10।

हर भक्त की यही भावना और प्रार्थना रहती है कि उसका तिरुमला में बार-बार आना हो। पर यह कठिन है। इसलिए श्री वेंकटेश्वर के मंदिर दुनिया भर में हजारों की संख्या में दिखाई देते हैं। जम्मू कश्मीर में भी मंदिर का निर्माण हुआ है, यह इसका प्रमाण है। देश विदेश में भगवान वेंकटेश्वर के मंदिरों की सख्या अनगिनत है और बढ़ती ही जा रही है।

❑

परिशिष्ट

तीर्थाटन के लिए दिशा निर्देश

तिरुपति स्वयंव्यक्त महाक्षेत्रों में से एक है। इसे पृथ्वी पर भूवैकुंठ या वैकुंठ के नाम से जाना जाता है। तिरुमला वेंकटाद्रि पर्वत श्रृंखला में स्थित है। इस पर्वत को सतयुग में वृषभाद्रि, त्रेतायुग में अंजनाद्रि और द्वापरयुग में शेषाद्रि के नाम से जाना जाता था।इस पवित्र क्षेत्र का उल्लेख वेदों, पाँचरात्र आगम और 12 से अधिक पुराणों में मिलता है। भविष्योत्तर पुराण में वेंकटेश महात्म्य शीर्षक से इस स्थान के इतिहास का सबसे प्रसिद्ध वर्णन प्राप्त होता है। आज के समय में यह विश्व का सबसे धनी मंदिर है जिसमें चार करोड़ रुपये तो प्रतिदिन दानपात्र (हुंडी) में ही भक्तों द्वारा चढ़ा दिए जाते हैं। 30 करोड़ के लड्डू एक महीने में बिक जाते हैं और भक्तों के द्वारा चढ़ाए गए बालों को बेचने से दस करोड़ से अधिक की आमदनी हर महीने होती हैं। अकूत धन राशि के बारे में तो इतनी कथाएं हैं, जिन्हे सुनने सुनाने में घंटों लग जाएंगे। तिरुपति मंदिर प्रबंधन ने 1933 में अपनी स्थापना के बाद पहली बार 2022 में अपनी कुल संपत्ति घोषित की थी। दस्तावेजों के मुताबिक विश्व प्रसिद्ध भगवान वेंकटेश्वर मंदिर की कुल संपत्ति 2.5 लाख करोड़ रुपये (लगभग 30 अरब डॉलर) से अधिक है। अगर बाजार पूंजीकरण के लिहाज से देखें तो यह देश की कई शीर्ष व्यापारिक कंपनियों से भी अधिक है। मंदिर की संपत्ति में बैंकों में जमा 10.25 टन सोना, 2.5 टन सोने के आभूषण, बैंकों में लगभग 16,000 करोड़ रुपये जमा और पूरे भारत में 960 संपत्तियां शामिल हैं। ये वो संपत्तियां हैं जो मंदिर में आने वाले श्रद्धालू जमीनों और मकानों के कागजातों,नकदी धन संपत्तियों आदि को मंदिर के नाम करते हुए बैंक में जमा करते हैं। तिरुपति में भक्तों द्वारा चढ़ाए जा रहे नकद और सोने में लगातार वृद्धि हो रही है, जिसके कारण मंदिर के संपत्तियों में लगातार बढ़ोतरी हो रही है। बैंकों से मिलने वाले ब्याज के कारण भी यह बढ़ोतरी दर्ज की जा रही है। साल 2022-23 में 3,100 करोड़ का बजट पेश किया गया था, जिसमें से 668 करोड़ रुपये तो बैंकों से मिलने वाले ब्याज के ही थे। देवस्थान ट्रस्ट द्वारा संपत्तियों का जो विवरण दिया जाता है उनमें प्राचीन आभूषणों और

कुछ गेस्ट हाउस को शामिल नहीं किया जाता। इसकी विशाल संपदा के कारण तिरुपति के मंदिर को दुनिया का सबसे अमीर मंदिर माना जाता है।

मंदिर के अपार वैभव का श्रेय इसकी लोकप्रियता और इसके भक्तों की आस्था को जाता है। यह भी उल्लेखनीय है कि भगवान की समस्त धन संपत्ति का कौड़ी-कौड़ी हिसाब रखा जाता है। इसके लिए 1911 के लेखा मैनुअल का पालन तो किया ही जाता है, हिसाब-किताब कंप्यूटर से होता है। क्या मजाल कोई एक कौड़ी भी इधर से उधर हो जाए? विश्वास की बात है।

विश्वास अनेकों हैं। भक्त जनों में यह विश्वास है कि जिस किसी व्यवसाय में भगवान बालाजी का साझा हो जाता है, वह दिन दूनी रात चौगुनी तरक्की करता है। भगवान को कुबेर से अपने विवाह के लिए गए कर्ज की किश्त हर माह चुकानी होती है और वे अपने भक्तों से यह प्राप्त करते हैं। आपको 'बालाजी वाइन्स' और 'वेकटेश्वर क्लब' नाम के व्यापारिक प्रतिष्ठान खूब मिलेंगे। भगवान वेंकटेश्वर को वरदान देने वाले के रूप में वर्णित किया गया है और व्यवसायी, फिल्मी सितारे और राजनेता यहाँ पर इसी वजह से निरंतर आते हैं। भगवान वेंकटेश्वर के चरणों में ही कांग्रेस नेताओं ने एक बार श्रीमती गांधी के खिलाफ साजिश रची थी। श्रीमती गांधी ने भी डॉ. सी रेड्डी के साथ भगवान वेंकटेश्वर का आशीर्वाद लेने के बाद राजनीति में अपनी वापसी का अभियान शुरू किया था। अंबि परमेश्वरन अपनी पुस्ताक "फॉर गॉड' रा सेक: एन ऐड मैन ऑन द बिजनेस ऑफ रीलिजन" में लिखते हैं कि भारत में सबसे सफल टेलिविज़न कंपनी बालाजी टेली फिल्म्स को ऐक्टर जितेंद्र और शोभा कपूर की बेटी एकता कपूर ने स्थापित किया है। यदि आप उनके बड़े से कार्यालय में जाएं तो वहाँ दरवाजे के पास ही एक बड़ी सी भगवान बालाजी की मूर्ति प्रतिष्ठित की गई है। वहाँ प्रातः काल की पूजा अर्चना में शोभा कपूर स्वयं उपस्थित होती हैं। स्पष्ट है कि उनकी पूजा, अर्चना और प्रार्थनाओं का जादुई असर हुआ है क्योंकि भगवान बालाजी एक के बाद एक हिट सीरियल देने का आशीर्वाद देते चले जा रहे हैं। ये प्रतिवर्ष लोग सपरिवार तिरुपति दर्शन करना भी नहीं भूलते।

और जो भक्त दर्शन करने आते हैं वे अनेक प्रकार से प्रभु-सेवा भी करते हैं। श्री बालाजी की सबसे लोकप्रिय अर्जित सेवाओं (धन देकर उपार्जित) में से एक-अष्टदल पद पद्मराधना सेवा हर मंगलवार को आयोजित की जाती है। यह सेवा केवल चार दशक पहले शुरू की गई थी और भगवान के चरण कमलों में सुवर्ण कमल के रूप में अर्पित एक मुस्लिम भक्त की दृढ़ भक्ति का परिणाम है। गुंटूर जिले के निवासी व्यापारी शेख मस्तान ने 108 स्वर्ण कमल भगवान को अर्पित किए और 1984 से यह सेवा प्रारंभ कराई जो

अब भी निर्बाध गति से चल रही है। ऐसे न जाने कितने दृष्टांत आपने पहले भी सुने होंगे। इस पुस्तक में आगे भी ऐसे अचरज भरे कथानकों और अनुरक्त भक्तों और उन पर असीम अनुकंपा करने वाले भगवान की चर्चा मिलेगी।

तिरुपति भारत में सबसे लोकप्रिय तीर्थ स्थलों में से एक है, जहां हर साल लाखों लोग मंदिर आते हैं। लगभग 50-60 हजार तीर्थ यात्री तो आम दिनों में और 1 लाख के लगभग सप्ताहांत में दर्शन पाते हैं। भगवान केवल कुछ घंटों का विश्राम ही प्रति दिन ले पाते हैं क्योंकि उन्हें कुबेर से उधार लिए गए धन का ब्याज भक्तों के चढ़ावे से प्राप्त करते रहना होता है। यह मंदिर अपने समृद्ध इतिहास और संस्कृति के लिए भी जाना जाता है, जो दुनिया भर से सांस्कृतिक दृष्टि से जिज्ञासु पर्यटकों को आकर्षित करता है। मंदिर के धन का उपयोग विभिन्न प्रकार की सामाजिक और धार्मिक गतिविधियों के लिए किया जाता है, जिसमें तीर्थयात्रियों को मुफ्त भोजन और आवास प्रदान करना, स्कूल और अस्पताल चलाना और मंदिरों और अन्य धार्मिक संस्थानों का समर्थन करना शामिल है। मंदिर रोजगार प्रदान करके और पर्यटन के माध्यम से राजस्व उत्पन्न करके स्थानीय अर्थव्यवस्था में भी योगदान देता है।

यदि आप भारत के लोकप्रिय तीर्थस्थल तिरुपति में पहली बार आने वाले हैं, तो आपकी यात्रा का अधिकतम लाभ उठाने में मदद के लिए यहां कुछ दिशानिर्देश दिए गए हैं:

योजना और तैयारी

अपनी यात्रा की तारीखों के दौरान मौसम की स्थिति की जांच करें और उसी के अनुसार पैक करें।

उपलब्धता सुनिश्चित करने के लिए अपने आवास की अग्रिम बुकिंग कर लें, क्योंकि तिरुपति में साल भर बड़ी संख्या में आगंतुक आते हैं।

मंदिर के समय, विशेष अनुष्ठानों और पालन किए जाने वाले विशिष्ट ड्रेस कोड के बारे में जानकारी प्राप्त करें।

तिरुपति पहुंचना

निकटतम प्रमुख हवाई अड्डा तिरुपति अंतर्राष्ट्रीय हवाई अड्डा है, जहाँ भारत के विभिन्न शहरों से नियमित उड़ानें हैं।

तिरुपति रेलवे स्टेशन नियमित ट्रेन सेवाओं के माध्यम से भारत के प्रमुख शहरों से अच्छी तरह से जुड़ा हुआ है।

सुविधा के लिए हवाई अड्डे या रेलवे स्टेशन से आने-जाने के लिए अपने परिवहन की अग्रिम बुकिंग पर विचार करें।

मंदिर दर्शन

तिरुपति में मुख्य आकर्षण वेंकटेश्वर मंदिर है, जिसे तिरुमाला मंदिर के नाम से भी जाना जाता है। भीड़ और लंबी कतारों से बचने के लिए अपने दिन की शुरुआत जल्दी करने की सलाह दी जाती है।

मंदिर में काफी पहले पहुंचने की योजना बनाएं क्योंकि दर्शन (देवता के दर्शन) के लिए काफी समय लग सकता है।

मंदिर में जाते समय पारंपरिक पोशाक पहनना अनिवार्य है, पुरुषों को धोती और महिलाओं को साड़ी या पारंपरिक पोशाक पहनना आवश्यक है। किसी भी असुविधा से बचने के लिए सुनिश्चित करें कि आपने उचित कपड़े पहने हैं।

आवास

तिरुपति गेस्टहाउस, बजट होटल और लक्ज़री रिसॉर्ट्स सहित कई प्रकार के आवास प्रदान करता है। वह चुनें जो आपकी प्राथमिकताओं और बजट के अनुकूल हो।

यदि आप सुबह-सुबह मंदिर जाने की योजना बनाते हैं, तो तिरुमला में ही रहने पर विचार करें, क्योंकि यह मंदिर के निकट और आसान पहुँच प्रदान करता है।

स्थानीय परिवहन

तिरुपति में बसों, टैक्सियों और ऑटो-रिक्शा सहित एक अच्छी तरह से स्थापित परिवहन व्यवस्था है।

तिरुमला तिरुपति देवस्थानम (टीटीडी) द्वारा संचालित बसें तिरुपति और तिरुमला के बीच आने-जाने के लिए उपलब्ध हैं, जहां मुख्य मंदिर स्थित है। ये बसें सुविधाजनक और लगातार हैं। इनका कोई किराया भी नहीं होता।

सुनिश्चित करें कि आप किसी भी भ्रम से बचने के लिए टैक्सी या ऑटो-रिक्शा किराए पर लेने से पहले किराया तय कर लें।

भोजन और पानी

तिरुपति में कई रेस्तरां और भोजनालय हैं जो शाकाहारी और मांसाहारी दोनों तरह के व्यंजन परोसते हैं। हालांकि, स्थानीय शाकाहारी व्यंजनों को आजमाने की सिफारिश की जाती है, क्योंकि वे तीर्थयात्रियों के बीच लोकप्रिय हैं।

पानी की बोतल साथ रखें और अपनी यात्रा के दौरान हाइड्रेटेड रहें। इसके अलावा, स्ट्रीट फूड का सेवन करते समय सतर्क रहें और सुनिश्चित करें कि यह स्वच्छ स्रोत से है।

सुरक्षा और संरक्षा

अपने सामान और क़ीमती सामान के प्रति सावधान रहें, ख़ासकर भीड़-भाड़ वाले इलाकों में।

सुरक्षित और परेशानी मुक्त यात्रा के लिए मंदिर के अधिकारियों और स्थानीय अधिकारियों द्वारा दिए गए निर्देशों और दिशानिर्देशों का पालन करें।

अन्य आकर्षण

मंदिर के अलावा, तिरुपति में अन्य उल्लेखनीय आकर्षण हैं, जैसे श्री वेंकटेश्वर प्राणी उद्यान, श्री कपिलेश्वर स्वामी मंदिर और चंद्रगिरि किला। यदि समय अनुमति देता है, तो इन स्थानों की खोज करने पर विचार करें।

याद रखें, तिरुपति एक पवित्र स्थान है जिसका भक्तों के लिए अत्यधिक महत्व है। मंदिर और उसके परिसर को कचरा मुक्त रखने में सहायक बनें।

***

सावधान!

अब पूरी दुनिया इंटरनेट के भरोसे है। हम अपने दर्शन और सेवा टिकट टीटीडी की वेबसाइट से ऑनलाइन भी बुक कर सकते हैं। हालाँकि यह प्रक्रिया बहुत बोझिल है, (यदि आप एक समूह में पाँच हैं, तो आपको केवल एक-एक करके बुक करना होगा), फिर भी शीघ्र दर्शन के लिए टिकट मिल जाता है। तीर्थयात्रियों को शीघ्र दर्शन प्रदान करने के लिए विशेष प्रवेश दर्शन (शीघ्र दर्शन) 21 सितंबर 2009 से शुरू किया गया। टिकट की कीमत 300/- रुपये प्रति तीर्थयात्री है जिसमें प्रसाद का एक लड्डू निःशुल्क मिलता है और बुकिंग चौबीस घंटे खुली है। विशेष प्रवेश दर्शन की अग्रिम बुकिंग दिनांक 01.07.2019 से शुरू की गई है। तीर्थयात्री कोटा की उपलब्धता के अधीन दर्शन स्लॉट से 3 घंटे पहले वर्तमान दिन के लिए विशेष प्रवेश दर्शन टिकट बुक कर सकते हैं। तीर्थयात्री दर्शन टिकट बुक करते समय ईहुंडी में भेंट भी कर सकते हैं। तीर्थयात्री इंटरनेट बुकिंग (https://tirupatiblaji.ap.gov.in) और भारतीय डाकघरों के माध्यम से विशेष प्रवेश दर्शन की अग्रिम बुकिंग का लाभ उठा सकते हैं। इस पुस्तक में यहाँ जो जानकारी दी गई है, उस पर आँख मूँद कर पूरा भरोसा न करें, नियम लगातार बदलते हैं। हाँ, किसी दलाल के चक्कर में न पड़ें। भगवान के दर्शन के लिए रिश्वत न दें। नकली टिकट बेचने वाले भी बहुत हैं जो हर

रोज तीर्थ यात्रियों को चकमा देते हैं। आज सात जुलाई 2023 है और टाइम्स ऑफ इंडिया में यह खबर छपी है कि टीटीडी सूत्रों के अनुसार, शंकरैया नाम के कर्मचारी ने हैदराबाद स्थित भक्तों के एक समूह को छह वीआईपी ब्रेक दर्शन टिकट 36,000 में बेच दिए, जबकि टिकटों की वास्तविक कीमत सिर्फ 3,000 थी।

यह यहाँ हर दिन होता है। तिरुमला तिरुपति मंदिर दर्शन टिकटों को लेकर हाल ही में (23 अप्रैल 2023) एक गहरी साजिश सामने आई है। इस मामले में 'आंध्र प्रदेश यूनाइटेड टीचर्स फेडरेशन' के अध्यक्ष और विधान परिषद में एमएलसी का नाम सामने आया है और पुलिस ने उन्हें गिरफ्तार कर लिया है। पिछले कुछ सालों में ऐसा पहली बार हुआ है कि 'श्रीवारी' दर्शन टिकटों की कालाबाजारी में किसी जन प्रतिनिधि का नाम सामने आया है। मंदिर की सतर्कता और सुरक्षा विंग के अधिकारियों के अनुसार, एमएलसी ने दर्शन के लिए 500 रुपये के बजाय प्रत्येक 6 भक्तों से 1 लाख रुपये लिए थे। विजिलेंस विंग का आरोप है कि इस घोटाले से प्राप्त पैसा एमएलसी के ड्राइवर के बैंक खाते में जमा किया गया था।

❖❖❖